世界哲學家叢書

叔 本 華

鄧 安 慶 著

1998

東 大 圖 書 公 司 印 行

國家圖書館出版品預行編目資料

叔本華／鄧安慶著.--初版.--臺北市：
東大發行：民87
　面：　　公分.--(世界哲學家叢書)
參考書目；面
含索引
ISBN 957-19-2110-6 (精裝)
ISBN 957-19-2111-4 (平裝)

1. 叔本華(Schopenhauer, Arthur
1788-1860) 學術思想-哲學

147.53　　　　　　　　　　86006058

國際網路位址　http://sanmin.com.tw

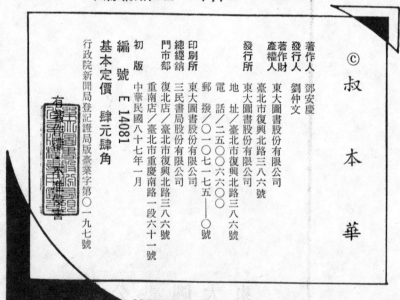

ⓒ 叔本華

著作人　鄧安慶
發行人　劉仲文
產權財
著作人財
發行所　東大圖書股份有限公司
　　　　臺北市復興北路三八六號
　　　　地址／臺北市復興北路三八六號
　　　　電話／二五○○六六○○
　　　　郵撥／○一○七一七五──○號
印刷所　東大圖書股份有限公司
總經銷　三民書局股份有限公司
門市部　復北店／臺北市復興北路三八六號
　　　　重南店／臺北市重慶南路一段六十一號
初　版　中華民國八十七年一月
編　號　E 14081
基本定價　肆元肆角
行政院新聞局登記證局版臺業字第○一九七號

有著作權·不准侵害

ISBN 957-19-2111-4 (平裝)

「世界哲學家叢書」總序

　　本叢書的出版計畫原先出於三民書局董事長劉振強先生多年來的構想，曾先向政通提出，並希望我們兩人共同負責主編工作。一九八四年二月底，偉勳應邀訪問香港中文大學哲學系，三月中旬順道來臺，即與政通拜訪劉先生，在三民書局二樓辦公室商談有關叢書出版的初步計畫。我們十分贊同劉先生的構想，認為此套叢書（預計百冊以上）如能順利完成，當是學術文化出版事業的一大創舉與突破，也就當場答應劉先生的誠懇邀請，共同擔任叢書主編。兩人私下也為叢書的計畫討論多次，擬定了「撰稿細則」，以求各書可循的統一規格，尤其在內容上特別要求各書必須包括（1）原哲學思想家的生平；（2）時代背景與社會環境；（3）思想傳承與改造；（4）思想特徵及其獨創性；（5）歷史地位；（6）對後世的影響（包括歷代對他的評價），以及（7）思想的現代意義。

　　作為叢書主編，我們都了解到，以目前極有限的財源、人力與時間，要去完成多達三、四百冊的大規模而齊全的叢書，根本是不可能的事。光就人力一點來說，少數教授學者由於個人的某些困難（如筆債太多之類），不克參加；因此我們曾對較有餘力的簽約作者，暗示過繼續邀請他們多撰一兩本書的可能性。遺憾的是，此刻在政治上整個中國仍然處於「一分為二」的艱苦狀態，加上馬列教

條的種種限制，我們不可能邀請大陸學者參與撰寫工作。不過到目前為止，我們已經獲得八十位以上海內外的學者精英全力支持，包括臺灣、香港、新加坡、澳洲、美國、西德與加拿大七個地區；難得的是，更包括了日本與大韓民國好多位名流學者加入叢書作者的陣容，增加不少叢書的國際光彩。韓國的國際退溪學會也在定期月刊《退溪學界消息》鄭重推薦叢書兩次，我們藉此機會表示謝意。

原則上，本叢書應該包括古今中外所有著名的哲學思想家，但是除了財源問題之外也有人才不足的實際困難。就西方哲學來說，一大半作者的專長與興趣都集中在現代哲學部門，反映著我們在近代哲學的專門人才不太充足。再就東方哲學而言，印度哲學部門很難找到適當的專家與作者；至於貫穿整個亞洲思想文化的佛教部門，在中、韓兩國的佛教思想家方面雖有十位左右的作者參加，日本佛教與印度佛教方面卻仍近乎空白。人才與作者最多的是在儒家思想家這個部門，包括中、韓、日三國的儒學發展在內，最能令人滿意。總之，我們尋找叢書作者所遭遇到的這些困難，對於我們有一學術研究的重要啟示（或不如說是警號）：我們在印度思想、日本佛教以及西方哲學方面至今仍無高度的研究成果，我們必須早日設法彌補這些方面的人才缺失，以便提高我們的學術水平。相比之下，鄰邦日本一百多年來已造就了東西方哲學幾乎每一部門的專家學者，足資借鏡，有待我們迎頭趕上。

以儒、道、佛三家為主的中國哲學，可以說是傳統中國思想與文化的本有根基，有待我們經過一番批判的繼承與創造的發展，重新提高它在世界哲學應有的地位。為了解決此一時代課題，我們實有必要重新比較中國哲學與（包括西方與日、韓、印等東方國家在內的）外國哲學的優劣長短，從中設法開闢一條合乎未來中國所需

求的哲學理路。我們衷心盼望，本叢書將有助於讀者對此時代課題的深切關注與反思，且有助於中外哲學之間更進一步的交流與會通。

　　最後，我們應該強調，中國目前雖仍處於「一分為二」的政治局面，但是海峽兩岸的每一知識分子都應具有「文化中國」的共識共認，為了祖國傳統思想與文化的繼往開來承擔一分責任，這也是我們主編「世界哲學家叢書」的一大旨趣。

傅偉勳　韋政通

一九八六年五月四日

自序——人生的自我拯救何以可能?

(一)

從本世紀初王國維先生(1877–1927)把叔本華(Arthur Scho-penhauer, 1788–1860)哲學介紹到中國來算起，整整一個世紀的時間已經飛逝而去了。在這漫長的歲月中，我們漢語學界除了少數幾個人（王國維和陳銓）對這位偉大的哲人表示過無限的崇敬和熱情的頌揚外，更多地是對他進行無端的指責和教條化的批判。

我們難道不應該冷靜地捫心自問一下，我們到底對他的思想作過多少客觀而細致的研究？我們是否真正地明瞭他的問題之精義何在呢？

謾罵式地批判一個人，比起真實地理解這個人，確實要容易得多，但重要的，恰恰在於理解。

就筆者初淺的理解而言，叔本華屬於對現代性思想前提和價值核心——理性——進行批判反思和激烈摧毀的文化先知之一，他過早地表達了二十世紀西方人對現代文化的不滿情緒，開闢了整個後現代主義解構風潮的先河。然而，叔本華走的是一條與後現代主義截然不同的路，他對現代性的批判摧毀，是在重建基礎上的摧毀，而不僅僅是一種專事摧毀的自娛式的解構遊戲，形式上暢快淋漓，

實質上顯現出一種文化上的徹底虛無化的空洞和無聊。

就叔本華的摧毀而論，他延續了康德從科學認識論上對理性權能的限制，繼承了浪漫主義對理性的拒斥，把現代文化賴以取代上帝之強權的理性之虛假的外衣層層剝去，使人們看到了赤裸裸的理性的真實無能和現代文化走向衰敗的頹廢根源。因而，在文化批判的前沿陣地，他對理性的批判摧毀，功不可沒，豐碑猶存，在啟蒙運動之後，對歐洲文化思想界起到了再啟蒙的作用。

就叔本華的重建而論，他以意志本體論重建了被康德所摧毀的形上學，並把關於意志本體的形上學同其倫理學結合起來，消解了近代理性主義哲學家們把「知識論」作為「第一哲學」的做法，破除了理性中心論，專門深思人生有無意義，生命能否得救這些帶有濃厚宗教情緒的倫理價值問題。哲學不再是科學知識之原理的建構，而是對人生真諦的洞見和生存智慧的表述。正是在此語境中，叔本華的哲學唱出了一首令人折服但卻不願領受的生命價值的悲歌。

可以說，叔本華哲學的真正結構就是在這種「摧毀」與「重建」的關聯中確定的。如果說，他對理性的「摧毀」具有明顯的「後現代性」的話，那麼，他所「重建」的意志形上學系統則又重蹈了現代性之「在場的形上學」之覆轍。因為「意志」同「理性」一樣，都是同一化的在場的價值中心。但所幸的是，叔本華並沒有一味地去強化和固守意志本體的在場性，而是在意志肯定（在場）與否定（不在場）的生存事件中去思考個體的生存處境和自我拯救的可能性，尤其是強調要在意志否定的狀況中改變個體的生存品質，尋求解救之道。因而，叔本華哲學的這種結構仍然具有一種合理的自我解構的後現代性意義。

（二）

　　從生存論意義上把握個體的生存處境和自我拯救的可能性，這是叔本華哲學的核心問題之所在，但叔本華之提出和解答這個問題的思路與同時代的其他哲學家是不一樣的。晚期的謝林、施萊爾馬赫以及基爾克果(S. Kierkegaard)等人在反駁黑格爾的思辨哲學和思辨神學時，都關注到了個體的生存品質和解救問題，但他們都是力圖在基督教神學的領域內，尋求與上帝溝通並呼喚上帝之臨在來解答這一問題，而叔本華則拒絕採取基督教神學的理路，僅從價值倫理學的角度，在世俗的此岸中尋求自我超越和解脫的方法。

　　世俗生活中的人，作為真實的感性的生存個體，欲望(Wollen)自然是其本質性的東西，尤其是在叔本華所處的物欲迅速膨脹的市場經濟時代，他把欲望即意志(Wille)作為分析現實的人的生存處境的根本，有其十分合理的文化背景。作為有欲求的存在，自然表現出人本有的內在匱乏和有限。而生存需要的內在匱乏和有限，當然是令人痛苦的東西，因而痛苦也便是與生俱來的，因為人必須為了滿足生存的渴求不斷地奮鬥和掙扎。而若欲求是一具體的目標，人掙扎一回，痛苦一次便可滿足倒也罷了，但人的永不滿足的貪欲，使得人生陷入無休無止的勞苦之中，永無最終的滿足。即使有了相對的滿足，不用在勞苦中掙扎，而無聊又把人推入更令人難以忍受的痛苦之中。掙扎和無聊作為人生的兩個鐘擺，這便是叔本華所描繪的意志肯定（生存欲求的滿足就是意志的肯定）的生存處境。在此處境中，人生成為不堪忍受的重負。

　　若要改變這樣的生存處境，只有否定意志才行，這是解救人生的唯一通道。但意志是人生的根本，是最內在的生命本能和最旺盛

的生命源泉，而人又是匱乏而有限的個體，在拒絕了上帝援救之手
的情況下，自我拯救何以可能呢？叔本華提出了兩條解救之道：一
為藝術，一為禁欲。

在叔本華看來，藝術之能解救人生，關鍵在於藝術這種觀照(認
識)事物的方式擺脫了為意志(欲求)服務的關係，它是從作為事
物之完美範型的理念，而非從具體事物的功用上去直觀事物，因此
產生出一種純粹超越功利和欲求的審美心境。人在這種審美心境之
中，按照天才的、想像的、自由創造的規律，融身於審美對象的美
境之中，心醉神迷地沉浸於純粹的鑒賞，遺忘了自身的個體性和現
實的生存處境，從而擺脫了俗世的痛苦和煩惱。藝術的創造和欣賞，
都能把人從其處身的這個欲求世界中提拔出來，從時間之流中超昇
出來，在審美的瞬間，達到與完美的理念世界之共同的無限和永恒。
藝術正是這樣為沉重痛苦的人生獻上了一朵美麗的花，這朵花點綴
著生命的綠色，使人生具有了光彩和價值。

然而，叔本華又認為，藝術又不能真正地完全使人獲得解救，
因為人生的藝術之花只在審美的瞬間開放，它只把具有審美眼光的
人從痛苦的生活中拉出來休息片刻，得到短暫的解脫，然後，隨著
審美遊戲的中止，人還必須重新返回到生活的嚴肅中去，面對嚴峻
的生存意志之陷阱。所以，藝術與其說是對人生的拯救，毋寧說是
生命中一時的安慰。要真正地自我拯救，在叔本華看來，就必須徹
底地否定自己的生存意志，走上禁欲主義的人生之路，達到清心寡
欲，無我無求的涅槃境界。

這種境界，與其說是對痛苦的解脫，不如說是對痛苦的自覺自
願地承擔。如何能夠達到這一點呢？叔本華認為，這必須以一種深
刻的哲學洞見為前提，即認識到意志是一切痛苦和罪惡的根源，是

人深陷苦海的鎖鏈，從而進一步明瞭由意志客體化所形成的我們置身其中的這個現象界是虛幻而無意義的，希望、歡樂、享受、幸福等等均是虛無飄渺的蒙騙人的摩耶之幕。只有達到了這種認識，生命的享受本身令人戰慄，人才自願地壓制自己的生存意志，徹底否定意志的出現，自願走上禁欲之路。這樣的禁欲，是一種無我無欲無求的境界，以一種完全寧靜、平和、超然和超脫的心境甘願拋棄從前熱烈追求過的一切，而欣然地迎接死亡的臨近。如此拯救的結果，只能是生命中止、自我死亡、種族滅絕、世界不在，只剩下絕對的虛無。

（三）

如此拯救之道，令人恐怖，是每一個熱愛生命的人堅決不能同意和拒絕接受的。就連叔本華本人也認為，這種禁欲主義的人生觀只是就其內在的「真理」而言，是值得推荐的一種可能的理想的生存智慧，而不是他非要如此生活不可的踐履模式，因此後人總是責怪他的「不真誠」，因為他自己從未想過要去過這樣的徹底否定生存意志的禁欲生活。既然如此，這樣的生存「智慧」，是否完全沒有學術上的意義，只是空洞的欺人之談呢？

從叔本華哲學所擁有的經久不衰的世界性影響而論，顯然是不能作出如此簡單的評判的。那麼問題到底出在何處呢？

也許這正體現了理智與情感的磨難。從理智上，人們都能直觀地感悟到叔本華對生存處境分析的深刻和真實，然而，從情感上人們又不願接受那種違反人類自然本性的「智慧」。

也許這也是真理與價值的分離。叔本華哲學的「真」，是一種殘酷得令人顫慄的「真」，是一種要以自己的全部生存否定為代價才

可接受的「真」，因而，現實的、不可脫俗的人，只得拒不承認這種「真」的價值，寧可漂浮在俗界任憑風吹浪打，一愁莫展……畢竟，「好死不如賴活著」是人們拒絕超越的自然本能。

其實，叔本華的這套理論最真實地反映出有限的殘缺的個人在生存上進退維谷的處境：要麼你承認自我的有限和無能，投入到上帝博愛寬廣的懷抱，讓這位彼岸天國的英雄把你救出苦海；要麼你固守在個體世俗的此岸，任憑生存的苦水把你沖向虛無的黑洞而心甘情願。

對於一個既拒絕上帝的救援，又不能成為尼采式的「超人」的人來說，自我拯救自然是艱難的。

但是艱難得不得其果的探尋，決不是毫無意義的荒謬，畢竟它在意識中多提供了一個反省的維度。不得其果而探尋，恰好是哲學得以存在的合法理由。

審美的、宗教的、禁欲的、社會革命的……種種拯救之道都只是哲學之思留下的文化蹤跡。正是這些「蹤跡」沒有剝奪我們自由思想的權力，反而給我們無限的啟示。

也許叔本華哲學的魅力正在這裡。它沒有以絕對真理的權威教條化地規定我們的生存之路，而是給予我們徹底否定的自由權力，在生活的艱難選擇中獲得承擔生存之痛苦的勇氣和力量。

叔本華

目　次

「世界哲學家叢書」總序

自序 —— 人生的自我拯救何以可能?

第一章　叔本華的生平及著作

一、成長經歷 ………………………………………… 1

二、投身商務 ………………………………………… 12

三、求學時期 ………………………………………… 14

四、博士論文和代表作 ……………………………… 23

五、生存的坎坷和晚年的盛名 ……………………… 39

第二章　叔本華哲學產生的文化淵源

一、康德哲學的基本精神 …………………………… 51

二、《奧義書》的基本精神 ………………………… 55

三、柏拉圖哲學的基本精神 ………………………… 58

四、浪漫主義的基本精神 …………………………… 60

五、基督教的基本精神 ·············63

第三章　叔本華的哲學觀和世界觀

一、叔本華的哲學觀·············69
　（一）哲學是什麼 ·············69
　（二）哲學的思維方式 ·············73
　（三）哲學和科學的關係 ·············75

二、叔本華的世界觀·············77
　（一）世界是表象 ·············78
　（二）世界是意志（意志本體論） ·············89

第四章　叔本華的美學理論

一、藝術的形上學·············102

二、藝術論·············108
　（一）建築藝術 ·············110
　（二）風景畫和動物畫 ·············112
　（三）雕刻藝術和繪畫 ·············113
　（四）文藝 ·············116
　（五）音樂藝術 ·············118

三、悲劇論·············120

第五章　叔本華的倫理學

一、對康德倫理學的批判·············128
　（一）對康德倫理學價值本體的批判·············129

（二）對康德責任論的批判 ……………………132

（三）對康德三條道德律令的批判 ……………134

（四）對康德良心、至善觀念的批判 …………137

二、倫理學的兩個基本問題 …………………………140

（一）意志自由論 ……………………………………141

（二）道德的基礎 ……………………………………161

第六章　叔本華的人生哲學

一、人生悲劇論 ………………………………………180

二、人生智慧論 ………………………………………190

（一）快樂的基本要素和幸福的源泉 ………………191

（二）如何對待財富 …………………………………195

（三）如何對待榮譽 …………………………………197

（四）官位與驕傲 ……………………………………201

（五）女人與性愛的形上學 …………………………203

三、人生解救論 ………………………………………214

（一）藝術對人生的解救 ……………………………215

（二）禁欲主義的人生之路 …………………………223

第七章　叔本華哲學對後世的影響

一、叔本華哲學在向非理性主義哲學轉向過程中的作用………238

二、叔本華哲學對尼采的影響 ………………………243

三、叔本華哲學對現代西方哲學的影響 ……………248

四、叔本華哲學的「後現代性」 ……………………254

五、叔本華哲學對二十世紀中國文化的影響‥‥‥‥‥‥‥258
　（一）王國維對叔本華哲學的研究、介紹和傳播‥‥‥259
　（二）陳銓對叔本華哲學的介紹和宣揚‥‥‥‥‥‥263
　（三）二十世紀末期我國對叔本華著作的翻譯、
　　　　研究和傳播‥‥‥‥‥‥‥‥‥‥‥‥‥‥‥270

後　記‥‥‥‥‥‥‥‥‥‥‥‥‥‥‥‥‥‥‥‥‥‥275

叔本華的生平大事年表‥‥‥‥‥‥‥‥‥‥‥‥‥279

主要參考書目‥‥‥‥‥‥‥‥‥‥‥‥‥‥‥‥‥299

索　引‥‥‥‥‥‥‥‥‥‥‥‥‥‥‥‥‥‥‥‥‥305

第一章　叔本華的生平及著作

　　給哲學家寫生平往往被看作是一件艱難而又不討好的工作，因為許多哲學家常常是有思想而無生活，或者說，思想構成其生活的唯一內容。康德為這種艱難提供了典型的事例。但對叔本華而言，情況遠非如此，無論是在哲學圈內還是在文化藝術圈內，人們只要談起叔本華，那就不僅喜歡談論他那陰沉而悲觀的思想，而且也總是津津樂道於他的生活逸事，他那古怪、多疑、好勝的性格；富足、神秘但並不和睦的家庭；以及他對同事、女人的刻薄和他一生中的種種不得志，所有這些無一不是人們感興趣的話題。然而，在我們這裡，讀者不能期待我們把過多的筆墨用在單純地描述他的各種趣聞逸事上。我們描述他的生活，意在發現以其哲學的抽象語言所凝固和沉澱下來的、構成其思想內容的獨特「情緒」的源泉，我們描述他的家庭和他生活中的種種趣聞，意在暗示其獨特個性的形成之路。

一、成長經歷

　　阿圖爾‧叔本華(Authur Schopenhauer, 1788–1860)於1788年2月22日生於德國的但澤（Danzig,今屬波蘭），這是一座古老的、商

業特別發達的城市。當時但澤隸屬於「漢薩」(Hansa)同盟，這是北歐諸城市為了共同的商業和政治利益而共同組成的同盟，參加同盟的城市最多時達一百六十多個。漢薩同盟不僅擁有武裝和金庫，而且有宣戰、媾和及締結條約之權。同盟的各城市均由大商人統治，有著十分輝煌的業績。但是隨著新航道的開闢，資本主義迅速向海外發展，到十七世紀漢薩同盟即逐漸解體，但澤不僅早已失去了其往昔的光輝，而且在叔本華出世之前，它連保持政治上獨立自由的可能性也變得十分暗淡。普魯士大軍壓境，但澤風雨飄搖，這也許就是大哲學家叔本華誕生前的不祥之兆吧。

就一般觀念而言，阿圖爾・叔本華是十分幸運的，因為他誕生在一個世代為商的富裕家庭。這個家族以其才幹、勤儉和德行，幾代下來積累了大量的財富，屬於市民貴族(Patriziat)。到了阿圖爾的父親亨利希・弗洛利斯・叔本華 (Heinrich Floris Schopenhauer, 1747–1805)這一代，他家已是地位顯赫、譽滿但澤、廣有錢財的大商人之家了。

亨利希・弗洛利斯生性耿直，富有正義感。喜歡讀盧梭 (J.J.Rousseau, 1712–1778)和伏爾泰(Voltaire, 1694–1778)等啟蒙思想家的著作，信奉民主自由的原則，特別對當時最先進的國家之一——英國的民主政治情有獨鍾，長期訂閱《泰晤士報》(Times)，對普魯士的專制制度深惡痛絕。據說，當年腓特烈大帝 (Friedrich II, 1712–1786)曾圖謀把自由城但澤占為己有，為了討好這個城市的頭面人物，邀請他們進入他的皇家內閣。腓特烈大帝很喜歡亨利希・弗洛利斯，邀請他去柏林定居，並為他提供了一個有利可圖的職位。這本是亨利希・弗洛利斯攀龍附鳳，離開岌岌可危的但澤的極好機會，但亨利希・弗洛利斯毫不猶豫地拒絕了這個差事，他不會從一

個覬覦著自己城市的盜賊那裡接受恩惠。

後來，亨利希・弗洛利斯最擔心的事發生了，普魯士軍隊真的要入侵但澤了。普魯士國王任命勞默爾(Raumer)為司令官，這位將軍也曾向亨利希・弗洛利斯表示過「美意」而被後者嚴詞拒絕了。如今，但澤市綿延數世紀的自由將在這位將軍的手下毀於一旦！在普魯士軍隊進駐之前，亨利希・弗洛利斯便被迫與年輕漂亮的妻子約翰娜一起，帶著五歲的兒子阿圖爾遷徙（或者說逃亡！）到了漢堡。

阿圖爾・叔本華的母親約翰娜生性活潑，喜愛交際，又極富才情，她比她的丈夫年輕二十歲。年齡的懸殊雖然不是這對夫妻情感的障礙，但卻是往後兩人不和的隱性根源。這對夫妻的性格差異和行為方式的差異對阿圖爾・叔本華性格的形成產生了很大的不良影響，從這方面說，阿圖爾誕生在這個家庭又是命定地「不幸的」。

實際上，約翰娜對於自己的婚姻從一開始就不是很「認真」的，她既沒有任何考慮的時間，也沒有顯示一下少女的嬌羞就立即接受了亨利希・弗洛利斯・叔本華的求婚，因而有人說她的婚姻是金錢地位誘惑的結果，是不無道理的，但這不是後人責怪約翰娜的理由。對於每一位年輕漂亮的少女而言，自然都完全可以榮耀地接受婚姻給她帶來的一切金錢和享受。而問題的關鍵在於，約翰娜在盡情享受生活的同時，卻未能仔細地考慮一下她在這個家庭中——作為老夫少妻和年輕的母親——所處的角色地位以及她應該為這個家庭所盡的責任是什麼。她過多地注重自己的消遣和自由自在的個性的發揮，而未能注意她作為妻子對丈夫溫情的愛和作為母親對兒女無私的呵護所具有的價值。她有著太多的浪漫色彩，總是傾心於聆聽大海的無盡無休的濤聲，喜歡奔跑在鮮花遍地、芳草萋萋的田園風光

中，更對貴族有閑階層的社交熱情倍加，但就是不願落入到現實之中。她雖然也和所有年輕的母親那樣喜歡自己的寶貝兒子，但只是把兒子當作打發孤寂無聊的時光的活的玩偶。而當兒子需要耗費她的精力，需要放棄她自己的娛樂時，她就把兒子看成了她的陷阱，看作捆住她手腳的繩索了。這便是後來她們母子終生不和的根源。

阿圖爾·叔本華就生長在這樣一個特殊的家庭之中，父母雙方都在孜孜追求自己的事業，父親把全部精力放在經商上，而母親則把時間打發到交際和文學創作中。這本來是一個令人羨慕的家庭，如果這個家庭也能同時讓年小的叔本華感受到相互信賴的溫馨的話。但叔本華缺乏的就是這種溫馨的感受，他從父親那裡接受了堅強自信、開拓進取、自負清醒的強烈自我意識和現實感，但由於這種高傲的自我意識缺乏愛的溫情的補償，缺乏對生命的基本肯定和對外在東西的和諧親切感，使得他對一切有生命的東西都投去陌生的目光，可以說，叔本華的哲學歸根結底就來自於這種陌生的目光。他無法感受到生命是溫馨、是一股暖流。

對外界的陌生感，首先就來自於叔本華家生活場所的變更和交往人物的頻繁眾多。自小叔本華就隨同父母離開了生活了五年的但澤，來到了陌生的漢堡。在這裡，他們的家是一座巨大而華麗的宅第。這座建築物的後半部是倉庫、辦公室和地下儲藏室。宅院的後面還有一條運河流過，貨艇就在那裡停舶，蜿蜒曲折的環廊圍繞著開闊的內院，環廊上精雕細刻著各種美麗的圖案。房前小院鋪設著大理石。前半部分是起居室、客廳、十個房間、四個陳列室、四間臥室，此外還有一個大廳，配以名貴的拼花地板和石膏花飾，門窗玻璃也是一件件的藝術品。在這個富麗堂皇的大廳裡，叔本華家常常舉辦上百人參加的大型聚會。在這裡，他們家要接待無數的商人

自不必說，他的母親因對法國革命的同情，常常也為接待那些高貴的法國流亡者而自豪，比如說，她曾因著名文學家斯達爾夫人❶的丈夫斯達爾・荷爾施坦因(Staël Holstein)男爵的光臨而受寵若驚。這樣，叔本華從小就對漢堡這樣的寓所沒有「家」的感覺，他所見到的是一張又一張陌生的、匆匆忙忙的「過客」。 他的母親對把她家變成一個高朋滿座、觥籌交錯、輕歌漫舞、高談闊論的社交中心感到十分的滿意和高興，但這種豪華的享受，賓客盈門，歡聲笑語的社交場面給小小的阿圖爾・叔本華留下的只是孤獨、寂寞和恐懼。他由一個保姆照看著，他後來回憶起當時的感覺是這樣的：「那時我才六歲，晚上散步歸來的父母，忽然發現我完全處於一種絕望的狀態，因為那時我突發奇想，以為他們永遠拋棄了我。」

漢堡的有產階級認為孩子到了八歲才到「可教」的年齡，只有這時，父親才來插手兒子的事務，說出決定孩子命運前途的強有力的話語。亨利希・弗洛利斯・叔本華也不例外，在阿圖爾八歲時，他對兒子作出了這樣一個決定：成為一個能幹的商人，同時還是一個具有遠見卓識、風度高雅的紳士。

目標既已確定，剩下的就是方法了。為了把阿圖爾培養成為一個闖蕩五湖四海的大商人，亨利希・弗洛利斯認為不通曉幾門外語，幾乎是不可能的。除語言的基本功之外，就是社交的能力。亨利希・弗洛利斯與其他的父親不一樣，他不願把孩子送往當地的學

---

❶ 斯達爾夫人(Madame de Staël, 1766–1817)法國著名女作家，積極浪漫主義的前驅，她讚揚盧梭的思想，在小說中描寫婦女渴求從家庭生活中獲得解放。還寫有《論德意志》一書，向法國讀者介紹德國浪漫主義，對法國浪漫主義有一定影響。她同歌德、席勒、費希特、奧古斯特・施萊格爾都有交往，施萊格爾甚至陪同她周遊列國。

校去學習那些所謂的基本知識，而是要讓孩子自己去讀「世界大書」。因此，當1797年叔本華的妹妹阿德蕾·叔本華出生後，父親就把這個兒子帶到了離巴黎不遠的法國小鎮勒阿弗爾 (Le Havre)，把他放在這裡他生意上的一個朋友——格雷戈里·德·布萊西馬亞 (Gregoires de Blesimaire)——家裡學習法語。叔本華在這裡生活了兩年，雖然遠離父母，但他覺得「度過了他童年時代最為快活的時光」。他後來在回憶中認為「在那海邊的親切的小城，我真正地為生活所吸引」，「在這裡，我曾快樂地生活過，我在夢中常常見到這個小城」。叔本華之所以對勒阿弗爾產生這麼好的印象，除了他享受到主人家給他周到的照顧和保護以及他同小主人的親密友誼外，在這裡還能充分展示他的個性和豐富的想像力。這個小城是塞納河 (Seine)的入海處，那海風的親撫，海鷗的鳴叫，以及在港口晃動的桅杆，都使他有種賓至如歸的感覺。當然，在這裡，叔本華所感覺到的，還不僅僅是大海潮汐的漲落，而且還有那世界歷史的潮汐。

這是歐洲戰雲密布的時期。1798年，勒阿弗爾有一段時間還成為「正式戰爭」的焦點。波拿巴·拿破崙(Bonaparte Napoleon)在其政變的前一年，正積極準備與英國重新開戰，整個小城的各造船廠都在叮叮噹噹地為拿破崙製造裝載大炮、運輸部隊的船隻。後來拿破崙又要進攻漢堡，繼而又傳出驚人的消息：波拿巴將軍已在埃及登陸……1799 年春，英國成功地說服了奧地利、俄國和那不勒斯，共同結成了反法同盟，在意大利和瑞士重新展開了戰鬥。所有這一切，對阿圖爾來說都像是彩色畫書，他表示出了勃勃的興致。一切都那麼貼近，但貼近得並沒有什麼危險；一切又都那麼真實，但真實得令人難以置信。

父母雙親著實為兒子擔憂，於是要他回到漢堡來。這一命令自

然使阿圖爾相當難過，但父命難違，只得忍著眼淚和格雷戈里一家告別。父母沒有來接他，在無人陪同的情況下，這個不足十二周歲的阿圖爾就獨自一人，漂洋過海回到了漢堡，這成了他以後極為自豪的一次單獨的冒險航行。

剛剛回漢堡，父親就把阿圖爾送進了龍格（Johann Heinrich Christian Runge，生卒不詳）創辦的私人學校。該校培養的是未來的商人，因此在這裡要學的是對商人有用的東西，並要學習使人成為有教養的人所需的地理、歷史、宗教和拉丁文等。不過，對於拉丁文，該校僅讓學生們略知一二就完了，主要是為了使學生們能給人一點有教養的印象。但對於古代文學該校則完全不管。對於後來要成為大哲學家的叔本華來說，本該有足夠的理由抱怨這所學校的，但他沒有。他反而對該校的龍格老師大加贊賞，說他是「一位卓越的人士」。因為龍格博士既有符合漢堡精神的虔信主義信仰，又有注重實際的務實精神。對叔本華留下好的印象的是，他反對死記硬背，反對體罰學生，主張與學生交朋友，上課時又能循循善誘，引人入勝。即使是宗教課，龍格也不講神秘的內省，不講教條和啟示，而是講有著自然神論意味的道德學說。比如說，告訴這些富家子弟如何在生活和娛樂中不要傲慢無理、咄咄逼人、失之於寬以待人的準則，如何防止不道德的發生，如何節制克儉等等。

在這段歷時四年的學習生涯中，叔本華是幸福的，白天讀書上課，晚上參加舞會。像其他小伙伴一樣，叔本華也專找「好人家」的女兒跳舞。但叔本華學習十分用功，如飢似渴，在家中不停地翻閱父親的藏書，小小年紀就讀了伏爾泰和盧梭的作品，也讀過了德國和英國最為優秀的作家的作品。當然他也設法將父親鎖在櫃子裡的那些纏綿悱惻、兒女情長的言情小說弄到手了，但終於有一天在

他手不釋卷、挑燈夜讀的時候被父親當場「捉住」。 他這種不加選擇、貪婪看書的狀況引起了母親的憂慮。母親勸他要珍惜自己的時間與精力，警告他看文學作品「不要過份」。

這時，叔本華似已意識到，從商從政均不是他所嚮往的生活，他要做個大學者。因此，他一再向父親陳說他轉到文科中學去學習的願望，但遭到了父親堅決的拒絕。經商做生意，這是叔本華家族的傳統，父親怎會輕易地讓尚未成年的兒子打破這一傳統呢?!

那時學生意決非易事，要做七年的學徒，然後在某一公司作三年的「店伙」。 在這當中必須吃住在東家家裡，晚上不得出門，要為東家服務，盡可能多給東家帶來經濟利益。如果學徒違背了合同，父母還得受罰。這種經商歷程，對於叔本華而言猶如夢魘一般。

龍格博士在關鍵時候幫了叔本華一把。他出於教育上的敏感，支持叔本華當學者的願望，試圖說服他的父親，證明阿圖爾有成為大學者的天才。

到了1802年底，父親的態度有所轉變，但始終擔心的是，兒子選擇的是一條充滿艱辛的路，學者與貧窮總結不解之緣之觀念令他不能隨便答應兒子的請求。父親為兒子的前途和幸福不能不苦思冥想，他曾想給兒子花高價買個有薪俸的牧師職位，但終因價錢太高未能成交。後來父親終於想出了一個看似「妥協」的辦法，讓兒子自己選擇自己的前途：要麼留在漢堡，上他的人文中學，學他的拉丁文，走他的學者之路；要麼陪父母一起旅遊，去法國、英國、瑞士，周遊歐洲。假如願意旅遊，那以後就得放棄上大學的打算，回漢堡必須學習經商。

讓剛滿十五歲的兒子面臨這種二難抉擇，這不能不說是父親以商人的精明煞費苦心想出的一條「權宜之計」， 意在告訴兒子魚和

熊掌不可兼得：要做學者就得放棄旅遊的樂趣，學者的幸福要以犧牲感官的享受為代價；如果放棄學者之路而盡享旅遊之樂，那就得把自己的將來賣給櫃臺，成為精明的商人。

　　叔本華畢竟是個只有十五歲的孩子，周遊歐洲的誘惑力實在太大了，況且兒童時期勒阿弗爾的美好印象還不時地在腦海中飄蕩，大海的波濤，塞納河的景色，海鷗的鳴叫，藍色的天空，這一切都足以讓人心旗蕩漾。叔本華終於像他父親預料的那樣選擇了旅遊。

　　1803 年 5 月，叔本華一家乘上自家的馬車，帶著自家的僕人，揚鞭上路，開始了環歐旅遊。他們一家的足跡踏過了不萊梅、阿姆斯特丹、鹿特丹、倫敦、巴黎、波爾多、蘇黎世、維也納等歐洲名城。他們到處受到了上流社會的熱情接待，每到一地，都要參觀名勝古蹟。在不萊梅，叔本華第一次見識了鉛窖中腐爛的屍體。在魏斯特法倫，叔本華看到了「黑色的荒野」，髒兮兮的村莊，衣履不整的村民，成群的乞丐，並第一次品嘗了難以下嚥的飯菜。與此地形成鮮明對比的，是遍地鮮花的荷蘭。在阿姆斯特丹，寬闊的街道，整潔如新的房舍，華麗壯觀的市政廳，對叔本華都留下了深刻的印象。在一家瓷器店裡，叔本華第一次見到一尊彌勒佛像，令他十分欣喜。後來他在《旅行日記》中記下了此時的心情：「看到祂那麼友好地向你點頭微笑，即使心情再惡劣，你也會同樣地笑起來。」叔本華以後崇尚印度佛教，說不定與這個彌勒佛像有著某種聯繫。

　　在荷蘭的中部城市阿默斯福 (Amersfoort)，叔本華一家就已得知英法兩國重新開始了激戰，但戰亂也未能影響他們去旅英的興趣。在倫敦王宮的溫莎花園裡，叔本華親眼目睹了國王和王后散步的情形。正如成年叔本華對女性沒有什麼好印象一樣，在這時，他也覺得「國王是個很漂亮的老頭兒，而王后卻醜得很」。如果僅僅是對

這一個王后作此評價，倒完全有可能符合事實，但後來叔本華在維也納見到那裡的皇帝和皇后，也得出同樣的結論，這卻不能不說，在幼小的叔本華心靈中，對女性就已有了根深蒂固的成見。

在巴黎一家劇院的包廂裡，叔本華第一次見到了拿破崙，後來他又一次見到拿破崙在檢閱部隊的場景，場景雖然十分壯觀，但叔本華對創造世界的英雄人物的業績，則總是抱懷疑的態度。他們給人民留下了什麼呢？是廢墟一片，是屍體狼籍的沙場。

叔本華一家不顧炮火連天的戰事，盡情享受旅遊的樂趣，白天遊覽風景名勝，夜晚則進劇院看戲，飽覽各地風土人情。尤其是倫敦，當時堪稱世界第一大都市，令人美不勝收。既有世界上最大的傢俱商場，也有演出莎士比亞戲劇的大劇院，還有每個星期都能見到處決犯人的場面。特別使叔本華高興的是，父母去蘇格蘭遊歷期間，他已獲准在溫布爾登教會學校學英語。但進校學習後的情況使叔本華大為不滿，因為該校教師對於宗教有著固執的信仰，要求也極為嚴格，估計叔本華不知為何事而受到過斥責，使他精神上受到很大的刺激，這就奠定了他後來仇恨英國人並不斷地在作品中對之進行嘲笑謾罵的基礎。不過，三個月時間的學習，也使叔本華得到了英國語言文字的正確知識，他把大部分時間均放在學習英語上，課外的消遣，只有體育活動和吹笛子。

1804年夏天，歷時一年多的旅行終於結束了。這是他的父親為把他培養成為一名商人所採取的一種特殊的教育方式。這種旅遊不光是走馬觀花式的遊山玩水，而是對世界的一次直接觀察，世界像一本大書，把它的五彩繽紛、風土人情、歷史名勝一一地「表象」在叔本華純真的眼前。小小的年紀，對於比利時、荷蘭、英國、法國、瑞士、奧地利，當然還有德國就有了直觀的感性的印象，像倫

敦、巴黎、維也納、阿姆斯特丹等十五六個歐洲名城，在年少的叔本華心靈中，再也不是抽象的名字，而是和風景、名勝、歷史與現實緊密聯繫在一起的具體經歷和想象，這些都給這位未來哲學家的世界圖景留下了深刻的烙印，同時也養成了叔本華獨立觀察世界的習慣。從英國和法國所學到的語言知識也為他洞明世界的本質，提供了有用的工具。這一切，他的父親從商人角度認為所必須的條件，都被兒子後來轉變成為哲學家的素質了。叔本華自己是這樣來評價這次旅遊的收穫的：

> 我清楚地認識到，這次旅行花去了我近兩年的青春歲月……正是在我長大成人的年月，在這樣的人生階段，人的靈魂對任何種類的印象都是敞開的，求知欲最強，也最好奇，我的精神並沒有像一般人那樣為空洞的話語所充塞，而本身對事物又沒有正確而確切的知識，並以此方式使理性原先的銳利變鈍、變得疲軟。相反，我是通過觀察接近了事物，了解了事物，因而學習到，事物是什麼，事物是怎樣的……特別使我感到高興的是，這樣一種成長過程使我早年就習慣於不滿足於事物的單純的名稱，而要去觀察和考察事物自身，並將觀察來的對事物的認識決定性地擺在那滔滔不絕的言詞面前，因而以後我從沒有陷於對於事物只取話語的危險。❷

當代著名的法蘭克福學派的社會學家和哲學家馬克斯·霍克海默(Max Horkheimer, 1885–1973) 也曾高度評價叔本華少年時的

---

❷　叔本華：《信函總匯》德文版，頁650，轉引自袁志英編著《叔本華傳》，世界圖書出版公司，1994年版，頁53。

遊歷對於他成為哲學家的意義。因為這不僅養成了他觀察及獨立思考的方法，以及不為前人話語所惑，不滿足於現成結論的懷疑精神，而且他對其他國家的熟悉，精通多種外國語，也使得叔本華的作品內容豐富而生動。

叔本華在旅遊中成長起來，而正在這時(1804)德國哲學的啟明星——康德(Immanuel Kant, 1724–1804)卻逝世了。雖然叔本華對此還一無所知，但這並不影響他日後成為康德哲學的繼承者。

二、投身商務

隨著旅遊的結束，叔本華的心情愈來愈顯煩躁，因為他必須履行自己的諾言，投身商界，放棄學者之路。這雖是他極不願為之事，但他尊敬其父，他覺得必須服從父親的安排。

在他們旅遊的終點柏林，父親告別了他們母子倆，回到漢堡經商，而叔本華和母親則一同往但澤進發。母親回但澤是要回娘家看看，而叔本華回但澤，是要接受基督教堅信禮，並在卡布隆先生那裡學做生意。

第二年春天，叔本華終於從廣闊的旅遊天地回到了狹小的商務辦公室，在他眼前，再也不是那如畫如歌的美景，而是流水帳和匯票。叔本華也慢慢進入父親的世界，幫助處理漢堡的商務。但此時，他們的生意頗不順手，父親的身體和精神大不如從前，記憶力也迅速衰退，甚至在1804年冬天還因患上黃疸而四肢無力，這位曾經雄姿英發、瀟灑挺拔的漢子，如今是疲憊不堪，疾病纏身。旅行耗盡了他的精力，也影響了買賣。拿破崙的大陸封鎖政策也切斷了他的商業聯繫。這種局面無疑是給了本來就不願經商的叔本華當頭一棒。

　　與父親的情況相反，年輕的母親卻風姿依舊，對生活充滿著勃勃的興致，依然是那麼樂觀，那麼熱衷於在社交中打發無聊的歲月。

　　可是，一個意外的事件突然降臨了。叔本華的父親，亨利希・弗洛利斯・叔本華於1805年4月20日從存放雜物的閣樓上摔下來而死於非命。後來有人說，他是從頂樓的窗戶跳進運河自殺的。對於其真實的死因我們不敢隨便猜測，叔本華母子二人在很長時間裡，對此也是含糊其辭。在訃告中，約翰娜・叔本華聲稱「我的丈夫由於不幸的偶然事件而亡故」，而叔本華自己在其十五年之後寫的自傳裡是這樣說的：「我親愛的好父親由於突如其來的出血而猝死。」父親的死因很長時間是母子間的禁區，可是1819年母子最後宣布斷絕關係時，叔本華則明白無誤地責備母親應對父親的自殺負責。

　　至於母親到底應負何種責任，外人的確難以評說。父母間年齡懸殊，性格差別，生活態度不同而造成的家庭衝突，是很難以一個現成的道德標準來評出誰好誰壞的。在父親生病期間，母親並沒有為此而犧牲自己的生活樂趣，去體貼和精心照顧丈夫，從叔本華愛父的立場出發，他是有理由怨恨其母的。而他母親本身由於熱愛生活，要享受生活，不願捲入丈夫那抑鬱不歡的漩渦之中，她要為家庭帶來生氣，帶來娛樂，帶來活力，並想以此來使丈夫感到舒暢，就此而言，別人也著實難以責怪她到底哪裡錯了。

　　只不過，父子都對母親不領情，這恐怕就是不成標準的標準了。母子間不和的深層根源乃是性格。叔本華從父親那裡繼承了抑鬱的氣質，與母親那種開朗歡快的性格的確形成了鮮明的對照。父親的死，使得母子的衝突更加劇烈，彼此都難以忍受對方。這對雙方的命運也帶來了重新設計和規劃的轉機。

　　叔本華悲悼父親的死亡，為著紀念對父親的感情，他仍尊重父

親的意志，仍然從事商務活動。因為一方面，在人生十七歲的年齡
失去了最崇敬的父親，使他心力交瘁，不可能有別的選擇；另一方
面，父親屍骨未寒就要取消他的決定，也令叔本華良心不安。所以，
儘管他內心十分厭倦商業，但也不得不繼續硬著頭皮周轉於商務往
來之中。然而，他精神上的壓迫，不僅使他陷入悲觀的情緒之中，
而且簡直比任何時候都感到絕望。這一回，當母親得知其痛苦的情
形時，卻對他表示了深厚的同情。她同魏瑪的朋友商量，他們都認
為現在改行，還不算太晚。於是她立刻寫信給兒子，鼓勵叔本華重
新規劃自己的生活。這個意外的好消息，使叔本華感動得淚流滿面。

約翰娜・叔本華本人也要徹底改變自己的生活。在丈夫去世後
的四個月，她賣掉了那個坐落在新萬德拉姆街的豪華住所，並開始
了結商業上的事務。這是一個影響深遠的決定，它不僅決定了叔本
華的前途，而且也使自己以巨大的熱情投入到新的生活中去了，
1806年，她遷居文人薈萃的魏瑪，想在精神和文化的奧林匹斯一展
她那被壓抑了的社交才能。

三、求學時期

1807年5月底，叔本華徹底結束了商務活動，告別了漢堡，來
到了哥達 (Gotha) 完全中學。這就是六十八年之後，馬克思 (Karl
Marx, 1818–1883) 發表《哥達綱領批判》中的哥達。這所中學具有
很高的聲望，它幾乎和大學相當，有許多著名的知識分子在此校任
教，學生來自全國各地。這裡有很好的書店，有圖書館。但哥達是
個像魏瑪一樣的小城，這使得叔本華常常以大資產階級出身的子弟
的驕傲來俯視這個小城市民的生活。對於學習，叔本華自然是滿懷

熱情，極其用功的。除了學習普通的功課外，其母親還專門為他請
了私人教師補習希臘文和拉丁文。他的學習進步相當快，教授們對
他的德語作文很是讚賞，預料他會成為一個古典文學的學者。

　　因此，叔本華很快在該校成了「知名人士」，他比其他同學年
紀稍大，常與貴族顯要往來，出手闊綽，這使得許多同學對他懷有
敬佩之情。叔本華自己這時的自我感覺也相當好，他不僅感到自己
社會地位上的優越，而且也有著智力上的優勢。但正是這種優越感，
使得叔本華在哥達中學竟把有些老師也不放在眼裡，甚至寫了一首
諷刺詩，在同學中朗讀，引起一場哄笑。這雖然是個「惡作劇」，但
引起了校方及老師們的憤怒，校長中止了為叔本華私人授課。這一
事件成了叔本華離開哥達的原因。

　　但叔本華的母親並不希望、甚至內心害怕兒子回到身邊來。她
從這件事中嚴肅地指出了兒子性格上的缺點：「你不是惡人，也不
是沒有思想和教養……不過你還是令人不輕鬆，令人難以忍受。我
覺得和你生活在一起很困難，你的所有的好品性都由於你的超級聰
明而變得暗淡無光，並使它們對這個世界沒有什麼益處。只因為你
在任何事情上比任何人更易於發怒，你到處挑錯，只是不找找自己
的錯；在任何方面都要爭強好勝，都要控制全局，可你無法控制自
己。這樣你便招致眾人的怨恨，因為沒有人樂意別人以這樣強硬的
方式來改正自己，來教訓自己，至少不願意被像你這樣一個微不足
道的人教訓。沒有人忍受得了你的責備，儘管他有很多應予以責備
的弱點。」

　　約翰娜對兒子缺點的剖析真是毫不留情，可謂是一針見血。即
使是成為大哲學家之後的叔本華，從他對德國前輩哲學家的尖銳批
判中，我們也明顯地可以感受到叔本華性格中這些令人難以忍受的

性格缺點。這種性格同時也反映出他和母親之間兩種完全不同的人生信念的對立：母親性情活潑，對生活抱樂觀態度，喜歡在同他人友好交往中尋求友誼和快樂；而兒子則相反，喜歡寂寞，性情抑鬱寡歡，對人生感覺黯淡，不可救藥地悲觀。對別人不能容忍，因而也討厭社交。母親喜歡在交談中享受默契帶來的和諧的愉悅，而兒子則偏愛在和諧的氣氛中挑起問題進行爭辯。以至於母子倆難以「和平共處」。

約翰娜在丈夫死後迅速擺脫了過去生活的羈絆和陰影，在魏瑪建立了自己理想的生活世界。她在自己家中辦起的沙龍，成為魏瑪名人薈萃之地。大文豪，魏瑪宮廷樞密顧問歌德(Johann Wolfgang von Goethe, 1749–1832) 是沙龍的常客，洪堡兄弟也來參加他們的聚會。他們在這裡談文學、評戲劇，但浪漫主義卻始終未被歌德及這個沙龍所接受，歌德稱浪漫派是「病態的」。當然這並不包括另一浪漫派的人物布倫塔諾(Clemens Brentano, 1778–1842)和阿爾尼姆 (L.A.V.Arnim, 1781–1831)，他們受到歌德很高的評價，也是常來聚會的人物。但叔本華在漢堡時就發現了浪漫派的魅力，他為浪漫派那種輕柔的夢幻般的經驗而沉醉。這經常成為他和母親之間唇槍舌劍地激烈爭吵的內容。

因此，對於叔本華要來魏瑪，約翰娜打心裡就不願意，她唯恐兒子破壞了自己的生活，因此開始是建議叔本華到魏瑪附近的阿爾騰堡(Altenburg)完全中學就讀，後來叔本華執意要來魏瑪，她不得不首先嚴格而細致地規定了母子倆相處的規則，要兒子承認是她家的「客人」，只做個可愛的、受歡迎的客人，而不准干涉家裡的事務，不准多插嘴等，才准許兒子在家中同住。請看下面這些「互不干涉內政」的條約吧：「每天你中午一點鐘來，待到三點鐘，然後我這

一天就不再見你了。在我有客人聚會的日子裡，如果願意你可以來
參加。有兩個晚上我們可以共進晚餐，如果你在吃飯的時候不以傷
害人的爭論來使我討厭的話。你對這個愚蠢世界和人類的悲慘叫苦
連天也總使我寢不安枕，惡夢不斷，而我喜歡睡個好覺。在中午的
時候你什麼都可以對我說，……而在其他時間就要自己管好自己
了。我不能以犧牲我的歡樂為代價來引發你的歡樂，……請你不要
反對我的意見，在任何情況下我都不放棄我的計劃。……一週看三
次戲，參加兩次社交活動；你可以得到足夠的休養，你會結識年
輕的女性，……好了，你已經知道了我的願望，我希望你能完全按
照我的願望行事。你要得到我作為母親的照顧、我的母愛，使我滿
足你的願望，那請你不要和我作對，這對你不會有什麼幫助的。」

　　對於中國人來說，是不可能理解一個母親對兒子作出這種近乎
殘忍的規則的。在這樣的母子關係中，也難怪叔本華對世界會產生
那麼悲觀絕望的看法。在母親這裡都得不到一點溫柔體貼的愛，他
到那裡去感受生活的暖流和溫馨呢？

　　可憐的叔本華完全接受了母親的條件，因為這時他畢竟還只有
十九歲，雖然他在意識中早已獨立，然而在內心也仍然像別的青年
一樣，是需要母親、依賴母親的。他搬進了一個小小的住所，埋頭
於功課之中，自學準備上大學。儘管母親沙龍裡的人是川流不息，
而叔本華卻沒有真正地參加進去，兩年中歌德竟沒有同他說過一句
話，這足以見出這個家庭及客人們對這位「公子」忽視到了何等程
度！

　　在魏瑪生活了兩年，1809年2月22日，叔本華慶祝了他的二十
一歲生日。這時他真正算是成年了，母親將他應得的一份遺產交給
了他，共有二萬塔勒，如果存入銀行的話，每年可得一千塔勒的利

息。叔本華光靠利息就能生活得很不錯。另外，叔本華的生日禮物是獲許參加這一年的大型化裝舞會。這一「禮物」使叔本華一反常態地異常興奮，因為魏瑪歌劇院明星、有名的美人，又加上是公爵的情人卡洛琳娜・雅格蔓(Karoline Jagemann)也參加舞會。據說，叔本華對此美人很是動心，覺得如果雅格蔓是街上敲打石塊的女工，他準會把她帶回家。只可惜她不僅未能成為這樣的女工，而且還被封為伯爵夫人。

1809年秋，叔本華離開了母親來到哥廷根大學學習。這是一所歷史悠久，學術聲望很高的學府，最初於1735年由英王喬治二世所建，該校以自然科學見長。哈勒(Albrecht von Haller, 1708–1777)因在醫學、植物學、外科學、人體解剖學、生理學等學科上的成就和傑出的工作，使哥廷根大學成了「現代」科學的中心。高斯(Karl Friedrich Gauβ, 1777–1855)在這裡講授數學。叔本華在此校註冊的是醫學系，他要在此學到自然科學的最新知識。在這個學校裡，叔本華那咄咄逼人的「辯論」口才得到了充分發揮，大家喜歡聽他神諭式的宣講。但辯論時，他總是「鋒芒畢露，態度生硬」。這個學校的學生大都是出身名門世家，優越感極強，他們和叔本華在辯論時表現的「好鬥」相反，經常和當地的居民，特別是年輕的幫工發生衝突，有時甚至鬥毆。叔本華為防不測，手槍一直不離床頭，這可算是哲學家生活中的奇事了。

到了第三學期，叔本華內心那按捺不住的對哲學的興趣又重新萌發出來了。在自認為對哲學有所了解之後，他毅然改變了原先的計劃，放棄醫學而專攻哲學。在此，我們不禁想起在魏瑪時年邁的維蘭特(Christoph Martin Wieland, 1733–1813)對叔本華的告誡：「不要學習不切實際的學科。」而叔本華精闢的回答卻令維老頗有

感觸。叔本華說:「生活是件苦事,我打算以對生活本身的深思來打發生活。」

以對生活本身的深思來打發生活的苦役,可能是許多哲學家的人生態度和生存狀況。然而,叔本華遇到的第一位哲學老師舒爾茨(Gottlob Ernst Schulze,生卒不詳)把叔本華引向的卻不是現實的生活本身,而是遠離生活現實的柏拉圖和康德的先驗哲學。舒爾茨的這一引導,使得叔本華後來的哲學始終是以柏拉圖(Plato,前427–前347)和康德為坐標,把柏拉圖的「理念論」和康德的「自在之物」加以揉合改造成了「意志本體論」。

在哥廷根,叔本華對康德的作品有了相當的了解,並閱讀了亞里士多德(Aristotes,前384–前322)和謝林(Schelling, 1775–1854)的著作,這對他以後的哲學創造確立了思想史的素材。但由於當時,費希特(Fichte, 1862–1914)是公認的康德哲學的權威闡釋者和繼承人,因此他期待著認識「這個真正的哲學家和偉大的天才」。

在費希特的哲學召喚之下,叔本華在哥廷根大學讀過四個學期之後,於1811年夏天遷到新建的柏林大學就讀。

吸引著叔本華來柏林的,不僅是費希特,實際上還有浪漫主義神學家、哲學家施萊爾馬赫(Friedrich Ernst Daniel Schleiermacher, 1768–1834,他還是柏拉圖著作的德文翻譯者和解釋者),以及當時德國最為著名的古希臘語文學家沃爾夫(Friedrich August Wolf, 1759–1824),歌德也曾向沃爾夫請教過有關方面的問題。

柏林大學的建立是普魯士政府通過反省對抗拿破崙的慘敗之結果。他們認為普魯士的失敗主要是敗在「人的頭腦」, 因而改革首先要從人的頭腦入手,「以精神的力量來補償肉體的損失」,於是任命偉大的教育家威廉 • 馮 • 洪堡來籌造柏林大學。洪堡雄心勃

勃，要使大學成為培養人文主義精神的基地，要造就胸襟開闊、目光遠大、領導世界新潮流的人才。因此，大學特別重視人文科學。語文學、哲學和神學是該校最重要的科目。為此，洪堡從全國網羅了一大批第一流的學者來校任教。在叔本華到達柏林的前幾個星期，費希特當選為校長。

叔本華是帶著他母親讓歌德寫的推荐信來的，歌德的信既未寫給洪堡（他也是叔本華母親沙龍裡的客人和朋友），也未寫給費希特，而是寫給沃爾夫，後來叔本華同沃爾夫之間關係密切，可能與此有關。

叔本華是慕費希特的大名而來柏林的，因而費希特的哲學課是他首選的課程。他甚至覺得，誰要想在哲學上保持時代的高度，就一定要聽費希特的。所以，他開始對費希特評價頗高，認為他是個「才華橫溢的人」。但聽了幾次課之後，叔本華卻感到莫大的失望，他討厭費希特那種約束著情感和熱情的純粹思辨，尤其是費希特「傲慢的態度」引起了同樣傲慢的叔本華的憎惡。傲慢者是不能容忍別人的傲慢的。另外，素來喜歡言語清楚明白、易懂流暢的叔本華也受不了費希特哲學語言的晦澀。所以，在他聽完了費希特第十個講座之後，已經變得「不耐煩了」。他有時埋怨費希特講得不清楚，而當費希特講得很清楚時，他又嫌他太囉嗦。

不過，雖然叔本華現在是如此厭煩費希特，但並未影響他繼續去聽費希特的課，只是，聽課的目的完全不同了。從前聽他的課，是為了領略當時哲學的精華，而現在，卻是為了一心一意找他的錯，來同他爭辯。在他的筆記中，人們發現充滿著對費希特尖酸刻薄的批評。費希特講的是《知識學的原理》，而他卻寫成「知識學的空虛」。因為這兩個字在德語裡音同字不同，他以此來諷刺費希特。

後來叔本華在他的成名作《作為意志和表象的世界》中，反複說費希特是「吹牛者」，是「冒牌哲學」，是「康德的丑角」，這些評價都始於他的筆記。他說：「費希特的冒牌哲學」，「雖然只有那麼一點兒真實價值和內在含義，可根本上只是一種花招；然而這個學說卻是以最嚴肅的道貌，約束著情感的語調和激動的熱情陳述出來的；它又能以雄辯的反駁擊退低能的敵人，所以它能放出光芒，好像它真是了不起似的。」❸

　　從這段引文來看，叔本華對費希特的批評的確像許多研究者所說的，是他內心不服別人，好勝矜驕的證明。但不能僅僅歸結於此。他倆人的哲學雖然都以康德為出發點，但他倆人的哲學氣質懸殊太大，一個是理智的、道德的、玄論的，一個是情緒的、審美的和曉暢的，因而致使他們賴以認同的根本價值本體不一樣，這才是叔本華厭煩費希特的內在根由。

　　施萊爾馬赫是第二位引起叔本華興趣的名人，但叔本華孤傲的個性容不下別人。他在第一眼看到施萊爾馬赫的面貌時，就打心眼不喜歡這個人。因此，聽他的課，叔本華同樣地感到失望，在第一講中，兩人就合不來。施萊爾馬赫說：「哲學和宗教，同有對於上帝的知識。」叔本華批評道：「哲學必須先有上帝的觀念，但是事實卻正好相反。哲學必須先要按其自然發展，客觀地取得或拒絕上帝的觀念。」施萊爾馬赫主張：「哲學和宗教不能單獨存在，沒有宗教意識的人不能成為一個哲學家。另一方面，信仰宗教的人，必須研究哲學的基礎。」叔本華說：「沒有一個信仰宗教的人，能夠達到哲學那樣深遠，他根本不需要哲學。沒有一個真正哲學思辨的人是宗

---

❸　《作為意志和表象的世界》，北京商務中文版（以下簡稱「中頁」），頁64；萊比錫1859年德文版（以下簡稱「德頁」），頁68。

教的，他有路線領導，他的路途是危險的；但是是不受拘束的。」同
他說費希特是冒牌哲學家一樣，他也說施萊爾馬赫是「一個戴假面
具的人」，兩人根本無法取得一致。所以，叔本華在柏林大學期間，
對兩位原來崇敬的名人，從未有過私交。

正當叔本華埋頭於哲學的寂寞領地，殫思竭慮地同費希特的
《知識學》和施萊爾馬赫的《宗教論》交鋒時，拿破崙五十萬大軍
的鐵蹄正把柏林攪得雞犬不寧。有民族正義感的愛國志士都在為祖
國的解放和戰爭而貢獻自己的智慧和才能。費希特不僅以自己的影
響力直接號召所有的社會力量參加對法戰爭，而且自告奮勇地作隨
軍的佈道者，在普魯士的軍營中奔波操勞，並最終在隨後不久的
1814年1月死於傷員從前線帶來的傷寒病。施萊爾馬赫雖然曾因「愛
國有罪」而被當局查問過，而在 1813年3月普魯士正式對拿破崙宣
戰後，毫無顧忌地發表熱情奔放、虔誠激烈的愛國主義演說，使每
個聆聽的人無不深受感染。

當別的哲學家走出書齋，披掛上陣時，只有叔本華對戰爭的喧
鬧無動於衷，冷靜地繼續著自己的哲學沉思。他覺得他的哲學高於
一切，他「生來就不適於用拳頭來為人類服務，而應用頭腦服務於
人類」。他甚至把哲學視為他的「祖國」，因而可以把現實的祖國的
生死存亡置之腦後。而在柏林的守軍撤退一空、柏林處於一夕數驚
的境地時，我們這位怯懦的哲學家終於再也無法守住他那自私而怪
僻的寧靜，只有向魏瑪方向落荒而逃！在這種也許是很不「光彩」 ❹

---

❹　叔本華的這種行為對於當時的「愛國主義」者來說，是不光彩的。但
　　要指出的是，當時德國的知識界對於「愛國主義」的態度是很不相同
　　的。像歌德對於當時的愛國主義喧囂就持一種十分冷靜的態度，他甚
　　至反對他的兒子奔赴前線去打拿破崙。因為他對拿破崙推動世界歷史

的情形下結束了柏林大學的學習。

四、博士論文和代表作

　　叔本華路經魏瑪，來到魯多爾施塔特(Rudolstadt)，下榻於一家鄉村旅店，專心致志地撰寫《論充足理由律的四重根》。經過整整三個月的奮筆疾書，於1813年9月完成了這篇博士論文。

　　叔本華原想到柏林去進行論文答辯，但由於薩克遜成了主戰場，從魯多爾施塔特到柏林去的路已被切斷。他便靈機一動，打算就近在耶拿大學進行答辯，於是給耶拿大學哲學系主任寫信並寄去了答辯的費用。

　　由於在耶拿，誰都知道他的母親是歌德的朋友。叔本華受到了特別的優待，相當順利地於10月2日通過了論文答辯，三天後，便取得了哲學博士的頭銜。

　　後來，叔本華在其成名作《作為意志和表象的世界》中，一再地提到這篇博士論文是理解他的思想的準備和入門書，那麼，現在就讓我們簡要地介紹一下該篇論文的主要思想。

　　這篇博士論文共分八章。第一章是「引論」，介紹了探索「充足理由律」的重要性，以及該項研究的方法及其運用。所謂充足理由律，就是說任何事物都有其為什麼存在的理由或根據❺，叔本華認為，它之所以重要，就在於充足理由律堪稱整個科學的基礎。每

　　進步有著深刻的理解。歌德和叔本華在愛國主義問題上，觀點是接近的。

❺　在德語中，「理由」(Grund)也有「基礎」和「根據」的意思，所以，叔本華的「充足理由律」也有的譯為「充分根據律」。

門科學都在詢求事物原因的解釋，尋找根據，而科學所揭示的原因或根據形成了一個相互聯繫的整體，把這個系統的各個部分連接起來的就是充足理由律。科學的概念就是從它們的根據出發一個跟一個地衍生出來的。由於我們先驗地假定一切事物的存在或不存在都具有理由或根據，才使我們在任何地方都要追問「為什麼」，正是這一追問，才有了科學，才有了哲學。

在第二章，叔本華概述了歷史上重要的哲學思想家關於充足理由律的重要觀點。

叔本華說，對於充足理由律，雖然柏拉圖和亞里士多德經常把它作為不言自明的真理而提起，但他們誰都沒有正式地把它表達為一個主要的根本法則。儘管如此，人們仍可把亞里士多德看作最早論述了充足理由律的人，在其《後分析篇》中，亞氏說：「只有在我們知道了事物賴以生存的原因，而且只有這一原因才使該事物存在，否則就是不可能的時候，我們才完全理解了一個事物。」在其《形而上學》中，亞里士多德還把原因分類：質料因、形式因、動力因和目的因就是後來被經院哲學家普遍使用的四類原因。叔本華認為，亞里士多德的劃分既不深刻又不準確，其根本原因在於混淆了兩種不同意義上的理由律：一種是驗證和認識一個事物的存在；另一種是驗證和認識事物為什麼存在。前者要說明的是對於前提(reason)的認識，後者要說明的則是對原因(cause)的認識。古人在尋找一個前提作為結論的依據和追問一個真實事件產生的原因之間，未能正確地加以區分，導致了所有近代哲學思想家在此問題上的混亂。叔本華較為詳細地分析了笛卡爾、斯賓諾莎、萊布尼茨、沃爾夫、休謨、康德、謝林等人在此問題上的功過是非。

在第三章，叔本華簡要地總結了舊證明的不足和新證明的要

點。指出，在以往的哲學中對充足理由律有兩種截然不同的應用，經常陷入錯誤和混亂的泥潭，這兩個應用是：一個應用於判斷，如果判斷成立，那麼這個判斷必具有一個前提；另一個應用於物質客體的變化，物質客體的變化必恆有一個原因。然而，這兩種應用不可能包含人們追問為什麼的所有情況，並且只要在思想上沒有明確地區分這兩種應用，就總是在前提和原因之間出錯。所以叔本華後來批判唯物論哲學把物質作為世界的本原，當作是產生萬物的「原因」，正是犯了這個錯誤。他進一步認為，充足理由律的根是一切表象在有規則的整體聯繫中的相互依存，這種整體聯繫是先天決定了的。他按照統一律和分解律，把這些相互關係區分為四種，因而稱之為「充足理由律的四重根」。

　　第四章篇幅最大，標題為《論主體的第一類客體，以及在這類客體中起支配作用的充足理由律的形式》。所謂「主體的第一類客體」，是指外界事物刺激我們的感官而讓我們感知到的「經驗實在」，關於這類可能存在的「客體」，叔本華稱之為「直觀的、完整的和經驗的」，之所以是「第一類」，指的是它們是通過我們的直接經驗，在我們的感知中直接呈現的；之所以是「主體」的「客體」，原因在於叔本華的這一根本思想：他的哲學是立足於「表象」的，事物之所以存在，是因為有我們的「表象」，在「表象」之外，沒有「主體」和「客體」的分離和對立，它們存則共存，亡則俱滅。成為「客體」同成為「表象」是一回事，而「表象」總是「表象者」即「主體」的表象。

　　這些經驗實在，即表象中的客體，其存在的形式是時間和空間。對時空中存在的經驗實在——康德意義上的感性世界——我們都要問一個為什麼，亦即問其變化的根由，這就是因果性的問題，叔本

華稱之為變化根，亦即變化❻的充足理由律。這便是在第一類客體中起支配作用的充足理由律的形式。成了變化的充足理由律，就我們所說的客體狀態的出現和消失都在時間之流中運動，形成經驗實在的複合體而言，所有在我們表象的整個範圍內呈現自身的客體就可以聯繫在一起：即只要有一先前的狀態存在，從中就可必然地產生出一新的狀態來，這便是因果律。

第五章是論述主體的第二類客體以及充足理由律在其中起支配作用的形式。第一類「客體」是「直觀表象」，形成經驗實在，第二類「客體」則是「抽象表象」，形成概念世界。這是由人的認識、反思、判斷和理性組成的精神文化世界。對於一切判斷（認識和概念）我們也要問一個為什麼，亦即問這個判斷的根據（前提）何在；我們在這裡問的不是為什麼是這樣的，而是要問為何你認為是這樣的，也就是說，我們問的是認識的根據或前提，叔本華將此稱之為認識之根，或者叫作認識的充足理由律。在這一章，叔本華結合認識的充足理由律研究了經驗真理、邏輯真理、先驗真理、超邏輯真理以及理性問題。

第六章研究主體的第三類客體以及充足理由律在這類客體中起支配作用的形式。第三類客體既不是直接表象，也不是抽象表象，而是所謂徹底表象的形式部分，即先天賦予我們的對內外感官形式——空間和時間——的純粹直觀，其所構成的「客體」是有關幾何和算術的領域。在此領域，人們所要問的既不是變化的理由，也不是認識的根據，而是諸如為什麼數字「1」之後才是數字「2」?或者說為什麼圓的直徑和圓周上的一點構成的三角形有一個直角？對於

---

❻ 在德語中「變化」和「生成」是同一個詞"werden"，因此有人譯成「變化根」，有人譯成「生成根」。

這些在空間中的位置和時間中的繼起之相互關係，不可能靠知性和理性的純粹概念來把握，只有先天的純粹直觀可使我們理解它們。對於時空各部分參照這兩種關聯（位置和繼起）據以相互限定的規律，叔本華稱之為存在的充足理由律，這就是在第三類「客體」中起支配作用的充足理由律的形式。

　　第七章論主體的第四類客體以及充足理由律在其中起支配作用的形式。第四類客體是內感覺的直接客體，即認識主體的客體，叔本華稱之為意志主體。在叔氏看來，事物之被認識的條件就是成為認識主體的客體或表象，但因主體本身永遠不能成為客體或表象——主體永遠同客體相對——所以認識主體本身永遠不能被認識；但是，從另一方面來看，由於任何認識就其本性而言，都預先假定了一個認識者和被認識的對象，那麼，在我們體內被認識的東西，不是認識者，而是意志的行使者，即意志主體。意志主體之作為第四類客體實乃人的行為領域，對人的行為，即人所做的一切要問個為什麼，就是要問這樣做的動機是什麼，即問為什麼要這樣做的原因，這就是人的行為的根據，叔本華後來稱之為內在的因果律。在這裡，因果律以動機的方式表現意志行為必然性，而且以個體的認識能力、經驗、個體性格為基礎，同自然界中起作用的因果律大不相同❼。

　　第八章是「總述和結論」，叔本華首先申明，上述充足理由律的四重根源的前後順序並不是系統化的，而只是為了使論述更加清楚明瞭而這樣安排的。他說，如果按照系統化的安排，則順序應該是這樣的：首先是存在的充足理由律；接著是在時間和空間中存在的根據，即變化的充足理由律；之後則是人的動機律，即內在的因

---

❼　具體內容可參閱本書第五章中的「意志自由論」那一節。

果律;最後是認識的充足理由律。

與充足理由律的四種形式相一致,存在著四種必然性:

1.邏輯必然性,根據認識的充足理由律,一旦我們承認了前提,那麼我們必然絕對地承認其結論。

2.物理必然性,根據因果律,只要出現原因,結果肯定毫無疑問地順之而來。

3.數學必然性,根據存在的充足理由律,在正確的幾何定理中所陳述的任何一種關係,都確實是該定理之確定的關係,而且每一個正確計算都是不可辯駁的。

4.道德必然性,根據這種必然性,每一個人,甚至每隻動物,只要產生一個動機,就得被迫去做符合個體生來俱有且不可改變的特徵的事情。因此,現在由這一原因而來的行為就像所有其他的結果一樣不可避免,雖然這裡較之其他情況更難預測其結果是什麼。

叔本華最後總結道,充足理由律之一般意義,究其大概可以概括為:每一無論於何時存在的事物,都是由於別物的存在它才存在。從所有的事物作為表象論,都要服從這四種根據,但是,這四重形式的充足理由律是先天的,即它的根仍在我們的理智中,因此它必然不適用於全部存在物,包括理智,它也不能應用於世界本身,即在這個世界呈現自身的自在之物。既然只有這四類明確劃分的客體,即使我們設想可能出現第五種客體,這種情況下我們同樣不得不設定充足理由律還將以一種不同的形式在這類客體中出現。就是說,我們依然不能指望有一個「絕對的根據」「一般的根據」以適合於所有的事物包括自在之物、理性本身等等。這就確立了充足理由律只以主體為其條件,主體自身不在充足理由律之中的思想。因為世界乾脆就是表象,以表象論,它需要認識的主體作為它實際存在的

支柱。

這篇論文，雖然離建立他的意志本體論哲學體系還差一段距離，但在一些主要思想上奠定了其後來哲學的基礎。的確像叔本華自己所說的那樣，可以看作是其後期代表作的入門書和準備，不了解現在的思想，就很難深入理解其後來哲學的發展。

取得博士學位後，叔本華回到了魏瑪。這時他的母親出版了《對1803年、1804年和1805年的旅行回憶》，受到了社會上的肯定和好評。1817年她發表的《穿過法國南部的旅行》成為1818年的暢銷書。此後，便一發不可收拾，長篇小說一部緊接著一部地問世，後來，布洛克豪斯共為她出版了廿卷的文集。在此十年之間，她一直是德國最著名的女作家，被稱為斯達爾夫人第二。

叔本華回到家裡，令他不能容忍的是，他母親這時有了新的男友，因此他經常給他母親的這位男友難堪，母子間的唇槍舌劍就是不可避免的了。

當母親拿到兒子的博士論文時，諷刺他說：「你這是為藥劑師寫的吧?」

兒子不甘示弱：「在堆放雜物的房間裡，你的作品再也塞不下一本的時候，人們也會讀它的。」

母親：「你的東西印出來後，全部會如此。」

就在這種不斷的衝突和爭吵中，叔本華在家裡待了約半年的時光，終於在1814年的5月，被母親下了「逐客令」，宣告母子關係完全破裂。從此之後，母子之間除了有一些帶有惡言的書信往來外，再也未曾相見。

外面戰亂未止，被逐出家門的叔本華到哪裡去尋找他的立足之地呢?

在旅遊的記憶中，他找到了德累斯頓 (Dresden)。這裡的氣候、建築、風景、藝術瑰寶和宏大的圖書館，都對他很有吸引力。只是，這裡沒有大學。但這對叔本華又有什麼關係呢？反正在他高傲的心中，自認為他從在世的哲學家那裡再也學不到什麼東西了。

遺憾的是，當叔本華來到德累斯頓時，昔日乾淨而富裕的景象不見了，戰爭留下的是滿目的荒涼。大街上到處可見餓死的馬屍，飢餓的人們在麵包房前動刀動槍，傷寒肆虐流行，街道上，醫院裡每天都有上百人死去。這一切，雖然並沒有影響到叔本華全身心地投入到寫作中去，但肯定對他的悲觀主義世界觀的定型有著重要的影響。

在德累斯頓，叔本華沒有朋友，舉目無親，當他一頭栽進寫作中時，他耐得住寂寞，但當他鬆弛一下時，卻免不了那種形影相弔的孤獨。有時他也想在社交中去排遣這種孤獨，可是，他又生性多疑，缺乏信任別人的勇氣，處處設防著別人，唯恐自己受到傷害，唯恐在社交中失去「自我」，結果便是越來越無朋友。這種性格怎能不導致內心的悲涼呢？

正是帶著這種寂寞、孤獨和悲涼的心情，叔本華經過四年的苦戰，終於在 1818 年完成了他那部奠定其哲學家地位的巨著《作為意志和表象的世界》(*Welt als Wille und Vorstellung*)。這一年正好是他的「而立之年」。

這部著作的內容正如它的書名所標示的那樣，是以「世界」為對象的，但這個「世界」不是科學所揭示的世界，而是透過叔本華陰鬱的眼光所折射出來的「世界」。叔本華的眼光雖不像林黛玉那樣見落花而落淚，但他自小就好沉思悲慘的事物。他要弄清楚世界為什麼充滿著不幸，他要探究人世間痛苦、無聊、荒誕和矛盾的根

源，他要追問人生到底有無意義，要闡發人生的哲理和生存的智慧。因此，這部論「世界」的書，實質上是通過洞明世界的本質來解說人生的處境，因而是一部人生觀的著作。

這部著作是立足於「看」的哲學。「世界是我的表象」是開篇第一句話。叔本華認為，這句話是個「直觀」的真理，是對於任何一個生活著和認識著的生物都有效的真理。這句話的基本意思是說，世界是相對於「表象者」而存在的。人們不會認識什麼脫離表象而存在的太陽和地球，太陽和地球是否存在，怎樣存在，只是作為表象，因為永遠只是眼睛「看」太陽，只是手感觸著地球。在此意義上，這句話就只是貝克萊「存在就是被感知」的翻版。叔本華自己也明確地承認這句話同貝克萊的淵源關係：「貝克萊是斷然把它說出來的第一人。❽」但叔本華是否就只停留在貝克萊「唯我論」世界觀的水平上呢？只要我們從詞源學上分析一下德文「表象」(Vorstellung) 一詞的含義及其叔本華對它的運用，就可知道，把叔本華放在貝克萊唯我論意義上來理解是表面的、膚淺的。在第三章我們對此將作進一步地分析。

世界只是我的表象，這只是世界的一面，但若固執於這一面，就是錯誤的，因為除此之外，還有一個更為重要的真理，便是「世界是我的意志」。 表象是康德意義上的現象世界，而意志則是自在之物，是世界的本體和本質。在康德那裡，我們所能認識的是現象世界，是自在之物呈現給我們的樣子，至於自在之物本身是不可知的。叔本華不滿於康德的不可知論，他直截了當地說，「自在之物就是意志」。 意志即求生存的意志，或生命意志，是衝動、本能、奮進和欲求，是初始的、先在的、自因的，既沒有終止的界限，也

---

❽　叔本華：《作為意志和表象的世界》，中頁26，德頁34。

沒有最後的目的。意志不是事物的種類，更不是個別的事物，但意志的客體化，直接地實現為事物的理念（種族），並由此間接地表現為事物的現象（個體），整個世界均是意志的逐級客體化。所以，叔本華構成了意志本體論的形上學理論。

《作為意志和表象的世界》就是分別從表象和意志兩個方面來考察世界的本質，來洞悉人生的真諦，並從與意志的關係中去發現藝術的秘密和求得人生的哲理。這部洋洋大觀的著作，共分四篇，第一篇題為〈世界作為表象初論〉；第二篇題為〈世界作為意志初論〉；第三篇題為〈世界作為表象再論〉；第四篇題為〈世界作為意志再論〉。由此讀者便可初步獲知，叔本華的這部宏著，結構簡明，條理清晰。

在〈世界作為表象初論〉這一篇內，叔本華考察的是服從充足理由律的表象，也即經驗和科學的客體。他認為表象也有著必然的、不可分的兩個半面，一半是客體，其形式為時間和空間，通過這種形式產生出雜多性；另一半是主體，它不在時空中，因為主體在任何一個進行表象的生物中都是完整的、未分裂的。叔本華立足於表象、即主客體密不可分的相互關係，考察了直觀表象、抽象表象；也即考察了經驗客體和概念認識世界。基本上沿著康德哲學理論理性和實踐理性的思路，研究了認識從表象到理性思維的過程，只不過叔本華把理性思維——即形成概念的能力——看作是表象的表象。在表象的最高頂點上，達到了理念。而又因表象和事物形成的一致性，同理念相對應的客體即為自在之物，即為意志；因而從此便轉向康德意義上的實踐理性的分析。但叔本華不同於康德，他認為實踐理性的出現完全不同於、也不依賴於行為的倫理價值。所以，研究人的行為，也即作為人這個意志的現象也是受著類似的因果律

支配的。實踐理性並不探討行為的倫理道德屬性，而要探究人生的哲理，探討如何擺脫人生的痛苦，如何解救之大智慧。叔本華盡力把斯多噶派的倫理學作為符合其思想的一個例證來闡釋，即認為倫理學不討論道德學說，而以指出如何在內心的平和和心神的恬靜中擺脫痛苦為目的。這樣一來，「表象初論」就結束於對斯多噶倫理學精神的批判闡述。

在第二篇〈世界作為意志初論〉裡，叔本華考察了意志逐級客體化的道路。世界上的所有事物，包括人的身體和行為都是意志的客體化表象。意志客體化最低的一級表現為最普遍的自然力、如重力、固體性、液體性、彈性、電氣、磁力、化學屬性和各種物性，它們都是意志的直接表出。在意志客體化較高的級別裡出現了顯著的個性，尤其在人，出現了個別性格的巨大差別，即完整的人格。但要走到這一步，要經歷漫長的過程。對無機界和植物界來說，雖然連結意志現象的紐帶已不再是簡單的刺激，但意志仍然是盲目的衝動。在這裡，意志沒有別的援助，以一種決不失誤的妥當性和規律性在起作用；這是意志最簡單、最微弱的客體化，因為它沒有借助於任何工具。甚至在動物界，意志仍像在整個無機自然界一樣，表現為原始的「力」，在昏暗無光的、冥頑的躁動中無知地奮鬥，貪婪地相互爭奪物質、空間和時間，你爭我奪，勝敗無常。不過在動物世界，已經開始有直觀的表象，開始有假象和幻覺，開始有行為的動機了，雖然動物的直觀只與現在，而不與過去和未來相聯繫。只有意志達到了其客體化的最高程度，出現了會思維的人腦，理性認識之光才追隨著意志的衝動，照亮了意志的行程；這時世界就不僅僅是作為盲目的意志而存在，而且同時出現了作為表象的世界，世界分化了自身，成為認識主體的客體了。在這裡，認識只是從意

志自身產生的一種輔助工具，和身體的任何器官一樣，是維繫個體存在和種族存在的器械之一。作為這種工具，認識也是屬於意志客體化較高級別的本質的。不過，由理性認識所產生的真實或虛妄的動機使意志的表出變得非常複雜。叔本華認為，作為意志的客體化的世界，每一級別都在和另一級別進行著生存競爭，即使是恆存的物質，也在這種競爭中不斷地變換著其存在的形式，生命意志則始終一貫地相互殘殺，一直到人類，級別愈高，競爭愈烈，鬥爭愈是殘酷。人類制服了其他一切物種，而在人與人之間，在人自己的生活中，意志的分裂和衝突更是暴露到最可怕的程度。這就為他隨後說明世界的本質是痛苦，人生的本質是掙扎作好了準備。

通過意志客體化的說明，叔本華在第二篇裡得出的是這樣的結論：雖然作為意志客體化的現象（或表象）有著巨大的差異性和多樣性，而且其相互之間有無窮無盡的鬥爭，但意志作為自在之物不包括在這種雜多和變換之中，不服從充足理由律的任何形式。意志的同一性、一元性意味著諸種事物及其現象在本質上是一致的、相似的。自然和人類是同一個東西的不同變相，所有的變化都有一個共同的旋律。就這樣，叔本華完成了其意志本體論的建構，對世界，包括自然、人類和精神認識都作了唯意志論的解釋：世界一方面完全是現象，但另一面又完全是意志，現象（表象）世界是意志的客體化。

在第三篇〈世界作為表象再論〉裡，叔本華論述了獨立於充足理由律以外的表象，即柏拉圖的理念──藝術的客體。這部分集中探討了藝術表象的本質，即美的本質，以及各類藝術表象的特點和發展規律等。

在叔本華看來，藝術是一種特殊的認識，而認識則是為意志服

務的，因而藝術同意志之間具有直接的關聯。在論證藝術的本質特點時，叔本華實際上是堅持一種很傳統的見解，即藝術本質上是對事物、現象中內蘊的永恆不變的本質、精神、神韻和內在生命力的表現，只是這些東西在叔本華的哲學中被稱之為意志，因而藝術也就是考察意志之恰如其分的客體化，但藝術的考察方式不服從於充足理由律，而服從於天才的考察方式，以此區別於科學認識。叔本華同時接受了美在「形式」說，因而藝術對意志的考察和表出，不在於個體意志之現象上的內容，而是柏拉圖式的理念。理念是範型，上可代表意志，涵括意志本體，下可溝通意志與現象的分立，由其與表象的親合性進入現象界。因而叔本華得出了藝術的唯一源泉是理念的認識和表出這一結論，對各門藝術的具體考察也是依循著對理念這一意志客體化的不同級別展開的。

　　第四篇〈世界作為意志再論〉是叔本華哲學的核心和本質，它考察的是人的行為，即康德稱之為實踐哲學的東西，也就是一般「倫理學」的內容。康德倫理學以「理性」為基礎建立起道德形上學，提出普遍應該的道德原則。而叔本華的倫理學則以意志為基礎，他不想提出任何「無條件的應該」，不謀求建立什麼行為規範和道德責任，因為他認為意志不但是自由的，而且是萬能的。從意志出來的不僅是它的行為，而且還有它的世界。意志是怎樣的，它的行為就是怎樣的，它的世界就是怎樣的。因此，叔本華的倫理學意在同意志的內在關聯中分析人的行為的內在本質，在人與世界的關係中洞察人生有無價值、是得救還是沉淪的人生哲理。

　　具體說來，叔本華認為，人類是求生意志的最完善的客體化，是一切生物中需求最多的生物，在此意義上，人是意志的最完滿的肯定者。但是，當人的生命現象為人的生命意志所肯定時，即被意

志所控制和決定時，缺陷、痛苦和不幸就構成了人生的本質，因為
意志是不盡的欲求，盲目而又不可抑制，滿足了一個欲求，另一個
更大的欲求又馬上襲來，人生因這種時時刻刻不可滿足的欲求成為
不堪忍受的重負。即使一時滿足了，獲得了片刻幸福的幻覺，人又
陷入無聊之中。人生的悲慘，不僅因人生受痛苦和無聊的任意拋擲，
而且人生要受個體化原理的支配。人作為意志現象的個體，受普遍
的充足理由律的支配，每個人都為自己的生存而掙扎和奮鬥，自私
自利普遍地是人的行為準則，人類社會就成為人與人之間互相競爭，
彼此吞食以苟延殘喘的場所。憎惡、仇恨、暴力和惡罪就充斥於這
個世界。這便是叔本華描述的肯定生存意志所出現的可怕的人生場
面。

　　從此，叔本華的倫理學就走到了與其意志本體相矛盾和對立的
方向上了：按其意志本體論，意志是世界唯一真實的存在和本質，
它要不斷地肯定自身，逐級使自身達到最完善的客體化；而按其倫
理學，因意志的肯定是令世界痛苦、人生悲慘的根源，所以必須否
定生存意志！

　　在叔本華看來，只有當人超脫了認識為意志服務的關係，看穿
了個體化原理，看穿了現象界的虛幻和痛苦的本質（即看穿了「摩
耶之幕」），才能實現對生存意志的否定。藝術和審美是走向意志否
定的第一步。要徹底否定生命意志，光靠藝術和審美還不行（因為
這只能提供暫時的解脫），還必須走上禁欲之路：首先是要不近女
色，因為這樣就可預示意志將同生命一同終止，種族不再綿延；其
次是要自願受苦。在此情況下，人要不斷地同靈魂博鬥，壓制意志，
懺悔人生，齋戒絕食，以無限的耐心和順從承受羞辱和痛苦，獲得
完全的清心寡欲。叔本華最後得出虛無主義的結論：隨著自願地放

棄、隨著意志的否定，客體性的一級一級的形式都取消了，意志的整個現象都取消了，現象的普遍形式（時間、空間和因果律）都取消了，這個世界的最後的基本形式——主體和客體——也取消了；沒有意志，沒有表象，沒有世界，只剩下空無了。

以上便是叔本華主要著作《作為意志和表象的世界》一書的基本思想。對於這部著作，叔本華自始至終充滿著自信，認為它表達出了哲學家們一直在追尋、但從未被真正發現和明確表達出來的真理。尤其是在該書首次交付出版時，他的這種大功告成的自豪感，的確是溢於言表的。在第一版序言中，他甚至開玩笑地說，即使不讀該書的人，也可以把這本「相當漂亮」的書裝飾他的圖書室，也可以送給博學的女友放在她的梳粧臺或茶桌上去，似乎全世界都在以急切的期盼等著聆聽他的教誨似的。然後告誡讀者：人生是短促的，真理的影響是深遠悠久的，讓我們談真理吧。

正是帶著這種自豪和自信，又加上他那份急於登上哲學舞臺的焦急心理，在書尚未印出之前，叔本華就以他的怪僻和無理同當時最有遠見的出版商布洛克豪斯關係破裂了。

這部書記載著叔本華畢生的思想，這部書的命運同樣也就是叔本華自己的命運。書出版以後，學術界幾乎毫無反響，社會上也沒有像叔本華在序言中預想的那樣，人們會把他的書買去裝飾圖書館或放在女友的梳妝臺上。整個一年半的時間裡總共只賣掉了一百四十部，其餘全部報廢。這種出乎意料的局面，對於叔本華來說的確是個沉重的打擊，為此他十分傷心。

無論叔本華的性格怎樣的怪僻，但在他身上有種唯有真正的哲人才有的可貴的品質，這就是對媚俗、虛偽和惡劣的東西的厭惡和毫不留情的批判，始終以孤傲的雙眼冷靜地追尋真理的光輝，哪怕

要為此而承受冷遇、寂寞、貧窮和不幸，也在所不惜，仍然會靠著
內在的熾烈的熱情奔波在通往真理的泥濘小徑上。靠著這種執著，
叔本華在被世界拒絕的、不被世人理解、接受和同情的歲月，仍未
對自己工作的價值失去信心。過了二十五年之後，《作為意志和表
象的世界》第二版出來時，這種被世人冷淡的處境還是沒有改變。
在第二版序言裡，雖然叔本華平靜地說，他不是為了同時代的人們，
也不是為了同祖國的人民，而是為了人類，為了不受時間局限的真
理而獻出這部著作的，並且同樣自信，如同任何一種美好的事物常
有的命運一樣，該書的價值要遲遲才被發覺。從以後哲學的發展和
叔本華對於十九世紀下半葉和二十世紀的全世界範圍的廣泛影響來
看，他當時的預見是完全正確的。但就當時德國的情況而言，人們
之接受叔本華仍然比他在第二版序言裡的預言晚了整整十年。說來
也怪，人們一直不理會他的《作為意志和表象的世界》，但當叔本
華於1851年出版了他最後的一部著作《附錄和補遺》時，人們卻注
意到這部並無什麼新觀點的著作，許多人覺得這部著作說出了他們
的心聲，於是便去找他那部在三十多年前就已出版的代表作來讀，
這時才恍然大悟，原來早在1818年，叔本華就說出了三十多年後他
們所想說的話。這樣一來，《作為意志和表象的世界》就熱銷起來
了，叔本華在人們的心目中也一下子就高大起來，成為人們頂禮膜
拜的偶像。

　　當然也有不少著作說是英國人首先發現了叔本華，這在某種程
度上也是對的，因為在1853 年，英國報紙《威斯特敏斯特和外國季
評》(*Westminster and Foreign Quarterly Review*)有篇文章這樣介紹
了叔本華：

我們英國的讀者只有為數很少的人知道阿圖爾・叔本華的名字；知道以下事實的人則更少：屬於這個名字的充滿神祕色彩的人物四十年來一直為推翻自康德死後大學教授所營造的德國哲學的整個體系而工作著。此乃聲學定律的一個奇異的明證：大炮發射很久之後才聽到它的轟鳴——而今我們才聽到那隆隆的炮聲。❾

　　這篇使叔本華「紅杏出牆」的文章，立即由德國《福斯報》「外轉內銷」，促成了他在德國的「名聲大噪」，這當然足以給這位六十有四、白髮蒼蒼的哲人抑鬱以久的心靈以極大的撫慰了。但是，在叔本華能享受到晚年的盛名之前，他還必須忍受很長時間的坎坷與不幸。

五、生存的坎坷和晚年的盛名

　　叔本華在完成了代表作後便去意大利旅遊了。當他在威尼斯盡情地欣賞自然風光和藝術作品時，他妹妹告訴他，他原來在德累斯頓讓一個婢女懷有身孕，而此時，這個婢女生下了一個女孩。這雖不是愛情的結晶，但卻使叔本華初為人父了（這也是叔本華唯一的一個女兒吧）。當他得知這個消息時，他當然並不想承認這個女兒，只不過他請妹妹在此事上能幫助他照料這母女倆，他自己也答應給這母女二人以經濟上的支持。可惜的是，在1819年夏末，這個出生不久的女孩便夭折了。因此叔本華根本就未見過這個女兒，在他心

---

❾ 轉引自《抑鬱的心靈之光——叔本華傳》，世界圖書出版公司，1994年版，頁1。

中也就並未留下什麼遺憾或難受什麼的。但在此後不久的一件事，對於叔本華家來說，可謂是大難臨頭了。叔本華媽媽和妹妹的全部財產，他自己三分之一的財產均存在但澤姆爾(Muhl)的銀行裡，而這家銀行卻停止了支付，瀕臨破產。在商量如何處理他們在銀行的財產問題上，叔本華在給妹妹的信中附帶著一封給他媽媽的信，以尖刻的語言氣得他媽差點兒跳窗自殺，「恨不得當初把他吊死」。但叔本華憑著他幾年的生意經驗，財產百分之百地得到了保持，而他母親和妹妹的財產卻損失了四分之三。這件事導致他妹妹——他唯一的親人——也斷絕了同他的往來。

叔本華之所以能從事哲學，靠的就是父親留給他的這筆遺產，而這唯一的生活保障卻差點毀於銀行的破產，這便使得叔本華產生了在大學裡謀個職位的想法。一來可以糊口，二來可以讓當代的學生領略其獨一無二的睿智，他自己也可同哲學的時代精神進行挑戰了。他早就厭煩康德之後主宰著德國哲學舞臺的三員大將：費希特、謝林和黑格爾，並在其代表作裡對三者的思想進行了尖銳地批判甚至謾罵。

叔本華選擇了柏林大學，想去那裡同黑格爾一比高低。他人尚未去柏林，就已向哲學系主任提出申請，將其哲學講座納入了課程表，甚至建議把他上課的時間安排在黑格爾上課的同一時間，大有與其唱對臺戲、一決雌雄的架式。

平心而論，作為哲學教師，叔本華有許多優點是黑格爾所不具備的。從外在條件看，黑格爾未老先衰的外表，既沒有給人印象深刻的威嚴，也缺乏吸引人的魅力。他一口施瓦本的鄉音，很難讓人相信他的思想能征服世界。在上課時，黑格爾既沒有口若懸河的辯才，單調的語言更缺乏機智和風趣。但叔本華憑這些就自認為他能

戰勝黑格爾，也顯示出他那「初生牛犢」的幼稚。因為黑格爾有其
獨到的見解，憑其邏輯的力量和人們對理性的確信，再加上官方的
提倡，此時正是大紅大紫的哲學之王；而你叔本華不過是個名不見
經傳的怪才，怎能鬥得贏黑格爾呢？

　　結果正是如此。第一個學期，叔本華一上講臺，便宣稱自己是
從「折磨人的手中」將奄奄一息的哲學「解放」出來的鬥士，但有
誰能相信呢？結果叔本華只抓住了五個聽眾，而聽黑格爾課的學生
卻有二百多人。以後的情況也都與此類似，聽叔本華講座的學生只
有那麼幾個，而隔壁大禮堂裡黑格爾的講座座位卻全部爆滿！這對
叔本華來說，無疑是場生存的災難。

　　中國有句古話，叫「禍不單行」，這也應驗到叔本華頭上來了。
除了在講課上同黑格爾較量的失敗外，在柏林，叔本華又有了一場
和女裁縫瑪奎特(Marquet)爭訟數年的官司。

　　事情是這樣的：1821年8月12日，叔本華在家中等待著同他此
時的戀人，一個風流的女演員卡羅琳娜‧里希特(Caroline Richter)
幽會，而他的女鄰居，四十七歲的裁縫瑪奎特正和她的女友們待在
叔本華的前廳裡說笑，叔本華不想讓這些多嘴而好奇的婦人們看見
自己的約會，便要那幾個女人離開，瑪奎特卻拒不肯走，叔本華便
氣憤地抱著她的身子將她拖了出去，並順手將她的東西扔出了門外。
瑪奎特拼命反抗，使盡全身的氣力大喊大叫，叔本華又第二次將她
甩了出去，她倒在了地上……。

　　瑪奎特上告到地方法院，說叔本華把她打倒在地並用腳踢她，
使她暈倒在地。地方法院經調查判被告叔本華賠償二十個塔勒。瑪
奎特對此不服，說她半個身子全部麻木、胳膊也難以舉起，又上訴
到高級法院，要叔本華付給她贍養費，還要支付養傷費，還要求把

這個「打人凶犯」抓去坐牢。高級法院准告，於1825年將叔本華存入柏林銀行的錢款沒收。叔本華提出抗訴，駁回了每年支付贍養費的要求。官司來來去去，共折騰了五年，最終的判決是：在女裁縫受到毆打和身體跌倒蒙受損失而尚未恢復期間，叔本華每個季度支付瑪奎特十五個塔勒。此後瑪奎特還活了二十年，叔本華氣憤地說，「她真是夠聰明的」，「她的臂膀從來沒有停止過抖動」。

除了這場倒楣的官司外，叔本華同前面提到的女演員卡羅琳娜‧里希特的關係，也是他在柏林期間的挫折之一。叔本華在1821年認識她時，她才十九歲，在柏林郊區的一家劇院裡當合唱隊員。叔本華是劇院的常客，工作中的種種不得志，驅使著他想在女人身上找到某種排遣單身漢寂寞的精神支柱。可惜的是，不幸的哲人找錯了對象。卡羅琳娜在劇院裡充當的是一個爭風吃醋的情婦的角色，在生活中憑藉她極為漂亮的臉蛋而到處亂放「愛情之箭」。叔本華既為她的美麗而熱情奔放，同時又得忍受嫉妒之苦。在叔本華離開柏林去遊覽意大利的十個月當中，她卻為別人生下一個兒子。這雖然令叔本華極度痛苦，卻並沒有使叔本華同她一刀兩斷。叔本華在1831年甚至還想帶著卡羅琳娜離開柏林，倆人一起去法蘭克福生活，因卡羅琳娜堅持要帶上她的兒子才使叔本華無比的失望。叔本華曾考慮過同她結婚，但卡羅琳娜胸部的疼痛又令叔本華懷疑她得了肺病，常常畏而遠之。叔本華內心又不能完全割捨心中對她的牽掛，甚至擔心別的男人「乘虛而入」，正是在這種猶豫不決的心情之下，一直保持著「情人」的關係。卡羅琳娜一方面不斷地接受叔本華經濟上的資助，一方面也不斷地運用虛虛實實的手法激起叔本華心中的妒火。在這種不正常的情感關係中，叔本華得到的，絕對不會是「精神支柱」，讀者從後來叔本華的《論女人》的散文裡對女

人仇視的筆端，定能發現準確的答案。

在柏林的最後一年，叔本華還做了一件頗為滑稽的事：四十三歲的叔本華拿著一串葡萄向一位名叫芙羅拉・魏斯的少女求婚，少女甚覺噁心，將葡萄扔進了河裡。叔本華向少女表白自己如何有錢，但這不但未能使少女有半點動心，反而增加了她的反感和厭惡。叔本華甚至找到女孩的父親陳說，這位與叔本華年齡不差上下的父親聽後大吃一驚，說「她還是個孩子！」

總之，柏林十一年的生活，對叔本華而言，事事不順，事事失敗。1831年，叔本華為逃避霍亂而離開了柏林。實際上，即使沒有那場霍亂，他同樣也會逃離柏林的！

大凡每一位天才，尤其是天才的哲學家，因其敏銳超前的思想，總不能被社會接受，所以在內心深處常常感覺到無限的寂寞。倘若人心真能平靜地甘於超出世俗社會的寂寞倒也罷了，但是，每一個人，包括天才在內，實際上是無法真正脫離社會的，他要在這個世俗社會裡生存，再孤傲脫俗的心靈，也都會渴望得到社會的認可與接納。正是這種深藏著的渴求，使得天才的心很容易受到刺激，受到衝動，這也許正是導致天才們痛苦與不幸的源泉。叔本華的痛苦是天才的痛苦，他的不幸，也是天才哲學家常有的不幸。俗人們的幸福，靠的就是酣睡在實實在在的生活之夢中，而唯獨天才和哲人總想掙扎著清醒過來，睜大眼睛要看穿生活的真貌，揭示世態的炎涼，單純而聖潔的心如何能夠不帶痛苦地面對現實的真相呢?！

在叔本華享受到晚年成功的盛名之前，大概只有兩件事是真正令他喜悅並常常津津樂道的，一是他以其博士論文得到了歌德的賞識，二是他的《論意志自由》(*Über die Freiheit des Willens*)於1839年1月26日獲得都隆海姆皇家挪威科學學會 (Königlich Norwegischen Societät der Wissenschaften, zu Drontheim)懸賞徵文的冠軍。

　　歌德雖然是叔本華母親文學沙龍中的常客，但他賞識叔本華是因為對叔本華博士論文產生了興趣。雖然歌德的思想和叔本華的不同，但他發現了叔本華能夠成就一番事業的潛力。在一次集會上，幾個女孩見到年輕的哲學博士叔本華嚴肅沉思的樣子，就開他的玩笑，歌德聽到後便責備道：「不要取笑這位少年，到時候他會比我們都厲害。」歌德比叔本華大三十九歲，又是著名的大文豪和宮廷官員，地位顯赫，但他常常平等地同叔本華談哲學和藝術，當時歌德還邀請叔本華一起研究色彩學。這種交往，使叔本華有了備受尊重的感覺，內心十分高興，在思想和學業上也受益匪淺。叔本華甚至說過，「歌德重新教育了我」。但叔本華雖然佩服歌德，歌德雖然尊敬叔本華，然而要歌德接受叔本華的哲學系統，當然是不可能的，他那樂觀的生活態度與後者絕然不同。叔本華自己也太驕傲，總疑心歌德沒有澈底研究他後來的作品。就是對歌德的色彩學理論，他也提出諸多的異議，並另闢蹊徑，獨立研究。於1816年出版了他自己的《論視覺與色彩》一書。歌德對此當然很不滿意，他對叔本華的個性有充分地把握，自然不會因此而中斷同叔本華的友誼。叔本華比起歌德的寬容來，可謂是尖刻的，他不僅批評歌德的某些主張，而且還嚴格地批評歌德的宮廷生活，認為歌德不應把他最好的時間精力消耗在無謂的面子上，倘若肯過寂寞內省的生活，歌德的思想一定更深沉廣大等等。他們倆人度過了許多夜晚，共同討論倫理美學問題。但隨著叔本華思想的成熟與其個性和怪僻不可遏止地顯露，歌德對他慢慢地只保留著相當客氣的往來，而不再是親密的莫逆之交。叔本華的代表作《作為意志和表象的世界》一出版，馬上就送給了歌德，而歌德也認真地閱讀，並給叔本華的妹妹而不是叔本華

本人談到了他對該書所作的較高評價。這也是當時唯一能安慰叔本華的聲音。歌德承認叔本華「有個偉大的頭腦」，但不贊成他的悲觀態度。在叔本華的紀念冊上，歌德曾給叔本華這樣兩句「忠告」：假如你要喜歡人生，你必須給世界以價值。

現在，我們再來簡要地介紹一下常令叔本華津津樂道的第二件事：他的獲獎論文。該論文是應挪威皇家科學學會的徵文而寫的，徵文的題目是：Numliberum hominum arbitriume sui ipsius conscientia demonstrari potest? 譯成漢語即是：自我意識能夠證明人類意志的自由嗎？叔本華的《論意志自由》共分五章：第一章討論自由的定義。他把自由區分為三種類型：天然的自由 (die physische Freiheit)，理智的自由 (die intellektuelle Freiheit) 和道德的自由 (die moralische Freiheit)；第二章討論「在自我意識之前的意志」(Der Wille vor dem Selbstbewuβtseyn)；第三章討論「在他物意識前的意志」(Der Wille vor dem Bewuβtseyn anderer Dinge)；第四章扼要闡述了先驅思想家關於意志自由的觀點，他提到的人物有馬丁・路德 (Luther, 1483–1546)、亞里士多德（Aristotles，前384–前322)、西塞羅（M. T. Cicero，前106–前43)、奧古斯丁(Augustinue, 354–430)、休謨 (Hume, 1711–1776)、斯賓諾莎 (Spinoza, 1632–1677)，康德 (Kant, 1724–1804)、謝林(Schelling, 1775–1854)等等；在第五章叔本華歸納了他關於意志自由的觀點。自由的天然意義即各種物質障礙的消失或不存在，自由的天空、自由的展望等等均是此等意義。但自由最習見於人們思想中的意義，乃是動物類族 (animalischer Wesen)的賓辭(Prädikat)，其特徵是，它們的運動係出自它們的意志，是任意的(willkürlich)並因此而被稱之為自由的(frei)。天然的自由是否定的、消極意義上的自由，意志的自由乃是積極意義上的自由。

叔本華嚴格按照康德關於本體和現象的二元論，認為意志雖然是自由的，但這僅就其是超越於現象之外的本體而言的，反之，在現象之內，自由之表現為人的一種經驗性格 (Der empirische Charakter)，如整個人，作為經驗的客體，乃為一單純的現象。性格之為性格，具有固持而不變的性質，是每種行為當中必然的因素。所以，意志的表象即現象，受制於時間、空間及因果律，是不自由的，唯有意志的本體才有超絕的自由。叔本華的結論是：自由是先驗的 (transscendental)，並以馬勒布朗什(Malebranche, 1638–1715)的一句名言：la libertéest un mystère（自由是一神秘）結束了全文。

這篇文章的獲獎並未表明世界已理解了叔本華。在四〇年代，叔本華的崇拜者只有屈指可數的幾位，而且這幾位均不是哲學本行，而只是業餘的哲學愛好者。叔本華命運的轉機，實際上不是依靠其思想的傳播，而是歐洲社會形勢的變化。叔本華生活在動亂和革命的時代，資本主義世界的矛盾日益尖銳化，「共產主義的幽靈」也在歐洲徘徊。籠罩著革命時代的時代精神起初可以說仍然是「理性」的精神，人們渴望建立合乎理性的社會秩序和世界秩序，希望看到黑格爾預言的世界歷史會同絕對理性一道前進能夠實現。然而，1848年歐洲革命的失敗，徹底摧毀了人們對理性的確信，德國的精神界彌漫著一片悲觀失望的氣氛，曾經為民主和自由而戰鬥的人，如今垂頭喪氣，一派非理性的現實使人們看不到光明的前途。在這種情況之下，人們便發現叔本華的悲觀主義哲學說出了他們的心聲，紛紛到叔本華這裡來尋找精神的慰藉。像格奧爾格・赫爾威(Georg Herwegh, 1817–1875)就是一個很好的例證。他的名詩〈黨〉曾發表在馬克思的《萊茵報》上，被海涅(H. Heine, 1797–1856)讚譽為「鐵雲雀」。1848年他參加了巴登的軍事起義，起義失敗後他逃往

瑞士，便沉醉於叔本華的哲學之中。他還把叔本華推荐給大音樂家理查德‧華格納(Richard Wagner, 1813–1883)，後者也立即在叔本華哲學中找到了知音。

　　叔本華最幸福的日子是他最後的十年生活，這緣於人們對他於1851年出版的《論文集》的興趣與重視。這本《論文集》本是為了幫助闡明其主要著作，然而比他主要著作還發生更大的影響，這令兩鬢斑白的叔本華異常地驚喜，說：「我這最後一個兒子的產生，完成了我對世界的使命。」他現在唯一的願望就是多活幾年，能夠長命百歲，能夠親眼多看看他所揭示的「真理」征服世界的盛況。

　　叔本華的名聲越來越大，身居鬧市，門庭雀躍，拜訪朝聖者川流不息。1858年他七十大壽還引起了新聞界的注意。1859年著名的雕刻家伊麗莎白‧內依（Elisabeth Ney, 生卒不詳）為他塑像，極為成功。他自己很高興地看到了他的聲譽在大踏步地上昇，書報雜誌上凡涉及到他的人格或著作的片言隻字，他都一一記錄在案，決不放過。有消息說一位在亞洲的書商從巴塔維亞(Batavia)收到了他的著作的全部訂貨，他為此喜不自勝：「終於到了亞洲!」1856年他給白克爾的信中說：「我的哲學越來越站穩了腳跟。」他的聲望與時間「成幾何級數的比例」增長。洋洋自得之情溢於言表。

　　來拜訪他的人，不僅僅是德國人，還有俄國人和瑞典人，甚至還有太太們。對於這位生平看不起女人、恨女人的哲學家來說，太太們的造訪，每每使他不安，但內心仍然感覺快樂。到1860年，各地給叔本華的信更是雪片似地飛來，其中也有歌德的兒媳，他妹妹生前的好友奧蒂麗‧封‧歌德的信，她祝賀叔本華「成為十九世紀偉大的哲學家」。

　　就在叔本華行將就木之際，世界終於理解和接受了他，他也不

再敵視這個世界，而是慈眉善目、友好親切地待人處事。他的身體還很健康，每天堅持散步，步伐還相當輕快，閱讀也無需戴眼鏡，每天還吹吹笛子，只是聽覺越來越差。這一切都未能給予叔本華一個他即將離開人世的暗示，反而引起他久活的希望。可是，不幸得很，正是在1860年的9月，叔本華得了肺炎，雖然並沒有病容和衰老的現象，但9月20日，叔本華起身的時候，忽然感覺一陣劇烈的痙攣，跘了一跤，傷著了前額。這並沒有毀壞他的精神，晚間他也能安眠。第二天早上，他照常起來洗冷水浴，進早餐。他的僕人照他的吩咐，把窗戶打開，讓新鮮空氣進來，就出房去了。一會兒醫生進房，發現叔本華已經死了，倚在沙發的一角。就像他的生活一樣，他孤獨地死了，沒有人為他送終，沒有人為他哭泣。但同他的生活不一樣，他的死沒有痛苦，他死得迅速而柔和。寂寞地生，寂寞地死，但對這位「死人」而言，生和死實際上並未分離，他生活著，對每個人都是陌生的，形同「死人」，而他死了，世界卻熟悉了他，千千萬萬的研究者們日夜都在同他進行心靈上的溝通和思想上的對話，誰又能說，叔本華不是永遠活在人們的心中，不是一位「活著的」並影響著我們思想的「當代人」呢？這也許正是他所獲得的寂寞的報酬吧。

這一位奇特的天才，人格是那樣的風竣，行為卻又是那樣的主觀和怪僻，他艱苦奮鬥的生涯，無不是他智慧的源泉。他一生的坎坷，都是為了追求到人生的真理。不讀他的傳記，決不能滿足我們景仰的願望，但僅讀一兩本傳記，而不讀叔本華的著作，不了解他的思想，自然更對不住他一生的辛勞。

第二章　叔本華哲學產生的文化淵源

　　初看叔本華，似乎他怪得不可理喻：一位無論是就其物質生活還是文化生活都相當優裕而又悠閑的人，卻偏要寫出厚厚的書來論證人生即痛苦，勸人厭世而禁欲；一位生活在對理性(Vernuft)充滿著迷戀而崇拜之時代的有教養的人，卻非要把理性從神聖的祭壇上拉下來，像潑婦一樣，不僅對它、而且對崇拜它的人破口大罵；一位極端厭惡功利和媚俗的偉大哲學家，卻總在小女子面前表白自己如何如何的有錢，……獨立地看，叔本華就像從上天掉下來的奇蹟，從外星落下的一塊隕石。然而，當我們走近他，深入到他心靈的內在深處，我們卻不難明白他以哲學的話語表達出來的獨特的情緒，在他的著作中，我們也能分辨出相隔無數世紀的歷史的回響，我們更能從其對整個文化之危機的過早的預感中，領略出其時代精神的演變。

　　叔本華從小就跟著父母周遊世界，接受英法文化的教育，這不僅使他對多國文明，而且對多樣的文化（文學、哲學、科學和各類藝術）都有直觀的領悟。他不僅對歐洲文明有深厚的教養，而且對希臘文化，對東方的宗教和神秘主義有著發自內心的嚮往。這些都是使他成為一個不受時代局限的、世界級偉大哲學家的必不可少的外在條件。但就對其哲學思想形成的直接影響而論，叔本華自己一

真心存感激的，第一是眼前的這個直觀世界，第二是康德哲學、印度教的神聖典籍和柏拉圖哲學❶。但是，「直觀的世界」本身並不具有任何自明性意義，它是怎樣的，往往都是哲學家解釋的結果，帶著哲學家本人的獨特情緒，凝結著哲學家本人的理論形式。叔本華之所以把「直觀世界」放在給予他以最強烈印象的第一項，目的只在抬高他自己，強調其哲學自身的獨創性：「區別哲學家的真偽，就在於此：真正的哲學家，他的疑難是從觀察世界產生的；冒牌的哲學家則相反，他的疑難是從一本書中，從一個現成的體系中產生的。」❷我們當然決不會否認這一點，獨具慧眼直觀世界是一個人成為哲學家的起碼條件。但是，我們同時看到，一種哲學不僅需要直觀的眼光和直觀的素材，使這種「直觀」構成「哲學的」往往還需「理論的形式」。 而就此「理論的形式」而言，我們似乎在整個西方哲學史中尚未發現有第二個人像叔本華那樣同康德有著那麼驚人的類似；《作為意志和表象的世界》其結構、其分析的思路及進程，可以說同康德的《純粹理性批判》有著實質上的對應，我們又怎能完全否認叔本華的哲學不是「從一本書中，從一個現成的體系中產生的呢」?

當然，叔本華哲學的內容和情緒是與康德大異其趣甚至相反的，這便不得不涉及文化精神對一種哲學的影響。正是吸取了各種不同的文化精神，才最終形成了叔本華哲學的內在情緒和內容，才形成了他對「直觀世界」的那樣一種獨特的領悟和理解。因此，從文化淵源的考察來講，我們必須採取和叔本華相反的路線，即不從對直觀世界的觀察到哲學理論的路線，而從對文化精神的吸收與融

---

❶　《作為意志和表象的世界》，中頁567，德頁533。

❷　同上書，中頁65，德頁68。

合到「世界觀」之形成的路線。

　　就文化精神而言，筆者以為，如下的五種均構成了叔本華哲學的起點和淵源，是研究者必須予以探究的，這就是：康德哲學的基本精神；《奧義書》的基本精神；柏拉圖的基本精神；浪漫主義精神；基督教精神。

一、康德哲學的基本精神

　　康德哲學與叔本華哲學具有不解之緣，不理解康德，不熟知康德哲學的結構、術語和論證方式，就根本無法進入叔本華的哲學，這是每一個讀過叔本華的代表作《作為意志和表象的世界》的人都有的切身體會。

　　然而，康德哲學的基本精神是啟蒙運動的科學理性精神❸，叔本華哲學卻是強烈地反理性的，康德哲學又是如何成為叔本華青睞的對象的呢？或者說，康德哲學的「什麼」構成了叔本華哲學的起點呢？

　　首先，我們可以預先肯定的一個經驗事實是：叔本華是以康德的理性主義作為批判的對象和範本來展開自己的哲學思想的，這不僅僅表現於他撰寫的一篇長長的專論《康德哲學批判》裡，而且在他自己的幾乎每一部著作中，他都是從批判康德的理性主義來針鋒相對地闡述自己的非理性主義思想。

　　在此，筆者只需指出《論道德的基礎》一書就夠了。在這部著

❸　關於康德哲學的科學理性精神以及整個德國的啟蒙理性精神之特點，筆者曾作過較為詳細的論述。參閱拙著《謝林》第一章：「啟蒙與浪漫：謝林哲學的文化沃土」，臺北東大圖書公司，1995年版。

作裡，叔本華先是批判康德倫理學的價值本體：實踐理性，以其非理性的生命意志取而代之；隨後對康德的出於純粹理性的三條道德律令展開批判，指出倫理學不應該告訴人們「應該」如何如何。他認為，只有大人對小孩、或文明的民族對未開化的初民才總說「應該」，對於有教養的人，倫理學只須引導他們認清宇宙人生的本質，揭示出人生的智慧，明析各種行為的倫理意義就夠了。再後又對康德的責任論和良心、至善、幸福、德性等等道德觀念逐步進行了批判清理。他以同情取代理性作為道德的基礎，完成了從理性主義倫理學向反理性主義倫理觀念的轉變。

然而，另一個事實在於，叔本華雖然反理性，但他最痛恨的理性主義哲學家不是康德，而是黑格爾、謝林等，那為什麼叔本華在反理性時不以黑格爾和謝林的哲學為靶子,而非要以康德為靶子呢？原因在於，康德的哲學中有許多思想正可作為他的思想「前提」來使用，有許多叔本華認可的「偉大成就」。 正如他自己在《作為意志和表象的世界》第一版序言中所說的那樣：「儘管我在很大限度內是從偉大的康德的成就出發的，但也正是由於認真研讀他的著作使我發現了其中一些重大的錯誤。為了使他那學說中真純的、卓越的部分經過清洗而便於作為論證的前提，便於應用起見，我不得不分別指出這些錯誤，說明它們的不當。」

現在，我們來看看，康德的哪些「偉大成就」便於叔本華作為其論證的「前提」呢？

叔本華指出了康德哲學的三大功績：

第一，區分了現象和自在之物；

第二，區分了道德和認識，指出只有道德才直接觸及自在之物；

第三，徹底摧毀了經院哲學。

正是這三大功績，使叔本華對康德感到深深的崇敬和謝忱。現在，我們簡要地分析一下上述三點對於叔本華哲學的影響。

康德關於現象和自在之物的區分，是其哲學的一大特色，沒有這一區分，就沒有康德哲學。而對於這一區分的意義歷來就有著不同的評價。對康德持批評態度的最早的德國哲學家 F. 雅可比 (Friedrich Heinrich Jacobi, 1743–1819) 曾提出過一個非常中肯的看法，他說：「自在之物是這樣一個概念，沒有它，不能走進康德的體系，然而有了它，又不能走出康德的體系。」❹由於這一區分，康德把世界二元化了。現象界是科學認識所能把握的世界，它服從時間、空間和因果律等理性（知性）先驗範疇的規範，但自在之物，本體界永遠是理性、知識無法把握和認識的。理性雖然總有去認識它的「欲望」，但缺乏認識它的工具，倘若把只能適用於現象界的知性先驗範疇運用於本體界，則就會出現「理性的僭越」，產生「先驗的幻相」。所以，在康德的哲學中，自在之物只是個「界限」概念，用以防止理性的超驗使用，只具有消極的用途。康德對理性的這樣一種限制，糾正了啟蒙運動對於理性能力的盲目樂觀自信，但同時也為他之後的非理性運動的興起——浪漫主義即從情感、信仰、天才的直覺、審美的幻想等非理性的能力來彌補理性的不足，以期接近那個不可接近的超驗本體——創造了條件。

康德之後的德國哲學家們都不滿足於世界的這種二元分裂，他們想追求一個和諧統一的世界，因此均把消解這個自在之物、克服現象和本體的對立為己任。費希特直接想從實踐理性出發，通過自我的本原創造性而接近超驗的本體；謝林和黑格爾則依賴於「絕對理性」來超越「相對理性」，即知性的無能。而叔本華則恰好從康德

❹　《雅可比全集》第2卷，1912年萊比錫版，頁304。

對「理性」能力的限制上發現了理性的不足，直接把自在之物看作是非理性的意志，把「現象」看作是主體的「表象」來展開其反理性的唯意志論哲學。在叔本華的眼裡，「現象」是不具有自身本質的「假象」，是柏拉圖意義上的「陰影世界」，是印度教的「摩耶之幕」，而本質在於統一而不可分的意志，康德關於現象和自在之物的這一區分，就正好為其論證他心目中形成的這些模糊的印象，他對世界之「直觀」的意向提供了「理論論證」的「形式」。他雖然是個憎恨體系的人，但為了使他的「富有哲學意味的情緒」，使他的「直觀」意向獲得哲學上的明確性，他則借用了康德理論形式的「勻整的結構」：「表象」與康德的「現象」相對應，「意志」與康德的「本體」相等同，並進一步將「意志」個體化於表象世界中，從而建立起一個完備的意志一元論的形上學體系。因此，維伯(A. Webber)和伯瑞(R. Perry)在他們的《哲學史》一書中，將叔本華當作直接接受康德批判哲學所啟發的形上學運動的最後一位代表，只是他走的是一條與康德「先驗形上學」相反的「經驗形上學」或「實踐形上學」的道路，但借鑒的是康德形上學論證的「理論形式」。

另外，必須指出的是，叔本華指出的康德的第三大功績，即對經院哲學的摧毀，為叔本華留下了從事哲學的基本精神：懷疑、否定和自由探索的精神。

叔本華認為，經院哲學表面上是證明和粉飾宗教規定的主要信條，實際上作為一種實在主義，是把自己的哲學建立在某種預定的、已給予的、假設的前提之上，從而使自己的整個哲學具有一種論證性。在叔本華眼中，不但唯物主義是實在主義的，就是「思辨的神學以及與之相聯的唯理主義心理學」也是實在主義的，因為他們都使自己的哲學「符合一個如此而預先假定的、已給予的概念」，不

論把這個概念稱作「物質」、「絕對精神」，還是「上帝」。叔本華說，「思辨神學」的特點就是「要不停地講它絕對不能知道的東西」。他說，這種理論的要害，從理論上看，是把觀念當成了「自在的、絕對存在著的」實在或本體，因此才對自己的前提毫不懷疑。從這種哲學的危害看，它壓抑了人們的自由研究精神，強迫人把自己的精神活動服從於一個外在的假定的真理。叔本華認為，從奧古斯丁到康德之前的所有哲學家幾乎都可以算作經院哲學家，只有布魯諾 (Giordano Bruno, 1548–1600) 和斯賓諾莎 (Baruch Spinoza, 1632–1677)除外。因此，他所推崇的哲學精神，是這樣一種唯心主義精神：即從理論上認為眼前的這個世界具有非實在性，是那種獨立不依、從自己出發、拒不接受任何外在的、已給予的前提的批判哲學精神。康德的哲學從先驗的立場拒絕承認經驗世界的實在性，同時從懷疑的、批判的精神出發，「指出所有那些據說已是多次被證明了的信條是不可證明的」，因而完全符合叔本華心目中的哲學精神。正是這種懷疑的、批判的、否定的、自由探索的精神，是叔本華一開始確立自己的哲學時就從康德那裡繼承而來的，開創自己哲學的基本精神。當這一精神不再與西方傳統的知識論相結合，而是與人生有無價值這一更具根本性的問題相結合時，叔本華就突破了康德哲學對他的限制，創立了自己全新的哲學系統。只是，在他完成這一創造之前，還必須吸收其他文化精神的養料，尤其是印度教典的精神。

二、《奧義書》的基本精神

叔本華於1814年在德累斯頓撰寫《作為意志和表象的世界》期

間，結識了著名的東方語言學家梅葉(Friedrich Majer)，開始鑽研都柏朗 (Anquetil Duperro) 從梵文原著的波斯文譯本再轉譯成拉丁文的《奧義書》。 這部印度教典不僅使叔本華的作品彌漫著一種華美而淡雅、寧靜而超脫的氣度，而且最後確定了叔本華的禁欲主義生活觀。不理解《奧義書》的基本精神，就難以進入叔本華的哲學。

《奧義書》屬於印度古老的「吠陀」文學的最後一類。所謂「吠陀」，按字義即指知識，最卓越的知識，神聖的或天啟的知識。「奧義書」一般解作「秘密的知識」， 是一些以散文體寫成的文學作品，大概成書的年代先於佛陀，即早於公元前六世紀。現留存下來的有十三種《奧義書》， 如《廣林奧義》、《歌者奧義》被認為是在哲學上最重要的。但《奧義書》還不是後來意義上的哲學論著，它們是由各種不同體材的作品彙編而成的，其中就哲學思想而言，也是各種不同觀點的混雜，突出地表現出東方神秘主義的特點。

具體說來， 《奧義書》所表達的是這樣一種唯心主義哲學：它把「梵」理解為「最高的實在」，把「自我」理解為「純意識」、「純知者」。 而理解萬事萬物，包括理解「梵」， 實質上是通過「自我」去理解，或者說就是理解「自我」， 凡知道「自我」者，就知道一切，凡撇開「自我」而去了解，只會是無知，因為：「哦，確實的，不是因為愛丈夫而丈夫可愛，是因為愛『自我』而丈夫可愛；哦，確實的，不是因為愛妻子而妻子可愛，是因為愛『自我』而妻子可愛……，哦，確實的， 不是因為愛財富而財富可愛，是因為愛『自我』而財富可愛。」隨之而來，「自我」就成了一切東西背後的最高實在。

這種觀點和德國思辨的知識論（費希特）具有某種類似性，但它之所以能對叔本華產生影響，是因為它的論證沒有費心於有意識

的推理，而是按唯心主義者稱之為神秘直覺的方式表達的，而且它
包含著為叔本華所欣賞的這樣一種哲學觀點的萌芽：它不僅有力量
擯棄和否定所有的人類知識學科，而且有力量擯棄和否定世界及生
命本身的真實性。因為這種哲學唯獨承認「自我」是真實的，它不
能被理解為任何其他東西，把它理解為任何其他東西，理解為「這
個」或「那個」的任何企圖，都會跌入無知和黑暗的深淵。這樣，
「自我」就變成了完全否定的東西，即它不是這個，不是那個，是
純粹的「空無」，唯有作為純粹的「空無」，才是完全的「清心」，才
是映照萬物的「鏡子」，所以「梵」也就成為完全的「空」了。

　　這種純粹否定的感覺也必然像叔本華的內心那樣對於夢與死
有種獨特的偏好。《奧義書》的唯心主義者正是這樣的，他們認為
夢是部分地擺脫塵世的束縛，而當一個人沉入無夢的熟睡狀態，這
種擺脫就更為徹底。沒有夢、沒有願望的熟睡狀態，才是「純我」
或「梵」的狀態。

　　在這種哲學裡，還有一個甚合叔本華心意的觀點，即死亡代表
終極的哲學智慧❺。這種死不是那種沒有得到解脫即具有願望或執
著的人的死，這種人注定還要再生，而是那種沒有了願望的人的死，
他擺脫了一切外界的東西，甚至意識也完全縮進了自身：解脫了的
靈魂本是「梵」又復歸於「梵」，世界本於「空」又復歸於「空」。
這樣一種純粹虛無主義和禁欲主義的精神正是叔本華以他的哲學語
言竭力要闡明的所謂的人生智慧。

---

❺　〔印度〕德・恰托巴底亞耶著：《印度哲學》第十八節：《奧義書的
　　唯心主義》，商務印書館，1980年中文版。

三、柏拉圖哲學的基本精神

叔本華對柏拉圖一直懷著崇敬之情，當他稱呼柏拉圖時，往往都不會忘記在前面加上「神聖的」(Divine) 這個形容詞。之所以如此，是因為他一直把柏拉圖當作一個像他自己一樣的「真正的哲學家」，認為「人所以成為一個哲學家，總是〔由於〕他自求解脫一種疑難。這疑難就是柏拉圖的驚異懷疑，他又稱之為一個富有哲學意味的情緒」。

柏拉圖對於叔本華的影響是多方面的。從理論層面說，是柏拉圖關於「理念世界」和「陰影世界」的區分。他認為，我們感覺到的一切事物都是不斷流動變化的,因而是轉瞬即逝的不真實的東西，只有所謂的「理念」才是永恒不變的，因而才是真實的。個別的人是不真實的，因為他在生死之間，而人的理念是真實的；個別的馬是虛幻的，而馬的理念則是實在的；在一切具體事物之背後，都存在著該事物的理念，它是一切事物的「原型」(Urbild)，一切具體事物只是摹仿這個原型的「摹本」(Gegenbild)，因而只是其「理念」的不完善的影子或陰影。完善的「理念」構成了「不完善」的「具體事物」（摹本）追求的目標。叔本華關於意志和表象的區分是直接來源於柏拉圖的理念的，只不過，在柏拉圖，理念是多樣的，每個具體事物都有其自身的理念，所有這些理念構成了一個「理念王國」或「理念世界」；統率一切理念的最高理念是「善」的理念。而在叔本華，作為本體、原型、本質的，唯有一個意志，它是不可分的，自然事物和動物、人類身上所體現的，不是不同的意志，而是同一個意志。這個意志本身既不是善的，也不是惡的，而是盲目

的衝動，是欲求，是生命的內在驅力。在柏拉圖，具體事物作為「陰影」，作為「不完善」的摹本以完善的原型為目標，而在叔本華這裡，這種「不完滿」被解釋、「缺乏」，而這種「缺乏」產生「需要」，產生「欲求」，轉而從一種消極的「不完滿」變換成一種咄咄逼人的積極力量。

如果說，柏拉圖的這種理論構架或形式可以從它的德國變體——康德關於本體和現象的區分——中間接地吸收，而無需直接地接納的話，那麼，柏拉圖哲學的那種優美的散文，明白曉暢的對話，則是叔本華在康德語言的那種晦澀不明、「輝煌的枯燥性」中所找不到的。叔本華欣賞的哲學語言正是柏拉圖的這種清楚明白的優美。所以他對柏拉圖始終是恭恭敬敬，而對康德，一俟表明他是以其為前提（以示他未「忘恩負義」）後，馬上便是嚴厲的批判。他始終追尋的，是柏拉圖的那種藝術的、審美的、情感的言說方式：「因此，我們可以把藝術直稱為獨立於根據律之外觀察事物的方式，恰和遵循根據律的考察〔方式〕相對稱；後者乃是經驗和科學的道路。後一種考察方式可以比作一根無盡的、與地面平行的橫線，而前一種可以比作任意一點切斷這根橫線的垂直線。遵循根據律的是理性的考察方式，是在實際生活和科學中唯一有效而有益的考察方式。前者是亞里士多德的考察方式，後者總起來說，是柏拉圖的考察方式。」❻

有了柏拉圖和康德提供的理論形式構架，有了《奧義書》提供的虛無主義、禁欲主義內容，有了東方神秘主義和柏拉圖式的直覺的、感悟的、審美的、詩性的表達方式，叔本華的哲學大廈就可完工落成了，他正是把所有這一切，結合到他自己獨創的意志一元論

---

❻　《作為意志和表象的世界》，中頁259，德頁252。

中，才形成了一個全新的哲學系統。行文至此，似乎可以結束我們這一節的考察了，但尚有一個問題似乎並未得到闡明，那就是，到底是什麼因素促成叔本華如此地去吸收傳統的文化精神，到底是什麼因素使他的目光只關注「直觀世界」中的痛苦、不幸和悲劇呢？除了在上一章我們略加分析的家庭的、性格的和社會的因素外，浪漫主義和基督教對他的影響是我們在此不得不分析的。

四、浪漫主義的基本精神

浪漫主義有兩個最顯著的外在特點，一是對科學理性的懷疑和失望，一是對社會現實的強烈不滿。就前者而言，是針對著西方近代機械性、數學化、定量化的思維方式而發出的抗議。因為近代科學首先是牛頓的機械力學得到了完備的發展，這時的科學家和哲學家都是擅長邏輯並為數學確立基礎的那些人，如法國的笛卡爾 (Rene Descartes, 1596–1650) 是解析幾何的發明人，他把幾何學的論證方式引入到哲學中來；德國的萊布尼茨是微積分的創始人。這樣一來，用機械力學的觀點，用數學式、定量式的嚴密邏輯思維方式去解釋一切，要求認識具有清楚明白的準確性，就成為這時科學理性的主要特徵。這種科學理性，誠如叔本華所說，在致力於科學知識方面是有效而有益的，因為科學知識必須具有客觀性、準確性、明晰性，但它在解決人生價值方面卻是有害而無效的，因為它排除了人的主觀情感，忽略了信仰、意志的作用，掩蓋了自然人生中的詩性根源，把世界看成枯燥、呆板而機械的東西。浪漫主義者都是充滿靈性的天才，他們欣賞的是詩意、是美、是神話般的神秘，而不是單調乏味的邏輯和數學。

　　就現實生活而言，叔本華的時代，或者說整個浪漫主義興起的時代，充滿著對社會理性化的普遍失望。階級之間的殘酷鬥爭，戰爭的血腥場面，赤裸裸的利益紛爭，這一切讓人無法對理性寄予理想。資本主義的商品化生產，把宗教的虔誠、騎士的熱情、小市民的傷感統統淹沒在利己主義的冰水之中，人類溫情脈脈的自然情感都被冷酷無情的現金交易代替了，人的尊嚴也變成了交換價值。因此，浪漫主義者普遍感受到這是一場文化的危機，也即信仰、價值的危機。他們均以憂鬱的、感傷的眼神來審視身邊的「醜惡」現實，試圖以德國先驗唯心主義來證明這個「現實」並不真實，不具有「實在性」，存在的只是我們心中先驗的「理想」❼。

　　這種浪漫主義情懷或精神，的確與叔本華的性情十分吻合。在他抑鬱寡歡的少年時代，他就似乎見不到樂觀的理性光輝，寧肯相信是魔鬼而不是上帝創造了這個世界！在他幼稚的心靈裡，就體驗到了浪漫主義者同樣的孤獨、恐懼和黑暗：

　　　　在風雨如晦的夜裡，
　　　　我醒來懷著巨大的恐懼，
　　　　暴風雨的呼嘯驚天動地，
　　　　穿過庭院，穿越廳堂，將塔樓衝擊；
　　　　……
　　　　沒有一線的微明，哪怕最弱的光輝，

---

❼　唯心主義，也即「理想主義」。德國早期浪漫主義以謝林的先驗唯心主義作哲學基礎，正是試圖在先驗的立場上證明外在現實的非真實性和非實在性。可參閱謝林的《先驗唯心論體系》對「唯心主義」的說明。

將這深沉的夜傳送過去。

黑夜堅不可摧，

即使太陽也無法使它軟化，

它密不透明地躺在那兒。

我想，再也不會有太陽出來，

這一想法使我大懼，

我覺得可怕，孤獨，無人聞問。❽

　　為了擺脫心靈的困境，叔本華閱讀了浪漫派的許多作品，像蒂克 (Ludwig Tieck, 1773–1853) 和瓦肯羅德 (Wilhelm Heinrich Wackenroder, 1773–1798) 合著的《一個愛好藝術的僧侶的衷心傾訴》以及施萊格爾(Friedrich Schelegel, 1772– 1829)的作品。然而，閱讀浪漫派的作品非但沒有讓叔本華走出心靈的困境，反而，浪漫派對詩和藝術的狂熱崇拜，對愛情宗教的巨大熱忱深深地吸引和影響了他。

　　浪漫主義神學家施萊爾馬赫曾說：「不是那種相信《聖經》的人有宗教，而是那種不需要《聖經》而能自己創制《聖經》的人有宗教。」浪漫主義創制的正是這種藝術和愛情的宗教，它沒有啟示和道德的外殼，甚至也沒有父親權威的外殼，它只需在自己天才想像力的夢境之中，便可獲得一種真正神性的智慧，得到美感上的享受和靈魂的解救。浪漫主義對於叔本華猶如一個瀕臨危險的人抓住了一根救命的稻草，它讓想像力的翅膀翱翔於神話般的夢境裡。但歡樂是短暫的，解救是當下的，「醜惡」而媚俗的現實畢竟還是猶如

---

❽　叔本華：《早期手稿》，頁5，轉引自袁志英編著：《叔本華傳》，頁61–62，世界圖書出版公司，1994年版。

「堅不可摧的」漫長黑夜，直挺挺地躺在人們的面前。因而，浪漫
主義的藝術救贖，正如瓦肯羅德一針見血地指出的那樣：它「生發
自虛無，而又寂滅於虛無，它昇起又沉落，人們也不知道這是為了
什麼。」

　　我們在叔本華的美學和藝術論中，均可找得到浪漫主義對他的
實在的影響，他一方面重視藝術對人生的拯救作用，而這種拯救又
不得不陷入人生痛苦的無底深淵。另一方面，叔本華也以自己獨創
的理論，積極推進了浪漫主義。可以說，他畢生都在致力於把希臘
文化和浪漫主義精神融合起來，讓浮士德和海倫結婚，就是這種調
和的象徵。他的音樂哲學不僅啟示了貝多芬 (Ludwig von
Beethoven, 1770–1827)，讓音樂傳達出較之一切智慧和哲學都高的
神性啟示，而且也對華格納 (Richard Wagner, 1813–1883) 的歌劇
創作產生了重大影響。

　　要真正領會叔本華哲學的精神，不了解他同浪漫主義的關係是
不可能準確的。

五、基督教的基本精神

　　叔本華的哲學同基督教精神的關係，長期以來都未受到研究者
們應有的關注，這大概同叔本華在言語和行為上常常表現出對基督
教的不恭、懷疑甚至否定有關。他從小就不願承認世界是由一個全
善的上帝創造的，因為在叔本華的眼中，世界充滿著罪惡、不公、
痛苦和不幸，因而他更寧可相信世界是由魔鬼創造的。但是，倘若
人們僅僅依據叔本華對於基督教的不恭、懷疑，甚至否定就斷定他
的哲學完全與基督教精神無關，那也將是完全錯誤的。因為叔本華

探討的核心問題畢竟還是人生的救贖問題，這樣的問題總是多多少少地和一些宗教觀念或宗教情緒相聯繫。而與叔本華生活於其中的基督教文化精神有聯繫則無疑是不可避免的。

叔本華的人生拯救學說是圍繞著生存意志的肯定和否定這一主線展開的。而對於熟悉基督教典籍的「明眼人」來說，很容易看出，這一主線正是取之於基督教。這就是說，叔本華從亞當(Adam)身上看到了生命意志之肯定的象徵，而從耶穌基督身上領悟到了生命意志之否定的啟示。

叔本華自己明確地說：「不是依根據律看，不是朝個體看，而是朝人的理念，在理念的統一性中看，基督教的教義在亞當身上找到了大自然的象徵，即生命意志之肯定的象徵。」❾亞當是欲望的代表，他首先和夏娃一起，經不住蛇的誘惑，吃了「智慧果」。之後，他又以其「羞恥感」，發現了「性」，一個不同於自身的赤身裸體的女性。對於每一個並非生下來就受到上帝恩惠的人來說，性的追求就成為欲望的一大內容。因而，與其說人類始祖違背禁令犯下「原罪」，倒不如說，欲望本身就是原罪，意志本身就是原罪。這是叔本華對基督教原罪觀念所作的一大轉換。叔本華需要這樣的一個原罪觀念，以便對人類生活於其中的這個悲慘的世界作出真實地說明：因意志構成人的內在本質，意志本身就像一個永不滿足、張著大口的飢餓之神，它不斷地去追求，不斷地掙扎而永無止境，所以，人生的這種痛苦本質並非人自身的偶然過失造成的，而是由自己的原罪（意志、欲望）造成的。若想獲得解救，也用不著仰賴上天的恩賜，而唯有依靠自己對生命意志的徹底否定。

正如生命意志的肯定是從亞當的象徵中得到的一樣，生命意志

❾　《作為意志和表象的世界》，中頁555，德頁518。

的否定是從耶穌基督的啟示中得出的。耶穌的行為和種種訓誡均是告訴人們要限制和否定自己的欲望和意志。衝進欲望的世界，是亞當從上帝的恩典墮落下來，人生變成了充滿痛苦和不幸的失樂園。而基督耶穌是亞當的回頭，是沿著亞當墮落的方向攀登超昇，是對欲求和意志的否定。亞當的墮落使人離開了上帝這個源頭，而基督的超昇力圖把人重新帶回到上帝的近旁。亞當和耶穌實質上並非是兩個不同的人，而是同一個人，只是他們行為的方向改變了：亞當是生命意志的肯定，衝進欲望的世界，耶穌是生命意志的否定，他要擺脫這個欲望的世界。

　　以原罪觀念為核心，我們便在亞當和耶穌，同意志的肯定和否定之間找到了對應關係。在此應該申明的是，這種對應決不是某個研究者牽強附會地解釋的結果，而是叔本華的本意所在。他自己明確地說：

　　　　罪的來源還是要追溯到犯罪者的意志。這個犯罪者據說就是亞當；而我們所有的人又都在亞當中生存。亞當不幸，我們所有的人也在亞當中不幸。——實際上原罪（意志的肯定）和解脫（意志的否定）之說就是構成基督教之核心的巨大真理，而其他的一大半只是毛皮、外殼或附件。據此，人們就該永遠在普遍性中理解耶穌基督，就該作為生命意志之否定的象徵或人格化來理解〔他〕。❿

　　不僅如此，叔本華自己還明確地說，他的倫理學雖然在措詞上是嶄新的，聞所未聞的，但在本質上是和「真正基督教的信條完全

❿　《作為意志和表象的世界》，中頁556，德頁520。

一致的」。因此，在理解叔本華哲學時，忽略它同基督教精神的聯繫將是行不通的。但另一方面，我們也要充分注意到，他對於基督教的態度。就是說，叔本華雖然承認他的人生拯救之學說同基督教的核心精神有著完全的一致性，但這並未使他對基督教本身抱有好感，問題出在何處呢？這就是叔本華對待基督教的態度問題。

叔本華說，一種宗教是不是有益的宗教，就看它承不承認自己的寓言性質。因為寓言比邏輯化的語言更能接近真理。但基督教恰恰是對歷史的記載，偏離了宗教本來的「寓言性」。按照這個標準，叔本華更傾心於印度佛教，因為佛教具有寓言性質。他對基督教精神的理解與取捨，後來也是從佛教出發的。

叔本華區分了《舊約》和《新約》，認為《舊約》的生存否定是因為人無法擺脫外在的必然性，即法則的統治，這種宗教屬專制有神論。而《新約》的生存否定實際上是自願受苦，這便同佛教的禁欲主義相通。這種區分的結果，使叔本華以一種比路德 (Martin Luther, 1483–1546)更為激進的自主精神追求人的自我解脫，上帝在人的自我解脫中不再具有意義。因為我們的「原罪」及「墮落」均是因我們的意志而生，我們的世界是充滿著欲望、痛苦、生老病死的世界。魔鬼不再是附屬，而是這世界的王。對於耶穌基督，叔本華不把祂看成是萬能的上帝，而把祂看成是集悲劇、仁愛和生存否定於一身的受難的形象：「至於基督教的救主，那就是一個更為卓越的形象了。祂，充滿著這個深刻形象的生命，擁有最高的、詩意的真理和最重大的〔人生〕意義，在具備完美的德性、神聖性、崇高性的同時，又在無比的受難狀況中矗立在我們面前。」由此可見，叔本華稱讚耶穌，不是因為祂體現出了神的種種超絕性，而恰恰是因為祂成為否定生命意志的、在塵世生活中自甘受難的人格化代表。

　　叔本華對待上帝和宗教的態度是矛盾的，儘管他力圖做的是以佛教的涅槃之境和禁欲主義來理解基督教的精神，但是從總的方面說，他的矛盾是整個西方從十九世紀到二十世紀都在經歷的一種不可避免的矛盾：即一方面要擺脫上帝，另一方面又力圖給上帝找個位置。正如大陸學者陳家琪教授所說，叔本華「還根本看不到上帝的新位置應該安放在哪裡，因此才在惶恐不安中緊緊抓住昔日宗教的象徵意義不放，以慰藉自己那顆孤獨的心」⓫。

　　總之，叔本華哲學同基督教的關係仍然是一個值得深究的課題，它促使我們以更廣闊的文化視野和宗教情緒去反省我們賴以生存和思考的這個世界，以及我們自己的生命在這個世界中的處境及其救贖等問題。

　　綜上所述，叔本華哲學立足於從「理論形式」和思想內容(情緒)上對康德哲學進行改造，並容納吸收了上述五種文化精神，最終揉合成以意志本體論為理論框架的一元論哲學，把樂觀的理性主義演變成為悲觀的反理性主義。

⓫　陳家琪：《悲劇、憐憫、生存否定──叔本華的悲觀主義及其美學、倫理學批判》載於《德國哲學》第3輯，北京大學出版社，1987年版。

第三章 叔本華的哲學觀和世界觀

　　哲學觀是對哲學自身的性質、任務、目的和方法等最基本的特徵的認識和規定，在當代被稱之為「元哲學」(Metaphilosophie)。了解一位哲學家的「元哲學」，是理解其整個哲學思想的關鍵。世界觀是哲學觀具體內容的展開，是對作為哲學根本任務的關於世界本質的闡明，並通過闡明世界的本質來確定人與世界的關係，洞明人生的真諦、生命的價值與意義。

　　本章從哲學觀和世界觀方面，從總體上探究叔本華哲學的基本思想和其思想的內在關聯。

一、叔本華的哲學觀

　　叔本華的哲學觀散見於他的著作之中，他並沒有集中地論述他的哲學觀。但為了對於他的哲學觀首先有個清楚地了解，以便隨後我們更能有效而準確地去把握他的哲學思想，我們現在把他散論的哲學觀概括起來，從哲學的根本任務、哲學思考的方式、從事哲學的條件、哲學與科學的關係等方面對他的哲學觀進行系統化地重建。

（一）哲學是什麼？

哲學家在常人看來總是問一些莫名其妙的問題。之所以莫名其妙，不是因為問題太深奧，而是因為問題太簡單。對於不懂哲學的人，問問哲學是什麼並不稀奇，而對於哲學家來說，總去問哲學是什麼，就讓人摸不清底細。但是，幾乎每一個巨哲，都會提出這個問題，緣由何在呢？

柏拉圖曾說，哲學起於驚訝。驚訝於什麼呢？驚訝於「自明的東西」。海德格爾(M.Heidegger, 1889–1976)說，只有「自明的東西」應當成為並且始終成為「哲學家的事業」。「哲學是什麼」對於哲學家來說，本該是最為「自明的東西」了，就像生物學家之於「生物是什麼」，植物學家之於「植物是什麼」一樣，本是用不著問的問題，但哲學家卻非要如此問不可，當然自有其深刻的理由。這一理由只有到了現代，才由海德格爾在其《哲學是什麼?》一文中透露出真相，他說，詢問哲學是什麼，就是「設法把這個問題引向一條有明確方向的路，以確保我們不會在那些個人喜好或充滿偶然的關於哲學的設想中隨意遊蕩。」❶有此明言，我們現在便可審視一下叔本華想把我們引向一條什麼樣的哲學之路了。叔本華對哲學的方向和道路的確規定得既清晰又明確，他說：

> 哲學必須是關於整個世界之本質的一個抽象陳述，既關於世界的全部，又關於其一切部分。❷

這就是說，叔本華把哲學限定在陳述世界的本質這一方向和道

---

❶ 海德格爾：《哲學是什麼?》載於《德國哲學論叢》1995年，中國人民大學出版社，頁57。

❷ 叔本華：《作為意志和表象的世界》，中頁131，德頁130。

路上，但他同時認為，哲學對世界本質的陳述，既要包含世界的整體，又要涉及一切個別部分，要在普遍中思維個別事物所具有的差異。當然，叔本華尚未意識到後輩海德格爾所說的「存在論的差異」(Ontologische Differenz)，他所指的「差異」實乃個別事物在現象界的存在差異。他要求哲學對世界本質的陳述要能概括出這種差異，這當然只有最抽象、最普遍的陳述才能辦得到。他認為，世界是什麼，固然可以說是每個人無須別人的幫助就可認識到的問題，每個人依據自己的表象就可以說，世界是水，是火，是土，是氣，等等，這在一定限度內也是對的，因為人就是認識的主體，而世界是相對於主體而存在的。但是，這些陳述，這些認識是直觀的認識，是具體中的認識，它具體得根本不能含蓋世界其他個別的部分。要能達到這一點，就必須在抽象中複製這些認識，把先後出現的，變動不居的經驗直觀，把非抽象、不明晰的知識上昇為一種抽象的、明晰的、經久的知識。他認為這才是哲學的任務。

在這裡，叔本華把哲學對世界本質的陳述看作是一個抽象的認識過程，即柏拉圖所說的在多中認一，在一中認多。哲學作為極普遍的判斷之總和，以完整的世界本身為其認識根據，不遺漏任何點滴，把世界完整地複述出來。他十分欣賞培根(Francis Bacon, 1561–1626)關於哲學的任務是忠實地描述世界的觀點：

> 最忠實地複述著這世界自己的聲音，世界規定了多少，就恰如其分地說出多少；不是別的而只是這世界的陰影和反映，不加上一點自己的東西，而僅只是複述和回聲；只有這，才是真的哲學。(《關於廣義的科學》第二卷，第13頁)

　　由此可見，叔本華對哲學抱著一種十分樸素的信念，他忘記了康德對舊形上學的批判。康德區分本體和現象的目的，旨在證明諸如「世界的本質」這類形上學問題，不是認識或知識問題，而是信仰的問題。人類理性只是對現象界有知識、有判斷；認識的概念不能超越於現象界而應用到本體之上。叔本華在這裡卻恰恰是把關於世界的本質是什麼這一本體論問題，當作認識問題，知識問題，要求「將世界所有紛紜複雜的事物，按其本質，用少數的抽象概念概括起來，提交給知識」。 如果沒有康德，我們也許根本不能發現叔本華這些似是而非的說法的虛妄性，但正是康德以其恢宏而嚴密的論證，告訴了人們，對於世界本質是什麼這類本體論問題，我們根本就沒有概念能去概括它，我們所能擁有的「知性純粹概念」都只能運用於現象界，而不能運用於本體界。因此，按叔本華的這種要求，從知識論出發，用少數抽象概念來概括世界的本質，只能是一個錯誤的做法，達不到他所說的哲學是對世界的完整複述的任務。

　　整個一部西方哲學發展史，可以簡略地說，就是圍繞著世界本質問題，形成本體論、知識論和表達論（即語言哲學）而展開的。古希臘哲學家高爾吉亞（Gorgias，約前483-前375）以否定方式表達出的問題，暗示了西方哲學從古至今發展的這三大階段。他說，⑴沒有什麼東西存在；⑵即使有什麼東西存在，也不能認識；⑶即使那東西可被認識，這認識也不能傳達給別人。而在叔本華這裡，本體問題、知識問題和表達問題卻是無區分、無批判分析地混淆在一起的，他自己沒有意識到這些會成為問題，自以為關於世界的本質問題可以通過哲學上天才的認識方式，以抽象的概念加以概括，從而又進一步認為，只要認識到了的問題，即世界的本質，會毫無困難地表達（陳述）出來，且不帶一點自己的主觀附加，原原本本

地加以複述。到底如何能夠達到這一點，如何避免傳統哲學在解決本體論問題上的困境以至錯誤，我們還需更進一步地對叔本華關於哲學的思維方式加以審視。

（二）哲學的思維方式

哲學要做到原原本本地認識和複述世界的本質，必須採取一種獨特的思維方式才有可能，叔本華對於這一點有著清醒地意識，他認為，既然哲學的任務是要說明世界的本質是什麼，而不是要問世界從何而來，那麼哲學本質上就要對世界採取一種純觀察的態度，是對世界本質的一種純粹描述。這種說法，十分接近於胡塞爾(Edmund Hussel, 1859–1938) 現象學的觀念和方法。因為在叔本華這裡，所謂的「純觀察」指的即是一種「本質直觀」，而所謂的「純粹描述」，也是指把直觀到的內容表述出來。叔本華說過這樣一段話：

> 在純哲學上考察世界的方式，也就是教我們認識世界的本質從而使我們超然於現象的考察方式，正是不問世界的從何而來、往何處去，以及為什麼，而是無論在何時何地只問世界是什麼的考察方式。這就是說這個考察方式不是從任何一種關係出發的，不是把事物當作生長衰老看的考察方式。一句話，這不是從四種理由律的任何一形態來考察事物的方式；相反，卻恰好是以排除整個這一套遵守理由律的考察方式之後餘留下來的，在一切關係中顯現而自身卻不隸屬於這些關係，以常自恒同的世界本質，世界的理念為對象的方式。❸

❸《作為意志和表象的世界》，中頁376，德頁359。

在這段話中，叔本華明確說明了哲學考察事物的方式的特點：一是超越於事物的現象之後，考察事物的本質；二是不問世界的來由、理由，而只關注世界的恒常不變的本質，即理念是什麼；三是直觀到排除遵守充足理由律的考察方式之後的剩餘物。一句話，哲學的考察方式是超越現象界，排除符合充足理由律的一切形式之後而達到的對世界恒常本質的直觀。表面上看，叔本華所規定的這套哲學思維方式，完全類似於現象學的本質直觀和現象學的還原。但是，深入分析一下，我們就可發現叔本華尚未真正達到現象學的思維方式。

首先，叔本華雖然把「本質」作為「直觀」的對象，但它沒有還原到「純粹意識」的領域，沒有過渡到「意向性」的意識行為分析，所以他的「直觀」仍只能是一種「經驗的直觀」，直觀的認識總只能對個別情況有用，只及於眼前的事物，因此，「直觀」到的「本質」，仍需納入抽象的思維過程中「概括」而生。而通過個別事物的「本質直觀」抽象概括出整個世界的本質，是一個毫無希望的工作，這在康德的認識論中就早有充分地證明。

其次，由於叔本華沒有達到對於意識的意向結構分析，仍然局限於對象性的思維方式中，固執於現象和本質的二元對立，那麼，作為世界的本質是什麼的這個「什麼」，就不可能是完完全全的「世界本身」，而只能是一個具體的「存在者」(Seiende)。因為他完全沒有意識到後輩海德格爾所說的「存在」和「存在者」在存在論上的差異。

我們的這種分析，並沒有以當代哲學所達到的水平去非難和貶低叔本華的意思，只是意在說明，他所確立的這種哲學思維方式尚不足以勝任完整複述世界之本質的任務。因為只有達到了現象學的

讓事物自己「呈現自身」的方式，哲學才真正具有完整的「描述性」。我們同時在此要指出的是，他要求哲學的考察方式不要無窮盡地去追逐現象，不要從遵守充足理由律的關係出發去考察事物，而要超越於對現象的直觀直接指向現象之後的、獨立於充足理由律之外的本質，這仍然是從傳統的哲學思維向現代的一大跳躍，是走向現代現象學之途中的一次具有決定意義的突破，其現代意義不可低估。

（三）哲學和科學的關係

要充分明瞭哲學思維方式的特點，還必須在哲學和科學的相互關係中使之更為明確。

叔本華認為，科學不是普通的知識。普通的知識在個別的經驗中，由於對現成事物的觀察就可獲得。而科學是對於某一類事物而獲得的完整認識，因而必須進行抽象。所謂「抽象」，也即要獲得這一類事物之本質的「概念」，通過這一概念，這門科學才指望得到一個在抽象中的完整認識。在這裡，叔本華不認為科學獲得抽象概念的過程，是從特殊到普遍的「歸納」過程，而是相反，是從普遍到特殊的「演繹」過程。所以，「在每門科學的開端總是一個概念」。這個概念必須是個「總概念」，即含義圈最大的概念。科學利用概念含義圈的這種屬性，使之包容那些含義圈較小的概念，並進而規定這些含義圈的相互關係，通過區分更狹小的含義圈，一步一步作出更精細的規定，使得科學獲得一種系統化的形式。這種「系統的形式乃是科學的一個本質的、特有的標誌」。

當然，叔本華並不認為，用以構成科學的，就是使無盡的多樣性直接並列於總的普遍概念之下，而是認為，要經由若干中介概念，

經由命題（判斷）逐次作出區分，使總的概念盡可能多地容納一些命題間的從屬關係（而不是並列關係），逐漸從普遍下行到特殊。這便是科學之為科學的完美性。他說：「『科學性』的要求並不在於確實性，而在於認識所有的、基於從普遍到特殊逐級下行的系統形式。」❹

基於「總的普遍概念」在科學中的核心地位，我們現在必須追問，科學是如何獲得它的呢？叔本華認為，是通過直觀而獲得的。他批評那些認為只有經過證明的東西才是完全真的，是一個「古老的謬見」，因為事實與此完全相反，在科學中每一證明都需要一個未經證明的直觀的真理，一個直觀的真理比那經由證明而確立的更為可取。所以，叔本華得出這種結論：直觀是一切真理的源泉，是一切科學的基礎。

一切證明都是三段論式推論。所以在科學中，對於一個嶄新的真理，首先不是要找證明，而是找直接的依據。沒有一種科學是徹頭徹尾都可以證明的，科學的一切證明必須還原到一個直觀的，也就是不能再證明的事物。一切最後的、原始的依據都是一個直觀上自明的依據。正是在這裡，科學同哲學相遇了。

一切科學的內容，都是說明世間各現象間的相互關係，以充足理由律為一切說明的原理。但說明的這個原理本身是不可說明的。一切所謂最終的「自明的依據」也是事實上不可說明的。在這裡，科學不能再對它追問「為什麼」了。正如在科學中不能再問「為什麼二加二等於四」一樣，也不能追問，現象間的聯繫為什麼要服從充足理由律。科學追問到一個最終的所謂「自明的依據」就完結了，終止了，所以，「在自然科學，一切科學，都要止步的地方，也就

❹ 《作為意志和表象的世界》，中頁107，德頁108。

是不僅是說明,甚至連說明的原則——充足理由律也不能前進一步
的地方,那就是哲學〔把問題〕重新拿到手裡並且以不同於科學的
方式來考察的地方」。「因為哲學有一個特點:它不假定任何東西為
已知,而是認為一切都是同樣陌生的問題;不僅現象間的關係是問
題,現象本身也是問題,理由律本身也是問題」❺。

　　總之,哲學從一種懷疑和批判的眼光出發,要對一切公認的原
理、自明的依據加以審視;而科學卻必須依賴於一個自明的公理。
科學要探討和說明的是現象間的聯繫和規律,是對某一類事物之本
質的認識;而哲學卻是洞察現象背後的本質,是對世界整體之本質
的認識。科學的認識遵循充足理由律,而哲學的認識必須獨立於充
足理由律。科學探尋現象的因果聯繫,追問為什麼有此現象,此現
象源於什麼;而哲學卻不能從尋找整個世界的有效因或目的因出發,
不問世界的來由,而只問這世界是什麼。科學依賴於證明,而哲學
則必須採取描述的態度。這便是哲學區別於科學的特徵所在。

二、叔本華的世界觀

　　既然叔本華自己樂於承認哲學的任務就是探索和發現世界之
隱密的本質,那麼他的世界觀也就是對世界是什麼,世界的本質是
什麼的闡明。世界是什麼,就其作為現象而論,叔本華說「世界是
我的表象」;世界的本質是什麼,是就世界的理念(亦或自在之物)
而論,他則說「世界是意志的逐級客體化」。他認為他所發現的這一
「真理」,就是人們在哲學的名義下長期以來所尋求的東西。正因為
別人尋求了好久而未找到,所以乾脆認為是發現不了的東西。如今,

❺　《作為意志和表象的世界》,中頁129–130,德頁129。

這一東西被他叔本華發現了，簡直就像發現了點石成金，醫治百病的仙丹一樣❻。雖然，這種自鳴得意之情被隨後世人對他的長期冷漠所摧毀，但這畢竟是叔本華世界觀的核心內容，我們在此不得不認真地加以分析。我們的敘述仍按叔本華自己的方式，把「世界」區分為「表象」的世界和「意志」的世界。

（一）世界是表象

當我們涉足於叔本華的「表象世界」時，首先遇到的一個問題即是，到底什麼是「表象」？　叔本華是在什麼意義上使用「表象」一詞的，他所指的「表象世界」又是什麼意思？

叔本華自己並未對「表象」一詞作詞義分析，不過，他倒是指出了「世界即是表象」包含在笛卡爾的懷疑論觀點中，是貝克萊思想的翻版，並在多次說明，「表象世界」就是與康德的「現象界」相對應的。

如果僅僅從一般了解的角度，從叔本華所指出的這些「類似」關係，就可大概知道「表象」及「表象世界」的含義了。但是，當我們以研究的眼光對待叔本華自己的這些類比，不但不能讓我們更清晰，反而使我們對此問題更加糊塗。我們現在首先按照叔本華對「表象」一詞的使用看它的真實含義，再與笛卡爾、貝克萊(G.Berkeley, 1685–1753)、康德作適當的比較，以期使我們對於他的表象世界獲得一種準確的理解。

按照德語的構詞法，「表象」(Vorstellung)是從動詞vorstellen演變來的，它的本意是「把……擺放到前面來」。　因此，它既有「移前」、「介紹」、「表現」、「想像」等意思，也有「意見」、「想法」、「觀

❻　參見《作為意志和表象的世界》第一版序。

念」等意思。那麼，在哲學上，把「存在」、「世界」作為一個「對象」（Gegenstand —— 即與人直接面對的東西）「擺放」到人的（指人的意識、認識和語言）面前，就叫作「表象」。

叔本華正是在這個詞的本義上使用「表象」的。所以他說，他不認識什麼太陽，而永遠只是眼睛看見太陽；他不認識什麼地球，而永遠只是手感觸著地球。太陽是什麼，地球是什麼，只有當表象者的「眼睛」看見了它，「表象者」的手感觸到它之時，它們才作為「表象者」的「對象」擺放到了「表象者」的前面，因而有了它們的存在。在此意義上，叔本華把「表象」直接等同於「直觀」（Anschauung）。他說：「世界都只是……直觀者的直觀，一句話，都只是表象。」❼

把「表象」等同於「直觀」，從叔本華的角度論，其目的是使「表象」的含義得到具體的規定，但由於他對「直觀」的理解尚未達到現代現象學的水平（正如我們在此之前已說明的那樣），「表象」同「直觀」的內在一致性，這一富有革命性意義的哲學問題，按他的論述實際上並未得到合理地說明。

在德國古典哲學家中，對「直觀」作過合理說明的、真正接近於現象學直觀的，既不是康德，也不是黑格爾，而是謝林。謝林一再聲稱他的哲學是堅持「直觀」的立場而不是反思的立場，把直觀看作是和反思對立的，原因就在於，他所理解的「直觀」，是「理智的直觀」，是在直觀活動過程中同時構造直觀對象，或者說讓「對象」在直觀活動中自我顯現的活動。這種直觀是精神（意識）的內在觀視，而不是肉眼的感性觀視。因為在肉眼的感性觀視中，預設了觀者和對象的外在分離，而在理智直觀中，觀者的直觀活動與直

❼ 《作為意志和表象的世界》，中頁26，德頁33。

觀對象是一同構造、一同呈現出來的❽。叔本華雖然也高度重視直觀，認為只有在直觀中才有絕對確實的真理，把直觀看作科學和哲學的基礎。但是，他所論述的直觀一直未能脫離肉眼的觀視，未能同個別的、經驗的直觀相分離。雖然他也認為「一切直觀都是理智的」，說直觀「是純粹悟性的認識方式，沒有悟性就決到不了直觀，就只會剩下對直接客體變化一種遲鈍的、植物性的意識」❾，但是，他卻只是把「理智直觀」或「悟性」， 看作是從對象相互作用的效果中認取原因的純粹認識，而這樣的認識方式往往被從哲學上看作是一種「反思式」的思維方式，而不是直觀。真正的直觀，就是要讓對象在直觀活動中自我顯現出來。只有這種直觀，才是和表象內在同一的，也只有通過這種內在表象，才能達到叔本華為哲學所規定的「描述」世界的任務。因為作為與真正的理智直觀，即現象學意義上的直觀相等同的表象，它必須像「直觀」一樣，具有「直觀」和「表出」（顯現）兩種功能，因為「把……擺放出來」、「介紹」本來就是「表象」的本義。「觀」和「悟」是意識論或知識論的問題，而「表出」、「表達」則是語言論的問題。在「表象」這個概念裡，應該包含這兩個方面才能合理的。當叔本華說，「世界是我的表象」時，他實際上說的應該是這個意思：世界只是主體所意識到的並為語言所表達出來的世界。從這個意義上去理解叔本華的「表象」概念，它應該是「意識」和「語言」的統一，或者說「直觀」和「表達」的統一。這是表象的第一層含義。

從這一層含義裡，直接可以推導出叔本華關於「表象」的第二

---

❽ 關於謝林理智直觀的特點及其與康德和費希特之直觀思想的對比，可參閱拙著《謝林》第四章，臺北東大圖書公司，1995年版。

❾ 《作為意志和表象的世界》，中頁37，德頁44。

層含義，即「主體和客體的統一」。因為「表象」直接預設了「表象者」（主體）和「表象物」（客體）的同時存在。世界是作為表象的世界，就是說，它的存在狀態是對應於主體（表象者）「直觀」（意識）和表達的。因此，凡是存在著的客體，就只是對應於主體的存在，主體是客體存在的支柱。

從這兩層含義出發，我們是否會同意叔本華自己說的，他的「世界是表象」這一思想與笛卡爾和貝克萊的主觀主義完全相同呢？下面我們對此略加比較。

雖然世界是表象同笛卡爾從「我思」出發的懷疑論一樣，都不可避免地帶有主觀主義的色彩，但叔本華和笛卡爾實際上是不相同的。笛卡爾在心理的和物理的東西之間持二元論的立場，即客觀的東西和主觀的東西是兩類不同的獨立的實在，它們之間是一種平行而不交叉的關係。但在叔本華這裡，雖然表象世界也有主體和客體兩個層面，但這兩者都沒有獨立的存在，它們只是相對於對方才存在，才有意義。雙方存則共存，亡則俱亡。因此，「表象」論以主客體的同時存在區別於笛卡爾的主觀論。

叔本華說，第一個斷然說出「世界即是表象」的人是貝克萊，在這一點上他為哲學作出了不朽的貢獻。在此，叔本華自覺地承認他的表象學說同貝克萊的淵源關係，對此我們也不應毫無批判地相信他自己的話，而是要簡要分析一下他們兩者的異同。

貝克萊在其早期著作《人類知識原理》中，以這樣兩個命題：「事物是觀念的複合」和「存在就是被感知」，明確建立起了他的主觀唯心論原則。在這兩個命題裡，我們必須注意貝克萊所說的事物、存在包括兩個方面，一是可感的自然事物或物體，一是精神或心靈；而所謂的「觀念」指的是人們感知到的事物的屬性。他通過

對洛克物質學說的批判，以及對自然事物之本質及其與人的認識關係的分析，認為自然事物不是離開感知而獨立地、絕對地存在的，它們是由人們感知到的屬性複合而成的，即是觀念的複合，如色、聲、味、運動、廣延等，他是用觀念一詞來表示它們的。所以，貝克萊的「事物是觀念的複合」，說的是這個意思：事物是由其諸屬性構成的，諸屬性是人們感知到的觀念（叔本華的表象）。至於「存在就是被感知」，說的是，因為事物是屬性或觀念的複合，而屬性或觀念不能獨立存在，必須有某種實體支撐或支托它們。貝克萊認為，洛克所說的物質實體是虛構出來的，不可能成為事物屬性的支托，只有精神或能知覺的東西才能成為它們的支托。

通過以上含義分析，我們可以看出，叔本華的「世界是表象」，與貝克萊的「事物是觀念的複合」、「存在就是被感知」在兩個基本的意義上是相同的，一是他們都認為事物沒有獨立的存在，二是他們都認為事物的存在要以主體的感知、觀念和表象為依託。但是，如果僅僅依照這兩點相同的含義，就斷定叔本華的「世界觀」是一種貝克萊式的唯我論的立場，則又是錯誤的⑩。道理很簡單，因為所謂唯心主義或唯物主義是從本體論上對世界本原所作出的一種斷定，而叔本華的「世界是我的表象」不是本體論的，只是意識論的。從意識論的角度描述世界，無疑擺脫不了以主體的意識為條件的性質，連馬克思主義經典作家都承認：「意識永遠都只是被意識到了

---

⑩ 至於貝克萊的哲學到底是不是一種唯我論的徹底的主觀唯心主義，在學術界是有爭議的。讀者可參閱高新民著《貝克萊哲學及其重構》一書，華中師範大學出版社，1993年版。筆者在這裡的目的是指出，叔本華的「世界是表象」這一命題，不是通常人們認為的那種貝克萊意義上的唯我論，但並不說明筆者就承認貝克萊哲學是唯我論。

的存在」，　這和叔本華說的「客體永遠都只是主體的表象」是同一個意思。這一觀念是德國人固有的認識，因為在德語中，「意識」一詞的含義就是「被意識到了的存在」即Bewußtsein。所以，要斷定叔本華的哲學是否唯心主義，不能從他的意識論角度的「表象」學說出發，而應從他的本體論角度的「意志」學說上去說明。忽視叔本華的表象世界與其意志本體論的聯繫，對他和貝克萊作出類比，就不會得出令人滿意的答案。

　　叔本華自己一直說他的表象世界對應於康德意義上的「現象界」(Erscheinungswelt)，按此指示，我們能對其「表象世界」獲得比較準確的理解。康德的「現象世界」按字義來說，是指表現出來的、顯現出來的世界，但卻不是指事物自身客觀地表現出來的世界，而是對主體的認識形式所表現出來的，因而也有以主體為條件的性質。在此意義上與叔本華的表象世界的確是相同的。康德進一步批判了在休謨、萊布尼茨、笛卡爾、洛克以及貝克萊那裡的以主觀論方式敘述認識論問題的態度，認為從意識的對象之意義上講，我們稱為主觀的狀態，無論是感覺、情緒或欲望，都是「客觀的」，　我們的心理狀態不是和自然界的存在系統平行的，它們並不構成對自然界的意識，它們本身是意識所顯示的自然秩序之一部分，因而，整個現象界，就其作為意識的對象而言，不論是客體的自然，還是主體的心理，都是在意識中顯現出來的「客觀」世界。這裡的「客觀」即為「對象」，　現象世界即為意識的對象世界，事物的存在也即事物在意識中的構成。

　　叔本華的表象世界事實上也應作如此理解，因為表象本身就是「意識上的一個最初事實」，　也是從意識論的角度，從意識的對象的角度來描述世界之存在的。但區別在於，康德的論述方式事實上

是一種先驗現象學的方式，所以他的「現象」在其思想中明顯地具有一種現象學意義上的「客觀性」； 而叔本華則自始至終地強調其「表象」的「主體性」。但無論是康德的現象界還是叔本華的表象界，總的說來指的都是主體意識所指向和表出的世界。

叔本華把表象世界劃分為三類：一類是直觀表象，包括整個可見的世界或全部經驗；一類是抽象表象，即整個人類所獨有的概念及理性認識的世界；一類是藝術表象，是通過藝術品所表達的理念，即意志客體性的世界。前兩類表象的世界，是經驗和科學的客體，以時間、空間、因果性為其形式，服從於充足理由律；後一類表象的世界是藝術的客體，是對事物之理念的表出，因而也是對意志恰如其分地客體性的表出。這類客體在時間、空間之外，獨立於充足理由律，而只服從於天才的規則。藝術表象才觸及到世界的本體，即意志這一世界的原始秘密。從表象的這種分類，我們又可發現叔本華的表象世界不同於康德現象界的又一特點，即在康德的現象界中，沒有藝術的客體，沒有對「自在之物」的任何表現，自在之物之作為不可認識的對象保留在其形上學的黑洞之中。而叔本華則通過吸收康德的美學思想，專門將藝術表象作為一種特殊的認識方式，從而使自在之物（意志）在表象世界裡得以表象出來。這是叔本華超出康德之處。

叔本華表象學說的意義至今尚未在學術界引起足夠的重視，把它看成唯心主義的唯我論，實際上限制了人們對「表象」世界的領悟、發掘和理解。其實，這是一個不正常的現象，筆者有必要在此為它作點辯護。

近代哲學肇始於笛卡爾的二元論，正因為有二元論，才把主體和客體、物質和意識誰先存在，誰後存在，誰決定誰的問題明確地

提了出來，才出現了唯物主義和唯心主義曠日持久地論戰，在近代才出現了經驗論和唯理論的分野。康德在把德國引上哲學之路的同時，也把二元論的思維方式帶入了德國，如何克服二元論，克服身與心、內在與外在、精神和肉體、理想與現實的分裂和矛盾，成為康德之後的德國哲學界的主要任務。費希特的「絕對自我」、謝林的「絕對」、黑格爾的「絕對精神」都力圖返回到主客體尚未二元分離之前的本源狀態中去，找到消除二元論的原始前提。他們的努力均有過十分誘人的前景，帶來過令人欣喜的期待，但他們的思維路向卻始終衝不破二元論的印痕。正像筆者曾在拙著《謝林》中說的那樣：「二元論像個永遠擺脫不掉的幽靈，使得西方哲人為之費盡心機。」

叔本華也同樣如此，他儘管在體系形式上明顯地有著康德二元論的痕跡，如意志世界（自在之物）和表象世界（現象世界）的劃分，但是，他之提出「表象」學說，其首要的目的便是在認識論（意識論）中克服二元論。他的方法是認為在表象活動中同時包含著主體和客體。並不是認為表象是主體人的表象，就說主體先於客體而存在，而是說在表象中既有了主體，那麼同時必定有了客體，因為主體是相對於客體而存在的，沒有客體也就無所謂主體。

設定意識（認識）活動以這樣一種表象為出發點，把表象當作一種最原始的意識上的事實，這同費希特以「絕對自我」(das absolute Ich)、謝林以「絕對」(das Absolute) 來克服二元論的思維方式如出一轍。因為所謂的「絕對」或「絕對自我」說的都是在意識活動之前沒有主體和客體的二元對立，但當自我開始作意識活動，意識到他的自我時，這樣就有了兩個「自我」，一為「進行意識的自我」，一為「被意識到的自我」，前者為主體，後者為客體，主體

和客體是在意識活動一開始就同時出現的。

應該說，這種方式返回到了意識活動的最原始的本源狀態，是克服二元論的一條較好的思路。因為它首先在認識的起點上以意識活動為出發點，無論是「表象」還是「絕對自我」都是主客體尚未分離的「同一性」；　其次，在意識活動的展開過程中，雖然出現主客體的分離和對立，但兩者決不是像笛卡爾認為的那樣是兩條永不相交的平行線，而是不斷相交的對應關係。任何意識都是主體對客體的意識，表象和存在是同一的，用叔本華的話來說，就是成為主體的表象就等於成為了客體，成了「存在」。它仍以主體為軸心，為支撐來構造「客體」的存在。客體存在的樣態，無論是作為感性的存在，還是概念性的存在，還是理念式的存在，都與主體的認識形式相對應。因此，這種思維方式確立的是以主體為支柱的一元論的思維理路。

如果說，叔本華的「表象」學說僅僅停留在費希特「絕對自我」的意義上是一種克服二元論的新的嘗試和努力的話，那麼就沒有充分地洞悉出它的價值。筆者認為，它的真正的價值和意義是以叔本華本人也未意識到的方式延續和推進了康德的「哥白尼式革命」。

康德的「哥白尼式革命」確立了客觀事物以主體為其存在之依託的「主體性」原則，這場革命從現代西方哲學發展的實際來看，在當時是場還未完成的革命。原因在於，以主體性原則的確立所產生的這場哥白尼式革命，雖然成功地實現了從本體論到知識論的哲學範式轉型，但未從根本上意識到語言問題對於哲學世界觀和認識論所能具有的主體地位和價值。人與世界之關係的確立，知識論問題都與語言密切相關，語言簡直掌握著解決包括知識論在內的幾乎所有哲學問題的鑰匙。也就是說，只有實現了以語言為主體的「哥

白尼式革命」， 康德意義上的以意識為主體的認識論的「哥白尼式革命」才能最終完成。所以，現代西方哲學普遍地都在實現哲學的「語言轉向」。

現在的問題在於，叔本華的「表象」學說，在延續了康德意識論（認識論）上的「哥白尼式革命」的同時，是否也具有語言論上的「哥白尼式革命」的意義呢？

要回答這個問題，必須從兩個方面入手：一是叔本華的「表象」是否具有語言的功能？二是「表象」是否以及在多大程度上啟示了現代哲人的語言轉向？

叔本華本人的確沒有清楚地意識到「表象」除了意識的功能外，還有語言的功能，但就「表象」本身的含義和叔本華對「表象」的用法上，我們可以肯定地說，「表象」就是「語言」。因為「表象」就是要把意識到的、直觀到的事物作為「對象」擺放出來、介紹出來、表達出來、顯現出來。整個表象世界，按叔本華的意思，就是對於意志世界的表出，因而是作為意志本體的「語言」而存在的。對於直觀而言，世界是什麼，就顯現為什麼，亦即顯現為表象。作為表象，「即令是在這世界最內在的意義上說，也可以理解，它對悟性說著一種完全清晰的語言。」**❶** 表象無疑就是語言，起著表達和描述的功能。沒有「表象」， 叔本華就完不成他為哲學所制定的完整地描述世界的本質是什麼的重任。從上述我們對「表象世界」的分析來看，表象的確是承擔著完整地描述世界本來面目這一重任。為了克服康德的不可知論，叔本華還提出了「藝術表象」， 它直接地、毫無掩飾地把世界最內在而隱秘的本質：意志，表象出來了。叔本華還注意到了語言既可對別人表達思想， 又可對別人隱瞞思想

❶　《作為意志和表象的世界》，中頁41–42，德頁47。

的雙重性質❶。所以，他後來又把直觀表象和抽象表象的世界稱為
遮蔽世界真實面目的「摩耶之幕」，相反認為只有借助於藝術表象才
能讓人見到世界的內在本質，才使世界原本的真相表露了出來。這
些都說明了叔本華的確是把「表象」當作是「語言」來使用的。

因此，當他把「表象」當作世界的界限時，實際上觸及到了現
代語言哲學的一個著名命題：語言是世界的界限；當他認為只有通
過表象才能描述和表出世界時，實際上也非常近似於現代語言哲學
所認識到的下述觀念：只有語言才能描述和表現世界，人是以語言
而擁有世界的，語言破碎處，萬物不復在。

對叔本華的表象學說作如此理解，並沒有隨意拔高他的意思，
他的這套思想確實影響了維特根什坦(Ludwig Wittgenstein,
1889–1951)的那本被早期語言分析哲學奉為經典的《邏輯哲學論》
一書。馮‧萊特回憶道：「維特根什坦曾告訴我，他青年時期讀了
叔本華的《作為意志和表象的世界》，而他最初的哲學思想就是叔本
華的認識論的唯心主義。」❸在這裡，「叔本華的認識論的唯心主義」
指的就是「表象」學說，而維氏的「最初哲學思想」指的就是《邏
輯哲學論》中的「語言唯我論」的世界觀。請對比他們兩人的幾個
基本命題：

　叔本華：世界是我的表象；
　維特根什坦：世界是我的世界，這一點顯示於語言（唯有我
　懂得的語言）的界限即意謂我的世界的界限。
　叔本華：那認識一切而不為任何事物所認識的，就是主體。

❶ 《作為意志和表象的世界》，中頁71，德頁74。
❸ 馮‧萊特：《回憶維特根什坦》，北京商務印書館，1984年版，頁4。

它是一切現象、一切客體一貫的、經常作為前提的條件；主體和客體互為界限，客體的起處便是主體的止處。

維特根什坦：主體不屬於世界，乃是世界的一個界限。一個玄學的主體，要在世界何處去發覺呢？你說這正如眼與視野的情形，但是你實際上看不見眼。

叔本華：表象就是顯現出存在，客體和表象是同一個東西；他不認識太陽，而永遠只是眼睛看見太陽（太陽才存在）。

維特根什坦：語言之於實在，猶如視網膜的影像之於視覺的影像。

無需更多的引述，我們由此便可明白，維特根什坦的確是受叔本華表象理論的啟發，把「表象」論的唯心主義改造成現代語言哲學的，在現代西方哲學的語言轉向中，分明有著叔本華本該占有的一席之地。可以說，他的「表象」論的主體性轉向同時也蘊含著語言論轉向的「哥白尼式革命」的萌芽。由於學術界對此沒有足夠地重視，所以當把叔本華看作是現代哲學的先驅時，總是只把他的意志本體論看作是向現代非理性主義的人文哲學轉向的基石，而忽視了其表象論之向語言哲學轉向中的實質意義。

當我們結束了表象世界的考察，我們現在便可進入到叔本華世界觀的另一面：作為表象世界之內在本質的意志世界中來了。

（二）世界是意志（意志本體論）

本體論(Ontologie)自學術層面講，是研究存在之為存在的學說，就是說，它追溯存在的源頭，尋找一切存在之最本原的存在之根。但就本體論在人類文化世界所起的實際作用和哲人構造本體論的心

理動機而言，本體論實乃一種價值承諾。它通過把一種存在確立為所有存在的基礎和根源，從而確保了這種存在在整個世界秩序（包括人的文化、精神世界）中的不可取代的價值。所以，現代德國哲學家海德格爾乾脆把「本體論」規定為追問「存在的意義」問題，認為這才是「本體論」的應有之義和正道。這種觀念無疑道出了本體論的實質內涵。

表面上看，叔本華之提出「意志」本體論，是簡單地以「意志」取代了康德那晦暗不明的「自在之物」概念，實際上是叔本華在對西方現代文化危機的預感中，對於文化和人生世界的意義和價值重新定向所作出的一種價值本體論承諾。正是通過這樣一種價值本體承諾，他要把被康德所摧毀了的形上學問題（世界觀）與倫理學問題（人生觀）作統一的說明，從而建立一種沒有宗教的信仰，以哲學的睿智指導人生的解救。因此，對於叔本華的意志世界，不能從科學的眼光去審視，而只能從人文價值的視野去分析。

下面，我們將分別從意志客體化的世界圖景；世界與人的關係；意志本體論的意義三個方面展示叔本華的意志世界。

意志客體化的世界圖景　　叔本華一直強調哲學同科學的巨大區別，說哲學不是事因學，不問為什麼有此世界，而要以描述的方式，洞察世界是什麼。從現象論，叔本華已經說過，世界是表象，而表象的世界只是世界可見性的一面，現在，哲學要進一步追問，世界除了是表象之外，還可能有些什麼？如果有，那又是什麼？

這種追問就問到了世界的謎底，問到了世界的本質。作為本質，這個世界除了表象之外的那個可能是的什麼，應該是和表象完全不同的東西，表象的那些形式和法則對於它必然是毫不相干的，也就是說，它是不服從於時間、空間、因果律的那些形態的。

　　世界的這個謎底、這個本質、這個除了表象之外的什麼，叔本華說，就叫做意志。

　　在德語中，意志(Wille)這個詞是從情態助動詞(Wollen)變化而來的，其本義就是「願意」、「想望」、「欲求」等等。叔本華把意志說成就是康德的「自在之物」(Ding an sich)，即自在的世界本身，這是指同表象（現象）世界相對的意義。就意志本身的含義說，叔本華說，因為意志是世界的內在涵蘊和根本，意志就是衝動、本能、渴望和奮進，是求生的意志或生命意志。意志就意味著無盡的要求和欲望，它既不是事物的種類，更不是個別的事物，但意志卻能夠直接地實現為事物的理念（種族）——這就是意志的直接客體化，並因此間接地表現為事物的現象（個體）——這就是意志的間接客體化。例如，對於在巨石之間滾滾流去的溪水來說，它隨引力而流下，是意志的表現，它作為無彈性的、易於流動的、無定型的、透明的液體，這是它的本質；這些如果是直觀地被認識了的，那就是理念了；當我們是作為個體而在認識的時候，它讓我們看到的則是那些漩渦、波浪、泡沫等等非本質的現象。

　　在這裡，我們看到，意志之作為世界的本質和本體，還不能直接地客觀化為個體事物，它必須經過理念的中介，才轉化為事物的現象界，為什麼呢？為什麼必須設置一個「理念」的中介呢？要弄清這一問題，必須首先弄清「理念」在柏拉圖哲學中的意義和地位。

　　在柏拉圖哲學中，「理念」首先具有本體論意義。他把世界區分為感覺世界和理念世界，前者處在不斷的運動、變化和過程之中，是赫拉克利特「萬物流變」的世界；而後者則是一「永恆的、無始無終、不生不滅、不增不減的」絕對存在，是對巴門尼德的不包含「非存在」的絕對存在的改造。柏拉圖熔煉了赫拉克利特和巴門尼

德的遺產，創立了自己的本體論的理念論體系，既承認絕對存在說，又不否認流變說，但它們分別肯定的理念世界與感性世界卻不是平行存在的。柏拉圖特別指出這兩個世界的關係：感性世界依附於理念世界，理念是本體，具體的感性事物是理念的派生物。

其次，柏拉圖的「理念」具有「範型」的意義。據研究柏拉圖的學者考證，「範型」同時具有建築學上「設計」和「模型」的雙重意義。在《國家篇》中，柏拉圖說：「當我們講，沒有一個國家能得到幸福，除非國家的設計人，把神性的國家作為他們的模型。」❶ 在眾所周知的「三張床」的用法中，「模型」的意義就更明晰了：第一張是理念的床，由神創造；第二張是具體可感的床，由工匠以理念的床為模型創造出來，第三張床是畫家以工匠的床為模型描摹而成。晚期的《蒂邁歐篇》則進一步指出：人們生活於其中的現實可感的世界是依據永恒不變的模型創造出來的。由「模型」的含義還可進一步引申出「典範」、「榜樣」和「理想」等意思。

理念是本體性的，但在這一本體王國裡，理念卻被分為各種等級。最低一級的是具體事物的理念；接著往上是數學的理念，藝術、道德方面的理念；屬於最高等級的是善的理念，它是最高的實在，是統治著整個可感世界的太陽，是全部世界最終源泉的解釋。

至於從理念世界到現實世界的過渡，柏拉圖分別提出了「分有說」和「摹仿說」， 把我們生活於其中的現實世界看作是摹仿獨一無二的理念而創造出來的。

在接受柏拉圖理念論的時候，雖然叔本華本人在多處宣稱：「在我用這個詞時，總要用它原始的、道地的、柏拉圖曾賦予過的意義。」但只要我們仔細分析，更可發現，他對理念一詞的柏拉圖意義既作

---

❶ 柏拉圖：《國家篇》，頁500E。按Stephon編定的標準頁碼。

了保留，又作了改造。

　　當叔本華說表象世界服從於時間、空間及因果性，而理念則不服從充足理由律的任何形態，是永恆不變的，但又能「通過時間、空間自行增殖為無數現象」，在此意義上，他保留了柏拉圖的意義。

　　但在叔本華的本體世界中，不獨有理念，或者說，理念不具有獨立的、絕對的意義，它必須依存於更原始、更高級的意志本體。他自己也承認，「理念和自在之物並不乾脆就是同一個東西」，「應該說，理念只是自在之物的直接的，因而也就是恰如其分的客體性」。在這裡，意志成了理念的自在之物，而理念倒成了「表象」自在之物的首要的和最普遍的形式。

　　經過這一改造，叔本華的「理念論」既可上承意志本體，因為理念能夠涵括意志本體，作為意志的代表，與意志同一；又可下啟現象（表象）世界，溝通意志與現象的分立，因為理念具有了表象——作為意志主體的客體——的普遍形式，便可因此而讓意志本體通過它而顯現於現象的塵寰。

　　通過理念的中介，意志和現象之間的二元對立就取消了，理念和現象之間的派生關係，不再是「事因學」上的因果性的根源關係，不是以二元論為前提的「摹仿」，而是意志本體一元論地「表出」(Darstellung)、呈現。

　　所以，叔本華為了貫徹其一元論的意志本體論，採取了直接客體化和間接客體化兩級形式。意志由於與理念的同一性，首先將自身直接表現為理念的級別，理念作為事物的種族，又將自身客體化為個體性的事物。整個世界就成了意志的客體化表現。

　　在自然中，意志總的說來表現為各種力，表現為力的各種衝動和作用。在無機界，意志的客體化表現最簡單、最微弱。石頭以自

身的重力作用於地球的表面；水以強大的不可阻攔的衝力流入深淵；磁針總是固執地指向北極；鐵屑有向磁鐵飛集而去的熱情；電的兩極激烈地要求再結合，等等。所有這些在它最微弱的現象中，盲目地、朦朧地、片面地、不變地向前奔的東西，因為它們隨便在哪兒都是同一的東西，好比曦微的晨光和正午的驕陽共同有著日光這名字一樣，叔本華把這同一的東西叫做意志。重力、固體性、液體性、彈性、電氣、磁力、化學屬性和各種物性均是意志最低一級的客體化，連結這些意志現象的紐帶是因果律。在植物界，意志的表現更進了一步，因為在它們身上有了一定的刺激感應性，這是最微弱的知覺，意志的表現似乎有了一定的目標指向性：樹木為了得到更多的陽光照射便瘋狂地向上猛長，為了得到更多的水份，它的根鬚便使勁地扎向深層。但是，從總體上說，在意志客體化的這一級別上，意志還是盲目的，仍然是完全無知的奮鬥，還是無名的衝動，像在最低級別上那昏暗無光的冥頑的躁動一樣，遠離著一切直接認識的可能性。

在動物界，意志雖然也主要還是表現為原始的力，不過在這裡已經開始有直觀的表象、開始有假象和幻覺、開始有行為的動機了，因而是意志更高一級的客體化。但在動物的行為裡，意志的表現仍然是本能地、按天生的技巧起作用。才一歲的鳥兒並沒有蛋的表象，可牠就為那些蛋而築巢；年幼的蜘蛛沒有俘獲品的表象，可牠為這些俘獲品而結網；食蟻蟲在沒有螞蟻的表象時就在挖坑以伺候螞蟻的到來。因而，在動物界，意志還是在盲目的行動中，在本能和欲望的衝動裡。

只有到了人類，理性認識之光追隨著意志的衝動，照亮了意志的行程，改變了意志的盲目性。儘管就人的身體而言，作為意志的

客體化，和其他事物沒有什麼區別，因為身體的各部分必須完全和意志所由宣泄的各主要欲望相契合，必須是欲望的可見的表出：牙齒、食道、腸的輸送就是客體化了的飢餓；生殖器就是客體化了的性欲；整個人的身體，都是意志的現象，而人的性格也都是意志本身在人的行為中的表現。但是，人因為有理性認識，有思想籌劃的能力，有對於意志決斷的明晰的意識，所以，人是意志客體化的最高級別，意志有了為其指導方向的理性之光這一有力的工具。但是，叔本華同時看出，在人類這裡，由理性所產生的真實的或虛妄的動機卻使意志的表出變得非常複雜。但在人的身體內進行的一切，不僅是身體的活動，就是身體的全部，都是客體化了的意志，是意志的現象，它不是由認識指導，不是受動機決定，而是盲目地起作用。作為意志的現象依然要絕對服從充足理由律，意志作為自在之物是獨立於各種形態的充足理由律之外的，從而簡直就是無根據的。在意志作為人的意志而把自己表現得最清楚的時候，人們也就真正認識了意志的無根無據。

　　叔本華描述了意志客體化的不同級別，讓人看到意志現象（表象世界）之間的巨大差別性和多樣性。正因為意志的這種差別，在意志現象之間存在著無窮無盡的鬥爭。客體化意志的每一級別都在和另一級別爭奪著物質、空間和時間。恒存的物質必須經常更換自己的形式，機械的、物理的、化學的、有機的現象在因果性的線索之下貪婪地抱著要出現，互相爭奪物質。這樣，我們在自然中就到處看到了爭奪、鬥爭和勝敗無常，轉敗為勝。生命意志始終一貫地自相殘殺。一直到人類為止，因為人類制服了其他一切物種，把自然看作供他使用的物品。在人類自身中間，人把那種鬥爭，那種意志的自我分裂暴露到最可怕的明顯程度，以至於人對人都成狼了。

叔本華認為，從所有這些差別巨大的客體化意志中，我們仍能
看到意志本身之不變的、同一的本質，正是它構成了這世界之最內
在的秘密，構成了這世界的自在本身。它是整個宇宙的最原始的驅
動，是一切本能和欲望的源泉，因而也就是生命本身。就這樣叔本
華對世界、包括人都作出了唯意志論的解釋，世界是表象，而表象
的客體世界又徹頭徹尾地是意志，是意志通過理念的客體化。他的
這種意志本體論建構，旨在認識世界人生的真正底蘊，為把形上學
與倫理學統一起來清掃地盤。

　　世界與人的關係　　哲學既是世界觀又是人生觀，只有對兩者
作統一的闡明才顯示出哲學的系統性。叔本華在對世界的本質作出
了意志論的本體闡明後，就要把這種本體論貫徹到對人生本質的說
明上來。他從兩方面闡釋了世界與人的關係，一方面，世界在時間
上的無限久遠和空間上的無限遼闊使我們覺得自己作為個體，作為
活的人身，作為無常的意志現象，正如滄海一粟似的微乎其微。現
象的生滅無礙於意志的存在，個體的存亡無礙於種族的綿延，人對
於世界來說渺小得幾乎是子虛烏有。另一方面，世界之無限與廣袤
恰恰是安頓於我們心中的，所有這些世界只存在於我們的表象中，
世界的意志只是在我們這裡才獲得自我意識。世界就是我的表象，
世界就是我的意志。因此，世界與人是相互依存的，宇宙和我是合
而為一的。

　　世界與人的合一性表現在，世界是意志和現象，人也是意志和
現象，意志是世界的本質，同樣也構成了人的本質。人一方面是由
意志決定了的現象，另一方面又能通過藝術和哲學本身達到對意志
的完整認識，從而超然於現象界的規律之外，達到人生的解脫。正
是依據於對意志的關係，叔本華建立起了他的人生觀。

在叔本華看來，人這種生命現象是求生意志最完善的客體化。求生意志賦予人依靠自己的力量維持自己生命的使命，人是一切生物中需求最多的生物。當人的生命現象為人的生命意志所肯定（或決定）時，人生就是不幸的和悲慘的，人就是吃人的狼，世界也因此充滿了罪惡。意志即為世界的「原罪」。

人類的可貴就在於能有理性認識照亮意志的黑暗深淵，從而能夠自覺走上否定意志的解脫之路。在藝術欣賞和創造中，人就擺脫了認識為意志服務的關係，從而超然物外，不受充足理由律的束縛，沉浸於對眼前對象的親切觀審中，我們在得到審美的愉悅之時，迷失了自身，成為純粹的認識主體。憑藉審美的認識方式，人意識到自己與別人、人與世界的同一性，意識到現象世界的普遍本質，意識到受苦的人生，因此便要從審美的暫時解脫走上哲學的永恒解脫，走上自願的放棄一切生命意志，放棄一切欲求的禁欲之路。隨著對意志的否定，客體性的一級一級的形式便都取消了，意志的整個現象都取消了，現象的普遍形式也都取消了，沒有了意志，沒有了表象，沒有了世界，也沒有了人種，世界只剩下空無一片。這便是叔本華從意志本體論出發對人與世界之關係所作出的悲觀主義和虛無主義的結論。當我們面對這種哲學時，必然會問，這種哲學的意義到底何在？

意志本體論的意義　哲學作為理論化和系統化的世界觀，實際上重要的並不在於其世界觀的「內容」，這種「內容」是可以作為具體的「知識」進行傳授的。哲學不是這種確定的知識學科，而是一門「純思」的學科，因而其重要性乃在於啟發人們「如何思」，為人們提供如何思想和觀察這個世界的一個視野和立足點。在哲學中，本體論為人們確立的正是一種視野和立足點，隨著它的改變，

人們的思維方式、價值觀念和心理結構也就隨之轉變了。因此，本體論的演變實質是一種新的價值承諾的表達，是整個文化心理之「範型」的一種「格式塔」式的根本轉變。基於這種見識，我們便不難發現叔本華意志本體論之意義了。

意志本體論首先摧毀的是近代啟蒙理性的價值承諾。崇尚理性本來就一直是哲學的根本追求，近代哲學在反宗教神學、反封建專制的過程中，同自然科學緊密結合在一起，形成了一種獨特的「科學理性」。這種理性以科學性為基礎，以懷疑精神為先導，對一切事物進行批判分析，它不再無懷疑地承認宗教的神聖和法律的尊嚴，尤其不能容忍權威的獨斷。一切事物，只有經受得起自由和公開的檢驗，才能博得理性的尊敬。這樣，理性便被抬高成為唯一的法庭。啟蒙理性就是這種以科學性為基礎的懷疑、審視和批判一切的理性，從而理性主義哲學家使理性取代了上帝和神權，成為一切價值的基礎和根據。

在啟蒙主義哲學家用理性批判審視一切時，理性卻因其把自身等同於自明的真理本身而想逃脫批判。由康德肇起的德國古典哲學，一方面接過了理性主義的旗幟，把對理性的頌揚和崇拜發展到頂峰，以黑格爾絕對理性為標誌的哲學體系就是這種理性主義的典型代表。另一方面，從康德開始，德國古典哲學家們也開始了對理性本身進行批判審查，康德的三大批判就直接而明確地把批判的鋒芒指向了理性本身。通過這種批判，康德告訴人們，理性不是萬能的，它有其自身的局限，在認識領域內，它就無法超越現象界去把握自在之物，因而這就為人們對於超現象界的諸如上帝、意志自由等的信仰保留了地盤。可以說，非理性的存在領域正因理性本身的限度是不可避免地要予以承認的。

在康德之後，費希特和黑格爾力圖維持理性的絕對性，消除理性的局限。尤其是黑格爾，他以其辯證法建立起了集本體論、認識論和邏輯學相統一的絕對理性大廈，試圖以無所不能的理性的絕對性去蘊蓋和包容人類情感、藝術創造、社會歷史等等領域中的非理性的內容，讓絕對理性像太陽一樣照耀萬物，像上帝一樣主宰一切。

然而，事實在於，無論理性主義哲學把理性抬得多麼高，把它的力量鼓吹得多麼大，都改變不了現時歷史中非理性存在的真相。絕對理性無視社會中黨派相爭、民族衝突、階級鬥爭中的血腥殘殺，忘卻了孤獨的個體在荒誕的現實中的淒苦而無望的淚，忘卻了在現世中人們掙扎的悲情與絕望的嘆息，同時，絕對理性也忽略了在人類生命中，浪漫的激情，溫情的慈愛，天才式的迷狂與創造，虔誠的信仰等等非理性因素所能具有的價值和力量。

所以，在德國，從謝林等人開創的浪漫主義運動開始，就已經展開了對理性的拒斥和對非理性的崇拜。早期的謝林，通過對直觀性思辨的推崇，拒斥著以反思、邏輯見長的理性思辨，把審美直觀看作完成哲學任務的最高工具，把藝術看成哲學的「拱頂石」，從而使理性主義向非理性轉向。但這時的謝林，仍然把理性等同於「絕對」，等同於「上帝」，等同於「無差別的同一性」。「理性」仍然是宇宙的基礎、社會歷史的基石，因而，他的「非理性」的「直觀」、「審美」、「藝術」、「天才」、「想像」等等只是達到「理性」的工具和方法。後期謝林，向非理性主義方向邁出了更大的步伐，他從基督教的人格神出發探討現實中「惡」的起源，認為在上帝的「本性」(Natur)中就有「惡」的根源和萌芽，進而認為「惡」並不只是一種消極的力量，而且也是一種積極的力量，一個不會「為惡的人」(Ein Mann zum Böse)決不是一個有強大力量和堅強意志力的人。後期謝

林已經開始以上帝的「原本的意志」(Wollen) 作為世界的本原，但他的這種基督教哲學並不被認為是一種意志本體論。

只有叔本華才真正建立起意志本體論，把自然、人、藝術均看作是意志的表現。這套理論才真正讓人們省悟到理性的無能和局限，讓人領悟到以理性作為道德之基礎和人生之根本的種種荒謬不實之處，更讓人清楚地看出意志對人生的主宰所造成的不幸和痛苦，感受到宇宙人生中非理性的巨大力量。可以說，只有正視到現實生活中的種種非理性實在，不迴避那些不隨理性的高揚而消逝的非理性的情感、意志和衝力，才算真正具有了一種健全的而非盲目的理性。

隨著意志本體論的創立，以理性衡量一切的近代價值觀念也隨之發生了轉變。激情的價值在生活中獲得了應有的尊重；仁愛之作為道德的新的基礎得到了承認；藝術性的迷狂與審美的沉醉、天才的直覺與非理性的創造力不再遭受冷遇和排斥；尤其是，意志力的強盛更被隨後的尼采鼓吹為衡量一切的價值砝碼，成為替代上帝的「超人」的理想人格特徵，整個文化價值觀念開始了徹底地轉變。在叔本華意志本體論的強大攻勢之下，被寵得過於驕橫的歷史理性已失去了往日的威風與神氣，盲目的理性的樂觀主義在叔本華的攻擊之下也潰不成軍，在無數生靈的鮮血和眼淚中，任憑悲劇給冷酷的心帶來一股強烈的震撼！

這便是叔本華意志本體論所起的歷史作用，通過尼采，這種意志學說，以其或明或暗的影響力在二十世紀的西方和東方文化中傳播、吸收和消化。

第四章　叔本華的美學理論

　　在德國哲學家中，美學均是其哲學系統的一個構成部分，叔本華在這一點上也不例外。他的美學和倫理學、人生哲學是緊密聯繫在一起的，有時在內容上甚至會相互重疊，難以分述。在德國近代哲學家當中，叔本華是最有資格談論美學的，因為他對於美學的經驗對象、各門藝術，畢生都在「沉浸濃郁，含英咀華」。在生活中，他每天都要閱讀文學作品，每天都要用笛子吹奏音樂，而且幾乎每個夜晚都要參加音樂會，或者觀賞戲劇演出。在他四十五歲以前的漫遊中，他到過歐洲許多美麗的城市，目睹了風格各異的建築，參觀了許許多多的博物館，見到了大量的藝術珍品。他不僅撰寫過專門的文藝論文，如《藝術的內在本質》、《音樂的形上學》、《文學的美學》等等，而且在其哲學論著中還表現出對古代和現代文學知識瞭如指掌。為了說明自己的觀點，他可以隨意牽引任何一位知名或不知名的作家及其作品。

　　雖然叔本華的美學屬於其哲學的一個組成部分，是其意志本體論的貫徹和展開，但並非其哲學的單純演繹，當然，他的美學也決非全然的經驗概括。我們倒是看到，在他的美學中，經驗與理性、直觀與抽象、創造與闡釋有著某種不太協調的平衡。當經驗佔上風時，他的美學讓人感到親切可人，入情入理；當他強行貫徹自己的

哲學路線時，他竟會公然無視最基本的藝術事實。

下面我們從「藝術的形上學」、「藝術論」和「悲劇論」三個方面展示叔本華美學的原貌。

一、藝術的形上學

美學作為藝術哲學，也即藝術的形上學。它有別於一般的藝術理論，作為一門從屬於哲學的應用學科，通過哲學的深刻洞見而返回到藝術的真正源泉、找到藝術的本質、從而發現藝術的原理。這種原則的規定早在十九世紀初謝林的《藝術哲學》講座中就已經制定出來了，黑格爾後來在他的《美學講演錄》的序言裡，也首先聲明，「美學」即藝術的哲學。叔本華雖然一再大罵謝林和黑格爾是「吹牛大王」，「江湖騙子」，宣稱他的哲學與前二者水火不容，但他的美學或藝術哲學，究其實質，與他們有著極大的共通性，即他們均是從哲學所建構起來的「絕對」或「理念」出發去推導藝術的概念，認為真和美只是對世界的同一個自在本質的不同觀察方式而已。對謝林來說，世界的本質或本源即為「絕對」(它等同於「宇宙」、「上帝」或「理念」)，黑格爾同樣把它作為「絕對理念」，只不過，叔本華則把它作為「意志」。因「意志」是這世界的內在本質、這世界的自在本身，故哲學和藝術的職責均在於考察或認識意志這一世界的原始隱密。但在叔本華看來，藝術不像哲學那樣去考察意志之作為事物、對象之原始力量客觀化的「表象」，即事物、對象作為個別存在的內容，而是靜觀其作為事物、對象的純粹「形式」，也即意志之最高的、直接而恰如其分的客體性：理念。他說：

意志通過單純空間性現象的適當的客觀化就是美，客觀意義
的美。❶

美，我的意思是指有生命和無生命的自然的最基本和最原始
的形式——用柏拉圖的話來說就是「理念」。❷

　　這裡，叔本華從客觀意義上說明美的兩個本質性特徵：美是意
志的客觀表現，並且是「適當的」表現。樹叢那高聳入雲、生機勃
發地向上昇遷，正是意志衝動的適當表現，因而可以讓人感受到美。
這樣一來，存在著自然之美。植物、荒漠、山川、大地，只要是適
當地表現了「意志」，固然可以說是美的，但不能說是「優美」。在
叔氏看來，只有動物和人類才能兼有美與優美。優美不是像植物那
樣是一般意志的單純空間性的合適表現，而是意志通過其時間性現
象的合適的表現。優美表現在：每一舉動與姿勢都是最輕便、最適
度、最自然地完成的，從而是意向行為的純粹適當的表現。它沒有
多餘的舉動流露出無目的、無意義的手足無措或姿勢錯亂，也沒有
任何舉動表現出令人缺憾的生硬做作或呆若木雞。優美必須要以四
肢的左右勻稱和體態的穠纖得衷、修短合度為其先決條件，因為只
有憑藉這些條件，一切姿勢和舉動上的瀟灑自如和顯然適度才有可
能。因此，在優美上，叔本華不得不承認具有某種程度上的「肉體」
之美，而非僅僅是純粹的理念形式。兩者美滿而兼備，才是意志在
其最高階段上客觀化的最清楚的表現。人體美則是這種完美的典型，

---

❶ 《西方美學家論美和美感》，北京大學哲學系美學教研室編，北京商
　務印書館，頁227，1982年。

❷ 叔本華：《藝術的形上學》，載於《外國美學・2》，北京商務印書館，
　頁461，1986年。

一方面，它是人的肉體的一種客觀表現，標誌著意志在其可以認識的最高階段上最充分的客觀化，另一方面，它最充分地表現了在可感形式上的一般人類理念。

叔本華就這樣從其獨特的意志本體說，保留了德國古典美學家關於美是理念的這一命題。就其以意志為本源而言，他使康德和黑格爾的理性主義美學向非理性方向邁進，更勝於謝林，就其仍然保留美是理念一說而言，他與他們別無二致。

從理念出發探討美，使得叔本華只在很有限的程度上說明「客觀上的美」，他更多地緊隨著康德，以「先驗的」立場上把主觀的審美愉悅，即美感分析放到了首位。他在《藝術的形上學》的論文中，開宗明義地提出：

> 藝術哲學中的真正問題或許可以簡述為：在與意志沒有任何聯繫的事物中怎樣得到愉悅。❸

從這裡完全可以看出，在叔本華那裡，美和美感是完全矛盾地揉在一起的。在前者，他說美是意志之客觀化的適當表現；在後者，美感愉悅又是在與意志沒有任何聯繫的事物中獲得的。這到底應如何理解呢？按照他對美感的解釋，我們一方面不是從事物的存在本身、而是從事物類族的理念感到愉悅，也即從美本身感到愉悅；另一方面，我們在審美時不是作為一個受意志驅動的認識主體，而是作為無意志的、沒有主觀目標和目的的純粹理智。受意志驅動的認識主體，總把事物與自身的需要和欲求聯繫起來，服務於實用的、科學的認識方式，受著充足理由律的限制，因而沒有自由感和愉悅

❸　參見《外國美學‧2》，頁461，北京商務印書館，1986年。

感。而只有無主觀目標和目的的、脫離了意志影響的純粹主體，才
是安寧的、靜觀的理智，擺脫了意志的影響，也即擺脫痛苦和悲哀
的來源；擺脫了充足理由律的認識方式，才有想像力的自由，因而
產生了純粹審美的愉悅。他說：

> 在外來因素或內在情調突然把我們從欲求的無盡之流中托出
> 來，在認識甩掉了為意志服務的枷鎖時，在注意力不再集中
> 於欲求的動機，而是離開事物對意志的關係而把握事物時，
> 所以也即是不關利害，沒有主觀性，純粹客觀地觀察事物……
> 那麼，在欲求的那第一條道路上永遠尋求而又永遠不可得的
> 安寧就會在轉眼之間自動地光臨，而我們也就得到十足的怡
> 悅了。……
> ……這種心境，是認識理念所要求的狀況，是純粹的觀審，
> 是在直觀中浸沉，是在客體中自失，是一切個體性的忘懷，
> 是遵循充足理由律的和只把握關係的那種認識方式之取消；
> 而這時直觀中的個別事物已上昇為其族類的理念，有認識作
> 用的個體人已上昇為不帶意志的「認識」的純粹主體，雙方
> 是同時並舉而不可分的。……❹

　　由此可見，叔本華以其在意志問題上的矛盾的方式，保留了德
國古典美學的兩個基本論點：理念說和無利害關係說，他的意志論
和審美論一直處於十分牽強的關係中。對藝術本質的探討，他也是
立足於這種牽強的關係的。
　　叔本華把藝術作為一種認識的方式，這並不新鮮，可以說這是

---

❹　《作為意志和表象的世界》，中頁274，德頁266–267。

西方文化，尤其是近代歐洲理性主義美學家們的共同主張。但叔本華嚴格區分了理性的認識方式和天才的認識方式，前者遵循的是理由律（因果關係）， 因而是實際生活和科學中唯一有效而有益的考察方式。這種認識方式以抽象的概念為中介，以嚴格的邏輯證明為手段，而概念本身是從推理得來的，有著確定使用的範圍，它的定義就把它說盡了，沒有也不允許給想像力留下任何空間；而後者遵循的是想像的邏輯，是天才的考察方式，它撇開對象的實在的、確定的內容不管，而專注於對象的內在本質。它以純粹的無主觀目的的方式靜觀對象的總類的理念，因而這是在藝術上唯一有效而有益的考察方式。概念式的把握是推論的和求證的，理念式的把握是直觀的和審美的，這是科學和藝術的區別。

從此，我們便看出了叔本華對藝術之本質特點和目的的看法。他說：

> 意志的恰如其份的客體化便是（柏拉圖的）理念；用個別事物的表現（因為這種表現永遠是藝術作品本身）引起〔人們〕對理念的認識，是所有藝術的目的。❺
> 一句話在考察理念、考察自在之物的也就是意志的直接而恰如其份的客觀性時，又是哪一種知識或認識方式呢？這就是藝術，就是天才的任務。❻

藝術的唯一源泉是對永恆理念的認識，它唯一的目標是傳達這一認識。從對藝術的這一本質規定來看，叔本華和謝林沒有不同。

---

❺ 《作為意志和表象的世界》，中頁356，德頁339。
❻ 《作為意志和表象的世界》，中頁258，德頁251。

但謝林的長處在於他從這一點出發進一步論證了藝術和哲學的同一性關係（認識世界的本源、本質）以及藝術以形象（或造型）來表達世界之原型的優勢：它能以個別表達理念並使哲學家主觀內在的觀念變成客觀的、直觀可見的。而叔本華在這一問題上並未見到其詳盡的闡明。有一點是自康德以來，德國古典美學家們共同樂道的：那就是對藝術中天才的贊譽。他們都認為科學無須天才而靠勤奮便能達到目的，而藝術唯獨需靠天才。因為天才的性能就是立於純粹直觀地位的本領，完全浸沉於對象的純粹觀審，在直觀中忘卻自己，擺脫為意志服務的勞役，消解自己的個體人格，而成為靜觀世界底蘊的純粹主體。只有在這種狀態，天才才成為洞明世界的眼，才能把握那作為事物本質的理念的美。

　　總之，藝術的使命同哲學一樣，是要認識、表現或傳達作為意志適當客體化的理念，這是天才的任務。但這並不是說「理智」不重要、無作用。叔本華認為，無論在藝術品主題的選擇還是在作品的構思和創作過程中，理智均不是毫無作用，相反，有時是具有頭等重要的。因為藝術作為藝術的特點不在於抽象認識和科學認識，而要通過個別的事物、人物、場境來表現理念。所以，無論是詩歌還是造型藝術；在主題的選擇方面，都要擷取某一獨特的人或事，並把它作為一個與眾不同的存在努力加以表現，它的一切特性甚至最細微之處都要以最準確的精確性表現出來。在構思時，理智必須發揮作用。詩人首先注意的是他主題的安排，然後是正確措辭和正確地運用韻律規則，畫家關心的是他的畫的準確性和色彩的巧妙運用，只有在理智符合於事物相互關係的條件下，藝術所用的媒介得心應手，主題安排得恰到好處，從而產生出藝術的效果。

　　叔本華在藝術的形上學闡明中的一個與眾不同的優勢在於，他

對各門具體藝術形態均有較高的鑑賞力和了解，因此，他在論述美和藝術的本質這樣完全「形而上」的抽象問題時，不像其他哲學家那樣艱深晦澀，從概念到概念，而是遊刃有餘地結合具體的藝術經驗侃侃而談，因而通俗易懂，妙趣橫生。下面我們從他關於藝術的分類和對各門具體藝術的論述中，可以更深切地體會出這一可貴的鮮明特徵。

二、藝術論

　　康德的美學著作很少具體地談論藝術品，但在他對藝術的不多的話語裡給藝術作了一個大致的分類。其分類的原則即是認為各種不同的藝術都是表現和傳達美的感性工具，從這一原則出發他得出一項「想入非非的」❼推論，他把藝術分成：言語的藝術、造型的藝術和諸感覺自由遊戲的藝術。雖然康德自己並不十分重視這一分類法，他既談得簡短，也很不系統，但這一觀點卻實實在在地成為其後世的論點的先聲。謝林的《藝術哲學》從大的方面把藝術世界分成「實在的」(reale) 方面和「觀念的」(ideale)方面，前者分化出造型藝術(die bildende Kunst)，後者分化出言語的藝術(die redende Kunst)，或者說狹義上的詩歌藝術。由此可見，謝林的分類法大致上源於康德，但謝林莫名其妙地把音樂放在造型藝術裡並作為「實在的」藝術系列的第一個環節（後兩個環節是繪畫和雕刻），這倒不如康德把它獨立出來作為「諸感覺自由遊戲的藝術」更好些。

　　這兩位長者的分類法無疑影響著叔本華，但叔本華在他的整個

---

❼　參見〔英〕鮑桑葵：《美學史》，北京商務印書館中文版，1986年，頁363。

論述中顯示出對藝術分類的漫不經心。他並不十分在意地從體系的完整性上為各門藝術優先地指定一個價值地位（這是謝林和黑格爾這些體系哲學家最為熱衷的），他甚至也沒有像康德那樣專門論述分類的原則和方式，他的特點表現在從審美經驗和由理念所表現的意志客體化的級別上論述各門藝術的美感特徵。他對藝術門類涉及之廣，具體藝術經驗之豐富和精到，是德國其他哲學家無法比擬的。但這並不是說，叔本華沒有論述過他對藝術分類的原則，而是說，這種分類的原則和方式是隱藏於或散見於他對藝術的鑑賞分析之中的。他的分類原則的特點在於：他不是按照藝術的媒介，而是按照各種藝術的對象材料來給藝術分類的。因為在他看來，藝術的對象材料是意志客體化的一定的級別，作為藝術表現之目的的理念在對象客體化的一定級別上適當地表現出來，就構成了不同的藝術門類。意志客體化的級別從原初的無機物、到有機物、到人類直至精神的發展，越來越有助於人們見出其中顯示著的理念。因為這是意志逐漸擺脫物質性而向精神性的理念攀升的過程。這樣一來，一切事物都是美的，但由於這一對象比另一對象更明顯地顯示出意志客體化的理念，因而更遷就人的觀賞，更容易讓人們作純客觀的、不帶意志的觀賞，因而也就更美。藝術表現這些美也反映出不同的價值品級，人比其他一切都要美，而藝術的最高目的就在於顯示出人的本質。

　　按照藝術對象材料的不同，叔本華把藝術區分為建築藝術、造型藝術、文藝和音樂。這種區分表面上與康德、謝林、黑格爾不同，實質上仍大同小異。因而我們在此略去對他們分類上的詳細比較，而來看看叔本華到底如何看待這些藝術形式的。

（一） 建築藝術

叔本華從建築藝術開始了他對各門藝術的審美賞析，因為在他看來，建築藝術是在意志客體性的最低級別上表現理念。建築所使用的是物質性材料，但物質僅就其作為物質講，只有徹底的因果性，不能表現出理念，因而不是藝術表現的對象。物質雖然不能表現出理念，但「物質性」即物質的每一屬性均可表現出理念來，不過僅僅是意志的最微弱的客體性罷了。而只要它表現出理念，因而就可對其作審美的觀賞，建築也可超越其純粹實用性而成為藝術品。

建築作為藝術論，它通過磚石的最低級別的客體性：重力、內聚力、固體性、硬性，意志的這幾種最原始、最簡單、最冥頑的可見性來表現理念。所以叔本華說：

> 建築藝術在審美方面的唯一題材實際上就是重力和固體性之間的鬥爭，以這種方式使這一鬥爭完善地、明晰地顯露出來就是建築藝術的課題。❽

這就是說，建築物有種必然的向地面衝壓而去的重力，而地面的固體性卻在頑強地抵抗著，要托負起這種重力，這便形成了重力和固體性之間的鬥爭。建築的藝術即在於表現和傳達通過材料的物質性所透露出來的動力學，它的每一部份都需具有為了全部結構之穩固的目的，每一部分的位置、尺寸和形狀都要恰到好處，牽一髮而動全身。如果抽掉任何一部分，則全部必然要坍塌。這便是各種力所表現出來的美感，因為每一部分所承載的，恰是它所能勝任的，

---

❽ 《作為意志和表象的世界》，中頁298，德頁287。

每一部分又恰好是在它必需的地方，必需的程度上被支撐起來，這樣一來，構成頑石的生命或其意志表現的固體性和重力之間的反作用、鬥爭才發展到最完整的可見性，意志客體性的最低級別才鮮明地顯露出來。所以，叔本華認為，對建築藝術，我們欣賞的不僅是形式和勻稱性，反而更應該是大自然的那些基本的力，那些原始的理念，意志客體性的那些最低的級別。即令是勻整性不復存在了，廢墟也是美的呢。

在建築藝術美上，叔本華還尤其重視光線的作用。不僅在營造建築藝術品時，要特別顧慮到光線的效果和坐落的方向，而且在欣賞時，這些作品在充分的陽光中，以蔚藍的天空為背景，便可獲得雙重的美，而在朦朧的月光中又表現出另一種完全不同的效果。

建築藝術和造型藝術、文藝的區別在於它所提供的不是實物的擬態，而是實物自身。但叔本華對實物的理解，著重於指頑石，堅硬的固體，大地等等。他甚至說，如果建築材料是浮石或麻石，就會馬上降低建築之美的水準，若是以木材為材料，那根本不能稱之為藝術的建築。在這裡，突出地表現出叔本華對以中國為代表的東方建築藝術的無知。因為在中國古代建築藝術上，正是依靠木材的各種形式的榫卯來構成飛檐、托梁、拱頂等，正恰當地表現出叔本華所讚美的力。

在討論建築藝術的最後，叔本華把風景美的水利工程作為建築藝術的姊妹藝術。因為在他看來，在建築藝術上，重力的理念是和固體性連帶出現的；而在風景美的水利工程中，重力的理念則是和液體性，即形狀不確定性、流動性、透明性為伍的，但兩種藝術均是表現同一種理念。從懸岩之上傾注的巨流，咆哮洶湧飛濺著的瀑布，靜穆幽閑，還有明鏡般的湖水等等，其顯示沉重的液體物質的

理念和建築物顯露的固體物質的理念是一樣的。

因藝術形態的發展是依照藝術對象所顯示的意志客體化——理念——的明晰程度而定的，從最低級別的頑石——建築藝術——過渡到較高級別的藝術對象，這就是植物界和動物界，在藝術形態上也就是，風景畫和動物畫。

（二）風景畫和動物畫

叔本華認為，植物沒有藝術的媒介也可供欣賞，且能讓人獲得一種較高程度上的愉悅情感，這種愉悅的程度是與植物的豐饒、多樣、繁茂及自然的程度成正比的。更直接的原因就在於植物顯示了較高程度上的意志的客體化。植物是朝著重力吸引正相反的方向生長的，這正是生命現象作為新的和更高的階段宣告其存在的一種直接方式，是自然之內在生命力的爆發，是意志力的充滿。植物界的重力定律也似乎被克服了，連同我們人類也是從屬於這個層次上的，因此，我們一見到植物界的勃勃生機，心就立即被打動了，那直線向上的方向即是我們愉悅的根源。當然，叔本華也未忽略觀賞植物界在主觀心理上給人帶來的那種寧靜、和平和愜意的景象，這種景象能使人進入一種境界，從自身的意志狀態中解脫出來，成為一個純粹的理智體。

就植物界作為藝術的對象說，主要的是風景畫的對象。就風景畫的欣賞而論，叔本華也一如既往地表現出其美感觀念上的巨大矛盾。一方面就觀賞的客觀方面論，它要求人們見出植物所表現出的意志力，展示出的植物的理念；另一方面就觀賞的主觀方面論，他認為主要的在於把握純粹而無意志的認識，我們借助於畫家的眼睛看到事物的時候，我們見到的不應是植物意志力的勃發上衝，而應是

對那雋永的心神之寧靜和意志的完全沉默同時獲得一種同感和餘味。他的這種矛盾總讓讀者感到厭倦和沒勁！只有尼采 (F.W.Nietzsche, 1844-1900)才徹底拋棄了他那對意志的取消，使他的意志說真正在審美鑑賞上發揮其本真的生命力。

　　觀賞植物界帶給我們的那種寧靜和愜意，在觀賞動物界時則蕩然無存了，因為動物呈現給我們的主要是不安、痛苦甚至爭鬥的情況。因此，動物畫和動物雕刻同風景畫相比，帶給我們的美感是不相同的，美感的客觀方面占有著絕對的優勢，認識理念的主體已把自己的意志鎮壓下去了。這樣，雖然主體也已有了像欣賞風景畫時的那種平和寧靜，但鑑賞者似乎並未感到這寧靜的效果，因為心情已被前面所展示出來的那意志的不安和激動所占據了。在動物雕刻中以那近乎離奇不經和粗獷凶頑的粗線條，表現出構成我們本質的那一欲求本身，這種無所掩飾、天真坦白的表現正是我們對於動物畫和動物雕刻感興趣的關鍵所在。

　　植物畫只在形狀中體現出種族的特徵，動物畫（包括雕刻）則不僅在形態中，而且還在行動、姿勢、體態中把它顯示出來，因而後者比前者是一個高級得多的藝術品級。但是，動物畫和雕刻無論如何總只是其作為動物之種類的特徵，而不是其個性的特徵。要在個性特徵中見出種類的特徵，必須到最高一級的藝術中去才有可能。故事畫和人像雕刻，就是這樣的藝術。

（三）雕刻藝術和繪畫

　　叔本華認為，人的美是意志在最高級別上的最完美的客體化，在根本上是人的理念完全表現於直觀看得到的形式中。雕刻藝術的核心課題即是刻劃人的形體美，因而，這種美是由空間中的「形式」

表達出來的，而非人的直接可感的肉體美。叔本華雖然並不拒絕承認肉體美的存在，甚至認為沒有哪個對象能夠像美人的容貌和身段那樣，立刻激發起欣賞者的一種說不出的快感，迅速使其超然於自我，移入到純粹的審美直觀之中。但是，雕刻作為一門藝術，它所表現的美既不來源於人的肉體，也並非就是人的美的肉體，而是人的族類特徵凝結起來的美的理念（形式）和人的個體特徵或「優雅」的體態在空間上的一種同時完善的表達。

動物雕刻只有種類特徵而無個性特徵，而人像雕刻則兼有兩者。但這並不意味著人像雕刻就只在刻劃「個性」特徵上優於和高於動物雕刻，而是認為無論是在種類特徵還是在個性特徵上，人像雕刻均是比動物雕刻（以及以前的藝術）要高得多的藝術題材。因為人體本身是大自然中最複雜、最完美的頂峰。人體的每一部分既從屬於整體，又是一個獨特的生命，所有的部分又恰好在恰當的方式下從屬於整體，相互配合，和諧完整，同謀協力，不多出一點也不委曲一點，這便是人體的自然美。人體本身就那麼完美，以人體為對象的雕刻藝術難道不正是模仿了人的自然的形體美嗎？叔本華否認了這一點並指出了模仿說的「本末倒置」。他從先驗的立場，論證了藝術美的創造來源於藝術家對美的理念的洞見和對理想的美的典型（或原型）的「預期」。因而，藝術美高於自然美。自然美並未曾創造出一個一切部位都十全十美的人來，但藝術能夠創造並必須這樣創造。因此，真正的藝術天才就在於以高度的「預期」相跟隨的高度的洞察力，好像大自然的一句話才說出了一半，他就已經體會到了，並把大自然結結巴巴尚未說清的話爽朗地說出來了。所以，他把美的理念在大自然嘗試過千百次而失敗後，雕刻在堅硬的大理石上，以致他表達出來的美乃是他從未實際看到過的美。

在人身上，由於其突出的特徵表現為人的類族特徵和個性特徵能夠各自分離，也就是說，每個人在一定限度內都表現出一種特殊的理念。但是，這種「分離」並不意味著個體特徵（叔本華把它稱之為「性格」）可以取消類族特徵，而是要把每個個體的特徵或性格看作人的理念恰好在這個個體中有特別突出的表現。就是說，性格作為個別的，但仍然要按理想的典型來把握來描寫。即令是個人的肖像畫，作為藝術言，也應該是個體最理想的典型。一切以人的理念為目的的各種藝術，除了表現類族特徵的美之外，還要以表現個人特徵為任務。如果以個體特徵來取消類族特徵，把性格的特殊性誇大到不自然的程度，便成了漫畫；但如果以類族特徵來取消個體特徵，則是空洞無意義的。

但是，各門藝術的著重點是不同的。在雕刻中，最核心、最主要的是刻劃人體的美的儀態。所以雕刻尤其喜歡裸體，只有當衣著並不隱蔽身段時，才容許衣著。或者說，雕刻藝術品上的衣著或褶裙並不是用以隱蔽，而是相反地用以表現身段的。表現美的體態和優雅的舉止是雕刻藝術的長項，但對於刻劃人的性格極為重要的眼神和色彩的運用，卻全然在雕刻的範圍之外，但這卻構成了繪畫藝術的長項。

叔本華認為，在感觸、激情、知和意相互影響中出現的精神特徵，是只能由面部表情和姿態表現出來的，這便是繪畫的題材。繪畫在美和優雅之外，以表現人物性格為主要對象。個體作為人的理念在某一特殊方面的突出表現，不僅在形體上可以看出，而且要在其面部表情和姿態上認識到。在一些個別的，卻又能代表全體的事態中把瞬間萬變、不停地改頭換面的世界固定在經久不變的畫面上，從個別的對象中，表出永恆而普遍的理念，這乃是繪畫藝術的成就。

由於這種成就，藝術好像已使時間的齒輪本身也停止了轉動。

叔本華尤其敬重那些表現「真正的」基督教倫理精神的人物畫，把這種畫看作是繪畫藝術中最高的、最可敬佩的成就。從而把拉斐爾 (Raphael, 1483–1520) 和柯勒喬（Corregio, 1494–1534，意大利畫家）看作是最成功地表現了基督教精神的偉大藝術巨匠。謝林也尤為推崇這兩位大師，但他看重的是拉斐爾的素描和柯勒喬的明暗對比法。在藝術發展的內在級別上，謝林視雕刻藝術——他在其中把建築和雕塑放在一起——為音樂和繪畫的綜合，而叔本華倒透露出繪畫藝術高於雕刻的意思，因為雕刻的主題是美和優雅，而繪畫在此之外尤其注重表情、個性和精神。特別是叔本華多次提到在雕刻藝術範圍之外的「眼神」，在繪畫中尤其能讓人看到那種最圓滿的「認識」的表情和反映。這種認識便是完全把握了宇宙和人生全部本質的認識。

在繪畫之後，叔本華結束了造型藝術的探討而轉到文藝上來了。

（四）文藝

在「文藝」名下，包括了詩歌、戲劇和長篇小說。

文藝的宗旨也像其他各類藝術一樣，在於揭示理念，表明意志各種級別的客體化，但文藝的特點與造型藝術不同，它既不雕刻實在的占有空間性的形體，也不運用色彩以表現表情，而是直接用文字來表達或傳達詩人以心靈把握的明確而生動的理念。它不像造型藝術那樣把實在的、鮮明可感的形象提供給觀眾，而是憑藉文字，讓讀者發揮其想像力在其表達的概念的代替物中洞察出生命的理念。就其以文字來描繪人物的形象和性格而言，文藝比造型藝術更

為抽象，就讀者仍能以文字來理解其內涵言，對於識字的人來說，文藝作品又比美術和音樂作品更為「實在」。

　　文藝作品的創造要求詩人不僅要有造型藝術家所擁有的天才的直覺力和洞見力，即把握理念的能力，而且要有其他藝術家所沒有的操縱語言的能力。他不能使概念停留在其本義上的抽象一般之中，而是以他自己的意圖「組合」那些概念，用一種直觀的替代物代之而使其出現於想像之前。這就好像化學家把兩種清澈透明的液體混合起來就可獲得固體的沉澱一樣，詩人也會以其組合概念的方式，使具體的、典型的、直觀的表象獲得他所預期的「沉澱」。節奏和韻律是所有文藝的特殊輔助工具，它既是吸引讀者注意的手段，也是讓讀者產生共鳴的基礎。

　　文藝傳達和表現理念，刻劃人物形象和性格的方式和範圍比其他藝術都要多要廣。它既可用描寫的方法，也可用敘述的方法，還可用戲劇的方法。它不僅能表現靜態的場境，更可描寫動態的演變，造型藝術就無此可能。所以叔本華說，「在人的掙扎和行為環環相扣的系列中」表現人的理念，是文藝的重大課題。「表出人的理念是詩人的職責」。而詩人盡其職責的方式有兩種：一種方式是被描寫的人同時也就是進行描寫的人。抒情詩和正規的歌詠詩屬於這種情況。抒情詩體以主觀性見長，詩人只是生動地觀察、描寫他自己的情況，因此叔本華認為這是最容易的一種詩體，只要賦詩者在其激動的瞬間能夠對自己的情況有一種生動的直觀就行了。這種觀點實際上是很難令我們同意的，許多不是詩人的人，即令他十分激動，對自己的情緒瞭如指掌，也不可能作出一首像樣的詩來，因為他沒有駕馭語言的能力。感受到了的東西並不一定就能用詩性的話語表達出來，這是普遍具有的情況。

另一種寫詩的或表達人的理念的方式，照叔本華看來，即是「待描寫的完全不同於進行描寫的人」，這便是其他客觀性成分占主導的詩體。田園詩主觀成分就少得多，在長篇小說則更少些，正規的史詩中，主觀性幾乎消失殆盡，而在戲劇裡就連最後一點主觀的痕跡也沒有了。叔本華認為戲劇是最客觀的，也是最完美、最困難的一種詩體。抒情詩，少年也可作，只要他以歌詞體現一瞬間的心境，反映了人類的內在本質。而寫戲劇則只有到了成年人才適合。在戲劇裡，悲劇是文藝的最高峰。叔本華認為，悲劇所表現的，實乃意志和它自己的矛盾鬥爭，但不論這種鬥爭如何進行，悲劇中最基本的東西都是描寫巨大的不幸。在此我們不多作評論，鑑於其悲劇理論在其思想中的重要地位，我們將在後面作專門論述。現在我們依叔本華藝術論的順序，考察其音樂藝術論。

（五）音樂藝術

在叔本華的時代，音樂尚是個難於歸類的藝術，謝林曾把它放在造型藝術的第一個環節加以論述，而對叔本華而言，其他任何一種藝術都有著它所要表出的一個特殊的理念，但音樂卻不能看作世間事物任何理念的仿製和副本，也就是說，在其他藝術等級的鏈條中沒有音樂的地位。這便使得叔本華乾脆把音樂作為一獨立的藝術種類而確定下來。他認為，音樂不同於其他藝術之處在於，它決不是理念的寫照，而是全部意志自身的直接客體化和寫照。說音樂是一種「客體化」無論對此作何解釋均顯得牽強附會，因為音樂作為一種情緒的藝術是無法真正「客體化」的，這是它區別於建築藝術和其他造型藝術的特點，但叔本華為了貫徹其意志本體論哲學，也就只有犧牲音樂本身的藝術性闡明而使之為其哲學服務了。

　　那麼,叔本華對於音樂美學到底作出了何種有意義的洞見呢?這需要我們去掉其形上學的神祕意味而進一步明晰地作出限定才行。就其說音樂是意志的直接寫照,因而其表現的不是陰影(其他藝術據他說因以理念為中介,所以只是陰影!) 而是本質言,只要我們不把「意志」理解為他所賦予的意義,而理解為音樂表現的必然要素: 節奏、情緒和聲音,他的說法的確很有道理。只有當我們作了這種類比或置換後,他的音樂美學才既具有歷史的可比性,更具有藝術上的可行性。就前者而言,當叔本華承認音樂並不是表現個別的、特定的情緒(抑鬱的、痛苦的、恐怖的、快樂的、高興的等等),而是表現諸種情緒自身時,我們才在這裡真正發現了音樂題材之藝術源泉的「形式」本身。也正是在把「意志」理解為「客觀化」了的情緒自身時,他的意思和謝林所說的音樂是表現世界自身的同一節奏和運動具有十分明顯的相似,和黑格爾所說的「音樂是心情的藝術」❾,「是無對象的內心活動」❿具有不謀而合的同一性。就後者,即音樂本身的藝術性言,只有當我們明瞭音樂的使命是表現心靈的直接而普遍的情感自身時(叔本華把此稱作生活和生活過程的精華),我們才有了一把衡量音樂是否純潔地言說自己的語言的藝術性標尺,我們才找到了說明像羅西尼 (Rossini, 1792–1868, 意大利歌劇作曲家)那樣的音樂之所以打動人心的道理: 因為他的音樂總是那麼清晰地、純潔地說著音樂自己的語言, 以致根本無需唱詞, 單是由樂器奏出也有其充分的效果。

---

❾　參見黑格爾:《美學》第三卷, 上冊, 北京商務印書館, 1986年, 頁332。

❿　參見黑格爾:《美學》第三卷, 上冊, 北京商務印書館, 1986年, 頁333。

　　叔本華合理地看到，音樂比其他藝術都更直接、更強烈地激動著人的内心，但理由與其說因為音樂直接地表現意志，毋寧說它直接地表現情感，是情感自身的明晰的語言。他也在萊布尼茨之後，清楚地認識到樂音的基礎有著數的關係，但他並未簡單地把音樂化為數量關係，而是進一步深入到音樂同世界的更為深刻而本源的關係之中，尋找到音樂愉悅和感動我們的心靈、醫治我們的内在痛苦的形上學價值。雖然這種價值在叔本華那裡始終同他那神祕的意志連在一起，但對於世俗生活中疲倦痛苦的生靈而言，仍可依照他的指點自覺不自覺地在音樂這一極高的價值領地獲得拯救和解脫，使自己的心靈和精神昇華到一個自在自樂的境界。叔本華首先強調了音樂對人的心靈的拯救作用，這不能不說是他的貢獻之一，在此方面，他成了尼采音樂哲學的奠基者。

　　由於音樂是意志本身的直接寫照，因此音樂是真正的哲學，因為哲學的任務無非是在一些很普遍的概念中全面而正確地複述或表出世界的本質。在叔本華之前，謝林認為藝術能把哲學家只是内在地、觀念地把握的世界本質變成客觀可見的，所以，不僅藝術與哲學具有同一性，而且藝術高於哲學。但在謝林那裡，能擔此重任的「藝術」是「神話」或「詩」，而在叔本華這裡，卻把此重任託付給音樂了。音樂具有與哲學同等重要的形上學價值，這是叔本華的洞見，這一洞見，不僅僅提昇了音樂的表現價值，而且使哲學界和音樂界對於音樂本身的神奇力量產生了深刻的印象。

三、悲劇論

　　朱光潛先生在其《悲劇心理學》一書中曾批評哲學家談悲劇總

不那麼在行，說在悲劇問題上去求教哲學家往往是越說越糊塗。這只能說明兩種情況，一是哲學家本人在理論上的矛盾；二是哲學家之間在理論上的衝突。但是，儘管如此，在美學史上，真正有價值、有意義的悲劇理論無一不是出自哲學家。試想想，在談悲劇時，誰能夠繞過亞里士多德的悲劇理論不談呢？同樣，儘管叔本華的悲劇理論存在著矛盾，但人們在談起他的哲學時又有誰不顧他的悲劇論呢？

叔本華談悲劇，儘管仍然離不開他的意志本體論，但比起謝林和黑格爾來，明顯地不是概念的推導，而是結合著文藝中的悲劇主角的性格和命運而談的，表現出叔本華對藝術作品的熟知。

就悲劇的一般特點而論，叔本華正確地說，它是以表出人生可怕的一面為目的，是要在我們面前演出難以形容的痛苦、悲傷，演出邪惡的勝利，嘲笑統治著人的偶然性，演出正直、無辜的人們不可挽救的失陷。但是，僅僅這些，在叔本華看來尚未表現出悲劇的真正本質和意義。他認為，悲劇中的不幸、痛苦和災難都只是手段和表象，其真實的本意是要傳達出這一本質的洞見：意志是一切不幸、痛苦和災難的根源，從而讓人看穿世界的本質和人生的真諦，不再被摩耶之幕所蒙蔽，自覺地放棄和否定生命意志。

一般說來，藝術和審美活動可以把人帶入超越世俗和功利的美感境界，使我們暫時擺脫求生的意志，並且給予我們在這個世界上用別的辦法無法得到的片刻幸福。悲劇尤其是達到這種目的的最佳手段，因為它最能使我們生動地感受到人生最陰暗的一面，邪惡者的得意、無辜者的失敗、機緣和命運的無情，以及到處可見的罪惡和痛苦。悲劇的根源就是人生不幸的根源，就是世界的根源，即意志。在叔本華的眼裡，世界就是人間地獄，快樂不再是一種實在的

善，而只是永恆痛苦當中短暫的間歇。人生之所以不幸，因為人的本質是意志，這個人的意志與其他人的意志往往都是相互衝突和鬥爭的，尤其是若每個人都局限於自私的個體性，而沒有一種普泛的仁愛的話，雙方意志的鬥爭，會造成同歸於盡的結局。所以，叔本華反對在正義中去尋找悲劇災難的原因，悲劇的原因就是意志——即人有欲求，有本能的衝動，有盲目的努力，有激奮的情感。但悲劇人物之所以得到毀滅的懲罰，並不是由於犯了什麼個人的罪過——「因為奧菲利婭、苔絲狄蒙娜或考狄利亞有什麼過錯」?——而是犯了原罪，即生存本身這一罪過。叔本華說:「悲劇的真正意義是一種深刻的認識，認識到〔悲劇〕主角所贖的不是他個人所特有的罪，而是原罪，即生存本身的罪。」❶他並且多次贊許地引用卡爾德隆的兩句詩:

> 人所犯的最大罪惡
> 就是他出生在世。

悲劇正因為向人類揭示了這條真理，所以理所當然地是「文藝的頂峰」。

正是在這裡，出現了理解叔本華理論的巨大困難。一方面，從本體論上講，世界的唯一實在和本質是意志，萬事萬物包括人都是同一個意志的客體化表象和陰影；另一方面，從心理和倫理的角度講，因意志是一切痛苦和不幸的根源，所以唯一的出路和解救之道就是否定生存意志。人們不禁會問，這種理論是否必要和如何可能呢? 因為只要有表象，就會有意志，只要人活著，意志就存在，那

❶　《作為意志和表象的世界》，中頁352，德頁335。

麼否定意志，不就是要毀滅整個人類和世界嗎？這又從何談得上拯救呢？

　　所以，從理論上看，否定意志——叔本華認為是悲劇使人認識生命的毫無價值後所達到的人生智慧——在邏輯上是矛盾的，在心理和倫理上是錯誤，尤其是在觀看悲劇時，對於不熟習叔氏理論構架的人，也是完全不可能達到這一「智慧」的。當他運用這一理論結論去分析悲劇人物的活動和心理時，也往往會碰壁。

　　請看下面的事實。

　　依叔本華說：「要是有人敲墳墓的門，問死者願不願再生，他們一定都會搖頭謝絕。」

　　而在荷馬的《奧德賽》中，俄底修斯在冥界同阿喀琉斯相會，阿喀琉斯這位偉大的希臘英雄卻這樣來談論死亡：

> 不，偉大的俄底修斯啊，不要這麼輕鬆愉快地向我談死亡吧。
> 我寧願在人世上做一個幫工，跟隨沒有土地，也沒有什麼財產的窮人幹活，也不願在所有的死者當中享有大權。

　　叔本華自己分析了一部又一部的悲劇作品，終於承認俄狄浦斯、希波呂托斯以及許多其他希臘悲劇人物都不是抱著否定生存意志、棄絕塵世欲求的淡泊精神以死告終的。相反希臘悲劇中兩位偉大的女主人翁，安提戈涅和伊菲華妮，都是抱恨而終的。安提戈涅悲嘆自己「沒有人為我哭泣，沒有朋友，也沒有聽過婚禮的贊歌，現在我卻被引上了不會再延長的最後的旅程，心裡充滿了哀傷。啊，不幸的我再也不能看見那神聖的太陽的光輝了！」伊菲華妮明白地告訴父親說，想死是愚蠢的，「悲慘的生也比高貴的死更好」。叔本

華本人完全意識到了其理論的這一巨大困難，便自我嘲解地說：「這都是因為古人還沒有達到悲劇的頂峰和極致，甚至還沒有達到對生命的完全認識」造成的。實際上，就是達到了對生命本質更為全面和深刻認識的現代人來說，更難以達到和符合叔本華的理論。

這樣說，並不是完全否認叔本華對悲劇真實意義及其本質的分析，而是說，他在悲劇災難的原因和悲劇所應產生的效果這兩個方面是充滿著矛盾的，從其原因達不到其結果。但就叔本華對悲劇原因本身的分析而論，不僅是獨到的，而且也是合情合理的。

他正確地指出，寫出一種巨大的不幸是悲劇裡唯一基本的東西，他進而把不幸的來源分為三種。首先，它可能來自某一劇中人異乎尋常的惡毒，就是說，角色就是肇禍人。像理查三世，《奧賽羅》中的雅葛，《威尼斯商人》中的歇洛克，《安提戈涅》中的克瑞翁等等。其次，它也可能是由盲目的命運造成的，叔本華把盲目的命運等同於「機緣和錯誤」，例如《俄底普斯王》，《羅密歐與茱利葉》，《坦克列德》，《梅新納的新娘》等。最後，不幸也可以僅僅是由於劇中人彼此的地位不同，由於他們的關係造成的。在一般的生活環境中，既沒有哪個人物特別地壞，也沒有什麼可怕的錯誤或聞所未聞的意外事故，而只有在道德上平平常常的人們，他們在經常發生的情況之下，處於相互對立的地位，清清醒醒地不得不睜著眼睛互相殘害，卻沒有哪一個人完全不對。叔本華認為最後這類悲劇最為可取但最令人可怕，因為這類悲劇不是把不幸當作例外指給人們看，不是當作罕有的情況或狠毒異常的人物帶來的東西，而是當作一種輕易而自發的，從人的行為和性格中產生的東西，幾乎是當作人的本質上要產生的東西，這便使不幸和我們接近到可怕的程度了。前兩類悲劇中那可怕的命運和駭人的惡毒，我們可以設法躲避

它，而後一類悲劇是我們自己也難以避免可能會幹出來的行為帶來的，這樣我們便會不寒而慄，覺得自己已到地獄中來了。這一類悲劇的例子很少，主要可以舉出的情節，叔本華說有《哈姆萊特》中哈姆萊特與雷歐提斯和奧菲利婭之間的關係，《浮士德》中甘淚卿和他哥哥之間發生的事件等等。

認為悲劇主要表現受難，這是叔本華的一個鮮明的特點，謝林在其《藝術哲學》中不僅未談到受難和不幸，反而認為悲劇中兩種力量的鬥爭，最終不是雙方的同時毀滅，反而是雙方同時勝利了，所以悲劇能給人帶來快感。黑格爾在其《美學》中也很少論及受難，他們兩人更多地是從哲學的概念出發作抽象地推論，而叔本華的這一特點，表明他從哲學的悲劇觀念向文藝的悲劇觀念靠近了。

那麼，現在的問題在於，既然悲劇主要表現苦難，為什麼又能給我們快感呢？

叔本華的答案分別從心理和哲學上作出。從心理上講，叔本華接受了亞里士多德的悲劇喚起憐憫和恐懼的說法。但他對這兩個概念的解釋和萊辛差不多，恐懼是為自己的，憐憫是為他人的。我們先是分享了悲劇主人翁的那種不幸的威脅，於是和他結成同盟來對抗人生。然後才逐漸分享到他的痛苦，忘了為己的動機，於是恐懼便產生憐憫。叔本華指責亞里士多德把憐憫當成目的，在他看來，憐憫只是達到否定求生意志的一個手段。不過叔本華這樣說，並沒有低估憐憫重要性的意思，相反，他不僅把憐憫看作是一切道德的基礎，而是還把憐憫視為一切審美活動的基礎，因為它是觀照的起點，是愛的起點。這樣一來，叔本華便從心理層面轉向了哲學的層面。

從哲學上講，叔本華認為，所有的悲劇之所以那樣奇特地引人

振奮，是因為逐漸認識到人世、生命都不能徹底滿足我們，因而不值得我們苦苦依戀。正是這一點構成悲劇精神，也因此引向淡泊寧靜。於是，我們看到，在悲劇中經歷漫長的衝突和苦難之後，最高尚的人最終放棄自己一向急切追求的目標，永遠棄絕人生的一切享受，或者自在而欣然地放棄生命本身。作為觀眾，目睹了這場衝突和苦難，也就從他們身上受到高尚的教育，同樣能夠暫時擺脫求生意志。因而悲劇快感和一般快感一樣，都來自痛苦的暫時休止。

由於這種痛苦的休止來源於對意志的否定，而在悲劇中又找不出哪個悲劇人物像叔本華描繪的那樣「自願而欣然地放棄生命本身」，所以他從哲學層面上講的悲劇快感是很難成立的。當尼采把悲劇快感從生存意志的否定，轉換成堅不可摧的意志力的肯定表現時，這才是可理解的。尼采說，意志的最高表現即悲劇英雄被否定了，卻引起我們的快感，因為他們只是些幻象，因為意志的永恆生命並不因為他們的毀滅而受影響。就是說，悲劇英雄之死不過像一滴水重歸大海，或者說是個體化原則的破滅，是個體性——痛苦之源——重新融入原始的統一性。我們在悲劇中體驗到的快感是一種得到超脫和自由的快感，這種快樂好比孺子重歸慈母的懷抱所感到的快樂。因而，叔本華的悲劇快感必須到尼采的學說中獲得合理的肯定的理解。

第五章　叔本華的倫理學

倫理學在叔本華的整個哲學中占有重要的、甚至是核心的地位，因為他超越了近代啟蒙運動的理性主義哲學家們把「知識論」作為哲學中心的做法，而專門深思人生有無意義，生命能否得救這些屬於倫理價值的問題。他把關於意志本體的形上學同如何更好地行動來度過人生的宿命這種倫理學緊密地結合在一起，使其整個哲學呈現出價值倫理學的特色。

叔本華的著作，也主要地側重在倫理學上。除主要的代表作《作為意志和表象的世界》外，直接論述倫理道德的著作有〈論自由意志〉和〈論道德的基礎〉這兩篇應徵論文。這兩篇論文後合編為《倫理學的兩個基本問題》於1841年出版。叔本華還寫了許多短論文也是屬於倫理學方面的，如〈生活的智慧〉，1897年英國出版的叔本華的《論人性》一書，其中就包括〈論人性〉、〈性格〉、〈論道德本能〉、〈倫理學反思〉、〈自由意志與宿命論〉等五篇重要的倫理學專論。

叔本華的倫理學以其「意志」本體論取代了「理性」本體論，從而實現了西方價值觀念從傳統到現代的轉變，開創了二十世紀西方價值倫理學的先河。無論是他對康德等理性主義倫理學的批判，還是他自身倫理觀念的建構，他始終都是圍繞在「意志」的關係來

考察行為的道德價值，這是理解其倫理思想的關鍵所在。

一、對康德倫理學的批判

叔本華一再承認，他的哲學是從康德出發的。但成為其出發點的，既不是康德哲學的理性主義內容，更不是康德倫理學的「實踐理性」本體，而只是表現康德哲學不徹底性的關於「本體」與「現象」的二元分離。但是，以「本體」和「現象」的二元分離為出發點，也只是說明叔本華借用了康德考察問題的這種純粹的思辨形式，至於「本體」和「現象」的內容，叔本華作出了與康德完全不同的解釋。在康德，「本體」作為不可認識的「自在之物」(Ding an sich 或譯為「物自體」) 標誌著認知理智的一種界限，對於人的行為而言，它具有「引導」作用：使人產生不斷超越現象界的必然趨向本體自由領域的意願，並使人產生對於不可接近神聖之物（如上帝）的敬畏和依附之情。至於「本體」到底為何物，在康德那裡是晦暗不明的。叔本華則相反，他明確地、直接了當地把康德的「自在之物」說成是「意志」， 是宇宙人生的主宰，是不知其來由，也不知其去向的不可抑止的盲目衝動，總之，就是生命意志(Wille zum Leben)本身。所謂的「現象」只是意志的「表現」，是意志的客體性。通過對「自在之物」的這種改造，叔本華從兩個方面改變了康德的哲學：一是把康德的「理性」本體論，改變為「意志」本體論，從而實現了向非理性主義價值觀念（不再強調「理智」， 而強調「藝術」、「審美」、「直覺」、「想像」、「仁愛」、「情感」等不可用理性明確規範的東西在人生中的重要地位）的轉變；二是把康德的二元論哲學變成了徹底的意志一元論，即唯意志論哲學。基於這種價值本

體的轉變，叔本華對康德倫理學的價值基礎（即價值本體）、道德律令、責任論和價值觀念進行了全面的清理和批判。這種批判是非理性主義者對理性主義者的第一次全面反攻。

（一）對康德倫理學價值本體的批判

在康德那裡，倫理學和物理學一樣都是關於客觀規律，即普遍必然的規律的科學。後者是研究「自然」的普遍必然的規律，而前者則研究「自由」，即道德的普遍必然的規律。物理學的規律是從現象或事實中抽象出來的，但倫理學的道德規律卻不能夠在它所處的外界環境中去尋找，而完全要先驗地在純粹理性的概念中去發現。因為外在的、經驗的、帶有利己雜質的規範不能稱之為道德規律，道德規律之作為自由規律，必須具有人人自願遵從的「命令」或「誡律」(Gebot)的性質，它只有出自純粹的理性，才能具有客觀的、普遍適用的必然性，才能對人的行為具有行之有效的約束性。因而，只有出於純粹理性的道德規律——所謂「純粹的」理性也即指絕對純潔、絲毫不受利己意圖和個人打算的污染，完全清除了來自經驗雜質的理性——才是對一切有理性東西普遍有效的、心悅誠服地自覺踐履的自由規律，它構成了一切道德價值的泉源和基礎，是道德行為之約束性的根據。

由此可見，康德倫理學的價值本體是純粹理性，或者說是「實踐理性」。因為理性只有唯一的一個，它之所以被區分為「理論理性」和「實踐理性」，並不是說存在著兩種不同的理性，而只是同一個純粹理性的不同運用罷了。作為先驗論，純粹理性是創制規律或原則的能力，而理論的理性著意的是認識，認識對象直至認識先天的最高原則；實踐的理性著意的是規定意志的行為原則和最高原

理，因此在康德看來，所謂具有意志，也就是按照原則行動的能力，而唯有理性的東西才具有堅持原則的力量，因此意志不過就是實踐理性。

按康德的說法，實踐理性是自律的意志，因而也是自由的意志；實踐理性的自律，表明理性為自己立法，表現自己自由自覺地遵循自己的規律，因而這種理性也就是善良的意志，是最高的善。

叔本華不僅完全不能接受康德上述對於道德的本體價值所作的形而上學探討，而且認為這種探討簡直就是錯誤百出、矛盾重重、完全沒有真實內容的虛構。

首先，叔本華認為「實踐理性」本身即是個錯誤的概念。以「實踐理性」作為人的行為的道德價值基礎，在叔本華看來，即是要求哲學指導人們的行為，進而改變人們的氣質、增強人們的德性觀念，「那都是陳舊的要求」，因為德性和天才一樣是「教不會的」，如果我們期望道德制度和倫理學喚起有美德的人、高尚的人和聖者，就像期待各種美學來喚起詩人、雕刻家和音樂家一樣，那真是「太傻了」。他認為，哲學一概都是純理論的，本質上要採取「純觀察的態度」，洞明世界的本質。而倫理學只是考察行為方式的倫理意義，因此，它們均只具有理論的意義而不能具有「實踐的」性質。「實踐理性」也就只是個虛妄不實的錯誤概念，「因為在這裡，在這人生有無價值，是得救或是沉淪的關頭，起決定作用的，不是哲學的僵硬概念，而是人自己最內在的本質」❶。

其次，叔本華批判了康德把實踐理性作為人類行為的倫理意義之根據和源泉的錯誤。在康德那裡，實踐理性是一切美德、一切高尚胸懷的源泉，是一切道德行為的價值根據。因而，合理的行為和

❶ 《作為意志和表象的世界》，中頁372，德頁355。

道德的、高尚的、神聖的行為是同一個東西，而自私的、惡毒的、罪惡的行為只是不合理的行為。叔本華認為，這只是「一小撮德國學者」的看法，而任何時代、任何民族、甚至全世界都是把美德和合理的生涯理解為兩種全不相同的東西。叔本華舉例說，基督教崇高的發起人，他的生平可以確立為我們一切美德的模範，但如果說他曾是一個最為理性的人，那麼這是一種很不敬的，甚至是褻瀆神靈的說法了。一個市儈常常是非常有理性的，就像一個惡棍常常是以考慮過的狡詐，按一個思想精密的計劃為他自己獲取財富和榮譽一樣，難道他不是特別合乎理性地在從事他的勾當嗎？叔本華得出結論說：和惡毒很可以好好地同理性站到一起一樣，高貴的情操有時也和非理性結合在一起。

第三，叔本華指出了康德意志自律等概念的矛盾。叔本華說：「既說意志是自由的又要為意志立法，說意志應該按法則而欲求：『應該欲求呀！』這就等於木頭的鐵，顯然是隨手便可碰到的矛盾。」叔本華認為，無條件的應該，也是矛盾的，況且，人們只是對孩子們和初開化的民族才說這些，而不對已經吸收了文明成熟時代全部教養的人們說這些。

叔本華對康德的上述批判，是立足於完全不同的本體價值承諾作出的，因此從根本立場論，很難說誰對誰錯，誰是誰非。從康德的理性主義立場論，他論證之嚴密，推論之精確，說理之充分是早有公論的，其中也並沒有明顯的矛盾，如意志自由和自律。並且，從康德的立場出發，為了使道德規律具有最大的普遍有效性和約束性之基礎，要求「無條件的應該」等道德原則具有純粹先驗的、形式的結構，不包括任何經驗內容，也是完全必要和非常合理的。但是，從叔本華意志主義的立場論，因他承諾的價值本體變了，當然

就會認為康德的理論這有不足、那有缺陷，這是因為兩人的立場和基礎根本不同。這在本質上，是兩種信仰的交鋒。雖然叔本華對康德倫理學價值本體的批判是機智的，但並不能因此就說它擊中了要害。這種信念上的批判的意義在於啟示人們決不把一種本體或一種信念看作是唯一正確而合理的，從而培養起哲學的一種可稱之為「視野融合」的真正寬容的精神。

（二）對康德責任論的批判

在康德看來，責任（Pflicht，也譯作「義務」）就是由於尊重規律而產生的行為的必要性。出於責任的行為，即是把實踐理性的絕對命令（體現為道德規律）內化為自己的行為準則，從而去實現這些準則。康德認為，只有出於責任(aus Pflicht)，即以責任為動機的行為才有道德價值，而若僅僅是行為的結果合乎責任，與責任的誡律相符合，而以愛好或其他什麼個人目的為動機的行為，則沒有多大道德價值。

叔本華反對把理性和美德聯繫在一起，因此他也反對在行為之前提出什麼規範準則，反對責任論。因為在叔本華看來，在人的行為中，只有意志才是真正自主自決的，行為不來自於理性，而只是意志的表現，所以，道德責任不能建立在理性基礎上，而只能本於人們的生命意志。叔本華也看到，任何以意志為依據的行為本質上只能是利己主義的，所以道德責任必須以生命意志的壓抑為代價，建立在正當與仁愛的基礎上。他說：「對我們自己的責任如同對別人的責任一樣，必須被建立在正當或仁愛的基礎上。而我們自己的責任建立在正當基礎上是不可能的，因為自明的基本原則是：意志所準所作無害。因為，我所做的總是我願意的，因而，我對我自己

所做的也僅僅是我所意願的，而非別的什麼；如此一來就不會是不
公正的。」❷ 」這就是說，人的一切行動都是基於意志要求之上的，
它本身無所謂正當與否，而責任並不是建立在人的意志之上的東西，
因而不可能成為人類行為的基本德性。

責任概念在康德倫理學中占有中心地位，突出地表現出康德倫
理學唯動機論的特徵。強調責任，無疑是對的，因為一個有德性的
人總是對他人、對社會有所擔當，負有責任的人。一個沒有責任的
人，是不道德的，一個沒有責任的社會是頹廢而病態的。正是在此
意義上，薩特(Jean-Paul Sartre, 1905–1980)的「自由選擇」倫理學
把對自己行為的責任推到了十分突出的地位，而弗洛姆(E. Fromm,
1900–1980)也正是從現代資本主義社會逃避責任（所謂的「逃避自
由」）的現實，揭示它的腐朽性和不健全性。所以，康德把道德責
任作為倫理價值的前提，是十分正確的。但是，康德卻只從抽象的
理性和脫離現實的純粹形式性來論證責任，並從純粹動機上把出於
責任的行為，而不管這種行為的結果如何看作是有價值的，叔本華
正是從此方面來批判康德，這的確在很大程度上暴露了康德倫理學
責任論的局限性。因為責任問題正是在同他人、同社會中表現出來
的，而不僅僅是一個同自身理性的關係問題。叔本華雖然看出了康
德責任論囿於實踐理性關係上的先驗的純形式性的不足，但他並未
找到克服這種不足的正確方法，他只是把這種基於純粹理性的不足
轉移到基於意志的不足上來了。從與意志的關係來規定責任問題，
可以溫和地說是從一個極端走向另一個極端，甚至是走向了一個更
為不足和錯誤的極端，因為它把道德責任看作一種消極被動的東西，
否認了責任的道德實踐意義和積極的價值。另外，叔本華認為按照

❷ 叔本華：《道德的基礎》，倫敦愛倫出版公司，1915年英文本，頁38。

自己意願（意志）所做的，就不會有什麼不正當的說法是完全錯誤的，因為行為的正當與否有其社會的、傳統的和流行的標準，雖然這種標準是歷史的、相對的，但在一定程度上有其客觀性和普遍性，決不會僅僅是在同意志的單純關係中確定的。

（三）對康德三條道德律令的批判

康德從純粹理性的普遍性得出了道德命令的必然性、強制性之後，分別從形式、質料和整體三個方面論述了道德律令，並在每一方面都加以規範化，制訂為一個公式。這三個公式在西方倫理思想的發展史上以至西方文化的發展史上，都具有重要的影響，但也受到了叔本華嚴厲地批判。

康德第一條道德律令簡化為這樣的公式：要只按你同時認為也能成為普遍規律的準則去行動。這是從形式方面規定行為的評價標準，人們必定願意自己的準則能夠變成規律。在叔本華看來，這一律令本身是不可能的，每個人的行為都是以個人自我的意願作為出發點，不可能成為普遍通用的道德原則。他說，「當我們結識一個新相知的時候，作為一個原則，我們首先想到的是，這個人是否在某種方式上對我們有用。」❸因此，所謂普遍的道德律令也就只是一種幻想而已。

康德第二條道德律令是從質料方面講的：不論是誰在任何時候都不應該把自己和他人僅僅當作工具，而應該把自身看作就是目的。這一律令是基於人是最高的理性存在者這一思想而提出來的。叔本華認為，康德的這一命題雖然強調了人的地位，但仍然是不徹底的。按康德的說法，人，的確在他本身是作為一個目的存在的，「目的

---

❸　《道德的基礎》，頁96。

在其自身」，同樣是作為一個「絕對的應當」。叔本華指出，這種目的論的不徹底性在於，它並沒有洞察到人的真正本質。事實上，人自身是一個雙重的存在，一是作為表象存在的人的身體，一是受生命意志支配的人的本質。現實的人只不過是意志客體化了的表象，主宰這個軀體的還有另一個內在的本質——生命意志。因此，人不是一種理性的存在，其自身的目的性也不具備絕對的意味；人實在是一個受制於生命意志運動的存在，現實的人並不具備真實的目的性價值。

康德第三條道德律令，是從全體方面對全部準則作完整的規定，這就是：全部準則通過立法而和可能的目的王國相一致，如像對自然王國一樣。這一律令是說，每個有理性的東西因按其本性就規定他為目的王國的立法者，他的意志只服從自己所制定的法律，這樣就產生了一個由普遍客觀規律約束起來的、有理性東西的王國，康德稱之為目的王國。目的王國和自然王國很有相似之處，前者服從準則，服從自身加於自身的規律；後者服從外因起作用的規律。作為自在目的，有理性的東西是自由的，只服從自己所制定的法律、規律，因此他超越了必然的自然規律的約束，唯有立法者自身才具有尊嚴，具有無可比擬、無條件的價值。

叔本華指出，這條律令只是第一條律令的結果而已，同樣不能成立。因為在康德那裡，意志自律是人們通過對自身理性本質的認識而獲得的行動自由，這在根本上顛倒了意志與理性的關係。叔本華認為，意志是絕對的，意志自由不依賴於理性，而且，對任何現實的人來說，非但是不自由的，而且生命意志的支配和驅使使他永久地處於一種痛苦的被動狀況。

從總體上說，叔本華認為，被康德自己說成是至德至善的理性

的道德原則，實質上是一種隱蔽的利己主義，作為倫理學的基礎是無效的。因為把自己意志的行為規範當作一種普遍的立法原則，只是「己所不欲，勿施於人」這句古老而簡明的基本原則的一個間接的、加過修飾的說法罷了：「顯然，為了尋獲我自己為人處世的規則，我應該不只是考慮我自己，而應該考慮所有一切個人的全體總數。那麼，不是我自己的福利而是一切人的福利，無分軒輊，就會是我的目的了。然而這一目的總還是福利。於是我發現，唯有每人都以別人的利己主義作為自己的利己主義的界限，一切人才能這樣同等地過好日子。由此自然就會得出結論說：我不應該侵犯任何人，因為，在認定這是一個普遍原則時，我自己也不得被侵犯，而這就是我在尚未具有而正在尋找一個道德原則時，為什麼能夠情願以此為普遍準則的唯一理由。可顯而易見的是，在這種情況下，追求幸福的願望，亦即利己主義，依舊是這一倫理原則的源泉。以此作為政治學的基礎那是好極了的，以此為倫理學的基礎那就不中用了。」❹

另外，叔本華還指出了康德倫理原則的一個致命的錯誤，即它同任何一個人的感情都相抵觸。康德要求任何有德行的行為都應該是從純潔的，考慮過的尊重準則的心情中發生的，並且是按照這些準則的抽象規範，冷靜地、沒有情趣甚至和情趣相反而發生的。叔本華指出，「這種要求恰好等於人們主張任何真正的藝術品都必須是由於熟慮，妥當地應用美學規則而產生的。這兩種說法彼此都是同樣的錯誤。」並說真正善良的行為僅僅只是由於尊重已認識到的準則和責任概念來理性地完成的，而不是由於志趣，由於對別人懷有好意、同情、好心腸或一時的情緒高昂來完成的，這種行為的不

❹ 《作為意志和表象的世界》，中頁713，德頁665。

可能性比把白鉛煉為黃金的不可能性更為明顯得多；尋找這樣的道
德原則，完全等於去找既可點石成金，又能醫治百病的仙丹。

（四）對康德良心、至善觀念的批判

在對康德倫理學的價值本體、道德責任論、道德律令進行批判
之後，叔本華又進一步對康德至為重要的道德觀念：良心和至善進
行了批判。

叔本華指出，康德的良心學說不過是對他「絕對的應該」
(absolutes Sollen)概念「作了一些闡明」，康德把良心視為一種「超
自然的法令」，甚至當作一種永遠跟蹤人的行為的影子，一種催眠
人的聲音，使人無法擺脫；並把它抬到抽象的道德法庭之上，這無
異於把良心作為宗教教堂的供品，是將「偽造的、人為的良心」「建
立在迷信的基礎上」，「最後使迷信成為良心的必然結果」❺。總而
言之，康德的良心學說只是類似於宗教迷信的理性迷信，是不可信
的。

最後，叔本華抨擊了康德的至善觀念。康德認為，善良意志是
唯一不受任何限制的善，但不是唯一的善，毋寧說是絕對的善、至
善。在現實生活中，德與福常常是分離的，有德的人常常並不幸福，
而無德的人卻享受著幸福，這是極不正常的。從「應該」的角度講，
只有有德性的人才配享幸福，最理想的情況是所得的幸福和他所有
的德性在程度上相一致。無功之賞，不勞而獲，不應得的幸福是無
價值的，得不到報償的德性本身雖然可貴，但伴隨著應得幸福的德
性卻最為理想。

叔本華反駁說，任何「善」在本質上都是相對的，這是因為善

---

❺　《道德的基礎》，頁111-113。

只在它對一欲求的意志的關係中才有它的本質。所以，絕對善、最高善、至善都意味著一個矛盾，也就是意味著意志的最後滿足，此後再無新的欲求出現。但意志是永不滿足的，「是個穿底的桶」，只要生命尚在，滿足了一個欲求，新的欲求又會出現，所以，對意志而言，並沒有什麼至善，而永遠只有一時的善。另外，美德與幸福本質上也是合不來的，因為按意志論，一切真正的美德在達到了最高的程度之後，則導致完全的絕欲，此時一切意欲都告結束了。而幸福則與此相反，是滿足了的意欲。因而，「對於已經洞悉我的論述的人，已無須再來分析康德關於至善這一見解的整個錯誤了。」❻

通過對康德倫理學的典型批判，叔本華借助於非理性主義的意志本體論，全面否定了康德理性主義倫理學的基本理論。這種批判就其完成了理性主義倫理學向非理性主義倫理學的轉變而言，在許多方面均具有十分重要的意義，除開眾所周知的它暴露了康德倫理學的形式主義和先驗抽象性這一點而外，至少在下列兩方面，叔本華提出了永遠值得人們深思的倫理學難題：

一方面是理性因素和非理性因素對於人類行為的倫理意義或價值問題。作為德國倫理學源頭的古希臘倫理學，就把按理性生活的人稱為有智慧的人，而只有有智慧的人才是有德性的和幸福的。對於斯多噶派來說，至善和幸福即是實現出於人的本性的目的，而人按本性生活，就意味著按理性生活，因為理性天生是欲望和衝動的管理者。康德的倫理學為了反對流行於英法兩國的以經驗主義為基礎的利己主義和幸福論的倫理學，突出地把源於古希臘的理性主義精神推向了頂峰。他要求把純之又純，不帶任何經驗雜質的理性作為確立道德原理的基礎，使道德規律具有令人崇敬的威嚴和人人

❻ 《作為意志和表象的世界》，中頁717，德頁668。

心悅誠服地自覺履行的普遍有效性，這當然有其完全的合理性。但是，當人們脫離先驗的預構和對於「應該」的純粹理性假想，而關注於現實的、具體的人的行為之時，就會發現，人的行為不僅有理性的指導，同時也與人的信念、情感、意志和興趣等非理性因素密切相關。在許許多多的場合，正如叔本華所指示的那樣，惡行可能正是在理性指導下完成的，而善舉完全可能是出於一時的興趣或本於自己的好心腸等情感因素。在經歷了現代哲學的洗禮之後，人們更能明白，理性在知識論、科學中所起的作用的確功不可沒，因為它是形成概念的能力，而在人生的領域，關涉到人的倫理價值問題，理性的確遠不如情感得力。邏輯實證主義者們，正是從這一點出發，激進地把所有道德價值判斷看成是純粹個人情感、欲望的表達，石里克(Moritz Schlick, 1882–1936)說：「對人們行為及其性格的不同類型的道德評價，不過是社會對愉快或悲傷的情況的情緒反應。」❼由此可見，叔本華立足於意志本體論，從非理性因素而對康德理性主義的反駁是有價值的，它不僅使人們明白並重視非理性因素對於行為所具有的不可忽視的道德價值，而且更為重要的還在於，他使人明白了理性在解釋倫理價值問題上的限度，這對於防止因對理性的盲目崇拜而產生的對行為本質的誤識，防止理性本身的遮蔽性起到了再啟蒙的作用。西方學者正是在此意義上追溯叔本華哲學所具有的「後現代」意義❽以及其倫理學的「後現代性」 (Postmoderni-tät)。

　　另一方面，他促使人們更進一步地思考意志同道德的關係問

---

❼　石里克：《倫理學問題》，紐約1939年英文版，頁78。

❽　參閱Schirmacher編：《後現代中的叔本華》，尤其是該書第三部分：《後現代中的倫理學》，維也納，1989年德文版。

題。康德以及傳統倫理學大多都討論過意志及其自由同道德的關係問題，這種討論有的是在理性主義的框架中，像康德那樣；有的是在神學框架中，像奧古斯丁(Aurelius Augustinus, 354–430)和後期謝林❾。而唯有叔本華是在非基督教、非理性的意志本體論框架中，討論道德行為同意志的關係。這使得他的意志論迥然有別於康德的意志自由論。在康德，意志自由是一種理性認識基礎上的必然結果，它意味著人們完全擺脫了物質利益和感性欲望的纏繞而達到的道德意志的自律境界。而在叔本華，自由只屬於人的生命意志的本體領域，而不屬於人的行為之表象；在康德，意志自律具有某種純道德動機的意味，而在叔本華，人的動機恰恰是不自由的，它是一種受生命意志驅動的追求和盲目的衝動；意志自由之於康德，是倫理行為產生的前提，而在叔本華，倫理行為的發生恰恰是以犧牲意志自由為代價的。這種區別，如前所述，是立足於兩種不同的本體價值造成的。因對本體價值的選擇和確認，帶有很強的信仰色彩，很難作出肯定的或否定的是非評價，但從叔本華對康德的批判來看，他至少可以對現代人起到啟發性的作用，讓人進一步思考意志對於行動的倫理價值到底何在。為了弄清這個問題，下面我們還要從正面來專門探討一下叔本華的意志自由論。

二、倫理學的兩個基本問題

通過對康德倫理學的批判，叔本華拆除了傳統理性主義哲學和

---

❾ 謝林於1809年出版了《論人的自由之本質》一書，完全是從基督教的語境中言談意志自由同惡的關係問題。參閱該書的中文譯本，香港漢語基督教文化研究所編，筆者譯。

倫理學的欄柵，從意志本體論出發，具體地展開了自己的倫理學理論。在他看來，倫理學是有關行為的道德價值問題，或者更清楚地說，是在達到了意志的自我認識，因而也就洞悉了世界的本質，看穿了生命的根本之後，人生如何解脫的問題。傳統倫理學是行為的倫理學，它追問，我們應該做什麼？(Was sollen wir tun?)，而在叔本華之後的現代倫理學，對基本問題的追問方式發生了變化，在今天，它成了這樣一個問題：我們放棄什麼或許更好些？(Was sollte wir besser lassen?)**❿**。叔本華倫理學從本質上講，不是告訴人們應該如何行動的道德哲學，而是告訴人們如何放棄生命意志而達到人生徹底解脫的人生智慧的學說。作為一門學科，叔本華認為倫理學的基本問題有兩個：一是意志自由問題，它是我們解釋人類道德行為的前提，更是理解「放棄」或「自便」(sich lassen)的關鍵。二是道德的基礎問題，它關係到我們對行為的倫理意義的理解和評價。

（一）意志自由論

自由問題之於倫理學，就像天才之於藝術一樣地重要。這是因為，倫理學中的人的行為問題，倘若不是在人們自由自覺的狀況中作出的，而是在必然的、被決定的狀況中作出的，就根本談不上什麼道德責任問題了。所以，意志自由，往往被看作是行為之倫理價值的前提。在中世紀和全部近代哲學和倫理學中，幾乎每一哲學家都曾在不同程度上討論過意志自由問題。但往往一個眾說紛云的問題，是最難獲得真理性的，它只漂浮在不同的意見之上。這就需要後來者，以更深刻的洞見，以更厚實的功底和更為雄辯的論證，撥開迷霧，讓人識出真理。叔本華正是帶著這種追求真正智慧的動機，

---

❿　參閱《後現代中的叔本華》，維也納，1989年德文版，頁125。

發誓要讓人們見到真理這位「矜持的美人」。因此，他首先詳細考察了自由的概念規定。

1.自由概念的界定

叔本華認為，自由概念是一否定的概念，由它所想到的，是所有障礙的消除(Abwesenheit)，但作為力量(Kraft)的表現言，反而應作為一肯定的因素。與此相應，可區分為三種不同類型的自由。

第一，天然的自由(Physische Freiheit)。這種自由係各種物質障礙的消除，如自由的天空，自由的展望，自由的田野，自由的場所，不受山或水閘阻擋的自由的河流等等。這些運用均是指物質障礙的消失。但在我們的思想中，自由概念最常見的是作為動物本質的謂語(Prädikat)，其特徵是，它們的運動出於它們的意志，是任意的(Willkürlich)，只要無物質的障礙使其不可能時，這便被稱作是自由的。所以，叔本華認為：「在自由概念的天然意義中，動物和人類也將被稱作自由的，只要既無束縛，也無監獄(Kerker)，更無麻痺，因而一般地也無天然的、物質的障礙足以阻礙他們的行動，而且他們的行動是依他們的意志進行的。」**⓫**

自由概念的這種天然的意義，尤其是作為行動本質的謂語，是原始的、直接的，因而最習見的意義，叔本華說，這無懷疑和討論的餘地，因為它的真實性足可為經驗所證明。但當我們離開這種天然的自由，去考察另外兩類自積極方面理解的自由概念——唯受意志推動或僅循意志而行的東西——時，卻不再允許我們以流俗的意義，而要以此概念的哲學意義對待它，這便是理智的自由和道德的自由。

第二，理智的自由(Die intellektuelle Freiheit)。在此，理智指

⓫ 叔本華：《倫理學的兩個基本問題》，漢堡，1978年德文版，頁40。

的是認識力 (Erkenntniβvermögen)，叔本華把它作為動機的媒介，通過這個媒介，動機作用於人所固有的核心，即意志上，方顯示出自由或不自由的狀態。叔本華說：「僅當動機的媒介處在一正常的狀態，能正當地行使它的機能，因而動機未被歪曲(unverfälscht)，如其呈現於真實外界的樣子，以供意志的選擇，那意志就可按其本性，即按人的個體性格去決定，因而也就毫無阻礙地按其自己的本質來表現，如此一來，人才是理智自由的，也就是說，他的行動均是意志對其動機作出反應的結果。」⑫這就是說，當理智能正常而正當地行使它的職能，使行為的動機能按意志的本性，按自己的個性，毫無阻礙地表現出來，人就具有了理智上的自由。反之，理智上的不自由，表現為兩種情況：一是理智長久地或暫時地不正常，表現為癲狂、昏迷、痙攣和睡病；二是在無意識的、臆想不到的情況下犯的錯誤。這兩種情況都會致使動機被歪曲，不能按意志和人的本性正當地去行動，因而是不正常的，不自由的。根據叔本華的這種闡釋，理智的自由實際上是認識了的意志自由，即正當地表現出來的意志自由。因為在他看來，唯有意志才是真正的人 (der eigentliche Mensch)，理智不過是意志的純粹工具(Organ)，是它順應外物的觸角，即通過動機作用於它身上的媒介。

第三，道德的自由。它本來是自由的意志決定 (die freie Willensentscheidung) 之意，同天然的自由是不一樣的，因為天然的自由僅限於物質的障礙之袪除，而在若干場合，一個人並不為物質的障礙所妨礙，而只為單純的動機如威脅、約束、危險等等中止其行動，那麼，這樣的人是否是自由的呢？對於健康的頭腦回答此問題並不困難，因為一種動機決不會像一種天然的障礙那樣起作用，不

⑫　《倫理學的兩個基本問題》，頁135。

會成為不可抗拒的東西，當然也就不會具有純粹客觀的和絕對的強迫性。因此，道德的自由並不在於人們能做他所欲的事，這相反地倒是天然自由的事態。道德的自由毋寧說是當某人能夠正面地回答這個問題才能被給予的：「你能從根本上想，你的所欲是什麼?」(Kannst du auch wollen, was du willst?)這樣的討論將直接地在自我意識裡作出，在這裡因所欲的這個「什麼」不能落實為行動的具體對象——要不然又會變成「能做所欲之事」之天然自由的框架——因而只能停留於抽象的討論之中。實際上，「能想」和「能做」什麼是自由的兩個連續的過程，當然，「能想」的不一定「能做」，叔本華想返回到本源的狀態，從根本上討論人到底能想什麼，這樣做事實上就只是指向意志本身❸。為使自由的概念終能應用於意志之上，必須先將其作抽象化的探討，即把自由放在與必然的關係上去理解，那麼自由的概念一般地就被想作「所有必然性之不存在」了。這雖然是個否定的概念，但仍可作肯定的理解，按叔本華的解釋，必然的東西，就是隨一既有的充足理由而一定要如此產生的事物。所謂的「必然性之不存在」也就是說起決定作用的「充足理由」不存在了。因此，所謂的意志自由，就是說意志行為(Willensakten)不是由原因或充足的理由所決定的，而是全然原始地由自己發生。這樣理解的意志自由，在目前，仍然只是限於概念上的規定，那麼，下面的工作即是要證明這種意志自由以何種方式存在並在何種領域內有其存在，以及它的存在對於倫理學的意義如何。

要回答這些問題，叔本華詳細考察了意志同人的意識的關係，

---

❸ 只有從德語構詞法才能理解叔氏的這一推論。因為「意志」(Wille)是由其原型情態助動詞(Wollen)變來的，本身具有「想」「欲」「願望」之意，根本的所想、所欲即為Wollen，也即本來的意志本身。

或者說，在人的意識面前，意志如何表現其自由的。因意識可分為自我意識和它物意識，這種考察就可分為兩個部分進行：一是在自我意識前的意志；一是在它物意識前的意志。

2.在自我意識前的意志

所謂自我意識就是對真正自我(eigenes Selbst)的意識，與之相反的叫作它物的意識。前者以本我為對象，後者以它物為對象。那什麼叫做真正的自我，或者說，人如何直接地意識到他的真正自我呢？許多哲人曾設立一種「內在感官」(der innere Sinn)作為自我意識的工具。但叔本華認為，這個概念取便於喻解的多，而有益於真正理解的少，因為自我意識是直接的。實際上要瞭知真正的自我意識，唯有把自己作為一位固有的意欲者(Wollender)。因為每個人在觀察自己的自我意識時將馬上覺察到，他的對象恆為真正固有的意欲。笛卡爾把「我」理解為「思」，故有「我思故我在」之說，叔本華把「我」理解為「欲」(wollen)，故可稱之為「我欲故我在」。如此一來，自我意識即對固有的意欲的覺知。「固有的意欲」也即本來的「意志」。自我意識覺知了「固有的意欲」，當然也就覺知了「意志」。「在自我意識前的意志」，也就是要在「自我意識」面前揭示出「意志」的自由或不自由。

但是，自我意識能夠完成這一任務嗎？

叔本華得出了否定的答案。

問題出在何處呢？仍然得從「自我意識」和「固有的意欲」兩方面去找尋。

「固有的意欲」實際上是一本體論意義上的抽象，現實中，「欲」總要表現於外的。當人有所欲時，他「欲」的總是某物，他的意志行為(Willensakt)一如既往地針對著一個對象並且總是讓人

在同「這一個」(auf einen Solchen)對象的關係上去設想它。倘若意識從「固有的意欲」轉向外在意志行為的「這一個」對象之上，那麼它便不成其為「自我意識」而變成「它物的意識」了。雖然「它物的意識」使意識能以其全部客觀的認識力量順應著外界，但它對於構成外界事物之核心和本質的東西仍不得而知。因而，自我意識儘管是意識的一狹隘的部分，其內部也是昏暗難明的黑夜，但對於真正的自我這樣本質的東西，對於「固有的意欲」這樣本體意義上的事態仍需在它之內指明。

　　固守在自我意識本有的領域內探明「固有的意欲」，實際上就是防止把「固有的意欲」看成了適應於外界的「意志行為」。那麼，不作為「意志行為」的「固有的意欲」，具體說來，只能是「欲我所欲」。賦予自我意識的重任也就是要直接地說出「固有意欲」的自由。但無論怎麼說，這種「固有意欲」的自由也總是要體現於行動方式上來的，但這種行動方式又不能表現為外界具體的對象上，所以，一般地就把在自我意識領域內所能說出的意志的自由簡要地表達成這樣一句話：「我能做我所欲之事」(Ich kann thun, was ich will)。如此一來，在自我意識之內能否說明意志自由的存在，關鍵就在於「我能做我所欲之事」能否確實成立。

　　叔本華認為，表面上看，「我能做我所欲之事」是意志自由的表現，它涉及到了「能循意志而為之」的自由界定。但是，這種自由是前述經驗的、流俗的自由，而並非這裡所要問的自由。因為那種自由的落腳點仍在「行」上，從根本上說還未陳述到「固有的意欲」本身的自由。這的確是個極大的矛盾，「固有的意欲」如果不落實到「行動」之上，就無從談起，而若落實到「行動」之上，又轉入到現象界，流入經驗的自由概念之上。自我意識對於行為的結

果也只可完全後天地經驗、未可先天地知曉。因此，這個矛盾看來是無法解決的。叔本華在此也未把分析的重點放在如何解決這個矛盾上，而只著重分析「我能做我所欲之事」這種經驗的意志自由的純粹主觀可能性。而且，這種主觀的可能性還只是完全「假定」的。因為它只說出「假若我欲此物時我就能做它」，這種「假若」，最多只說出了意志的決心，或者指出了他的行動能以他的原欲為轉移，但卻未能說明他原本的意欲本身究竟以何者為轉移，或者無所依，或者依某物。僅僅以「我所欲的我能做」來說明意志自由──比如我欲向左走，我就走向左邊，如果我欲向右走，我就走向右邊，所以我是自由的。──叔本華認為，這裡的意志係已經存於前提之內，即它假定意志係已決定了，所以關於它自身的「自由存在」是無庸置疑的，它未講到意志動作本身發生的依附性或獨立性，僅講到此項動作發生時的效果。因此，叔本華說，這只能讓那些哲學的門外漢相信「意志自由」是直接可信的真理，而若把此項意義下的「意志自由」當作我們要從真正特殊的哲學意義上追問的自由，那真是一個笑話。

　　說來說去，叔本華自己到底認為何者決定了「固有的意欲」，決定了人此時此地想這而不想那呢？其實答案就在意志本身。他認為，歸根結底，人的意志是人本來的自我，是其本質的真正核心。他是什麼人，他就怎樣去想、怎樣去欲，並且他怎樣想，也像他是怎樣的人。人也好，想也好，欲也好，都是由本質的意志所決定了的現象，超不出意志所規定的範圍。而直接的自我意識對此艱深而困難的問題一無所答是不足為怪的，因為它總是以全部客觀的認識力量順應著外界，它能依照由本身創造的可靠的一般法則確鑿地判別何者在外界是可能的，何者不可能，何者是必然的，並運用思想的能

力產生出概念的世界,又產生出科學及其功效等等。所以,自我意識就其表現於外部的,自是很光明和清晰,但在其內部卻是昏暗不明,就像一副適當地塗黑了的望遠鏡,沒有一個命題能夠先天地照耀自身內在的黑暗;像個燈塔,它的光芒照向四面八方,而它內在的中心卻是黑暗的。最終,叔本華得出了這樣的否定的答案:

> 如若我們現在以前述理由將問題提到唯一有權過問的官廳
> 去,即轉向純粹的知性,轉向對知性的事實加以反思的理性,
> 以及伴隨二者而生的經驗的面前,它們的判詞也許要說,一
> 種 liberum arbitrium〔意志的自由決定〕一般地並不存在,
> 而且,人的行為如自然中其他的一切,在每一給定的場合上,
> 係一必然出現的效果。此點更使我們確信,那些可在直接的
> 自我意識中證明「意志自由」的事實,也一次都不能存在。❹

3.在它物意識前的意志

自我意識不能勝任證明意志自由的任務,那麼,在認識力面前,即在它物意識面前,意志自由能夠得到證明嗎?

先看看叔本華賦予「在它物意識前的意志」以何種規定。

他說,對於認識力而言,因它主要順應外界,考察外界的經驗客體,並按照一般的經驗客體賴以可能的先天法則和可信的真正存在的經驗事實去處理它們,因此,在這裡就不同於自我意識。自我意識只同意志本身去周旋,且只顯露於內心之中;而在它物意識前,我們即可彌補那暗昧不明的內在自我意識的缺陷,以所有外部的感官與所有的力量裝備起來的成為客觀理解的知性去處理諸意志的客

---

❹ 《倫理學的兩個基本問題》,頁59。

體。

但知性之最普遍和基本的形式是因果律(das Gesetz der Kausalität)，唯藉它的中介，才能形成真實外界的直觀。所有外界的實在客體都毫無例外地服從於因果律，這便為我們這裡的考察定下了一個基調。

這對於我們的課題，即意志自由的考察意味著什麼呢？這實在是一個十分悲觀而又令人不得不承認的事實：既然一切外界的現象和客體均毫無例外地服從於因果律，而因果律又是我們全部認識力最共同的先天確定了的法則，它毫無保留地說明，如果較前的變化——原因——發生了，那由此引起的較後的變化——效果——就要完全不可避免地發生，即必然地發生，所以，即使是意志行為，它之作為外部世界的現象，也就只能服從於這同一個因果律，也是必然地發生的事件，在其中不存在著自由的事實。

但人作為萬物之靈，作為最完善最高級的生物，他們的行動是否在某種程度上會發生超越因果鎖鏈的可能性呢？為此，叔本華詳細考察了自然中無機物、植物和動物之適應因果律的巨大差異及其作為「原因」而起作用的三種類型。

第一種類型被稱之為「狹義的原因」(Die Ursache im engsten Sinne des Worts)，即經驗對象所有機械的、物理的和化學的變化所藉以發生的原因，無機物界與此相應。它普遍地以兩種特徵表明其性質：一是牛頓(Newton, 1642–1727)力學第三條原理：「作用力與反作用力相等」在它身上得以應用，就是說，每一叫作「原因」的先行狀態引起一種叫做「結果」的後起狀態的變化；二是符合牛頓力學的第二條原理：「效果的程度每次都確實與原因的程度相等」。原因的加強也引起結果的相應加強，甚至於僅僅知道了效果的種類，

也可以從原因的強度上知道、測量和計算效果的程度，反之亦然。這種狹義的原因在所有無生命的、無機的物體之變化上表現出來。

第二類原因被稱之為「刺激」(Reiz)。這種原因的特徵與「狹義的原因」相反，其一，它不容受一種與它自己的作用成正比的反作用；其二，在它的強度與效果的強度間絕不會發生一種均一性，因而效果的程度是不能依原因的程度測量和預先規定的，也許稍增加一微小的刺激都能引起一極大的效果，或反把以前的效果取消引出一相反的效果來。比如我們可用酒或鴉片能顯著地提高我們的精神力量，但若用量超過了適當的限度，其結果就適得其反。植物的一切變化和發展以及動物身體的一切純粹生機的和生長的變化或機能，都是依刺激而進行的。

第三類是表示動物特性的原因，即動機的作用(Motivation)，它是通過認識而起的因果關係。從外部看，動機的作用方式同刺激的作用方式是完全不同的，後者總是通過直接的接觸或內在的吸收(Aufnahme in das lnner)而起作用，而前者唯通過認識的媒介而起作用，就是說，能使行為所動的機緣，即欲求的那個對象，總是被認識了的。譬如說，人去賺錢的動機，是由於錢的種種作用被清楚地或直覺地認識了。從內部看，在純藉刺激而動的植物方面，持續的內在的條件為生命力 (Lebenskraft)，在僅憑狹義的原因而動的物體方面，持續的內在的條件為自然力(Naturkraft)，而授與動機以起作用的力量的本質，即藉同一動機而起作用的秘密的發條，則為意志力(Willenkraft)。

但因動物意識和人類意識的巨大差異，動機作用的方式是不同的。動物除了對眼前之物具有直覺的表象外，再無其他的東西，因而它只生活於「現在」， 因而誘發它們意志的動機必須每次成為直

覺的與眼前的，故它們絕少有選擇的能力，行為的原因和結果之間
只具必然的關係，絕無意志自由。而人類除了直覺地理解外界，還
有「理性」，他能從外界抽象出一般概念，並通過語言形成過去的回
憶，未來的願望，產生出行為的計劃等等，所以人類的行為不局限
於「狹小的當前」，不為當前的印象所轉移，其動機的作用有無限
廣大的領域，且有選擇的能力。因而具有「相對的自由」。

　　之所以說，人的行為具有「有相對的自由」，是因為他不像動
物那樣為具體的、當前的、對其意志起動機作用的客體所直接強迫，
因而他憑其一定程度上的選擇能力具有了「意志自由」。但是這種
「自由」卻改變不了人類行為依動機的思想而行事的因果性。較之
動物，其由動機作用的方式是完全改變了，但動機作用的必然性卻
毫未消除或略為減輕。因而人類的這種「相對的自由」，只是相對
於動物界而言的。

　　叔本華批評說，唯有極膚淺的頭腦、那些受過教育但不甚深思
的人們才把這種「相對的自由」，說成是「意志自由」，並把它說成
是絕對的、毫無例外的自由。

　　從對在自然界中起普遍作用的因果關係三種表現形式的分析
中，叔本華賦予了以動機而起作用的因果關係，尤其是其中以抽象
的思想動機作用表現的因果關係以最高的特性，它使人類具有了相
對的自由，但這種自由並未擺脫因果關係之必然性的主宰。餘下的
事務，叔本華便詳細分析了產生「意志自由」之自然謬誤的原因，
正面闡述了人類行為本質上的不自由性。

4.「意志自由」之謬誤和人類行為的不自由性

　　在自我意識面前，人們得出了「我能做我所欲之事」這種所謂
的「意志自由」，而在它物意識面前，又把由抽象的思想動機產生

的相對的自由說成是絕對的「意志自由」，叔本華把此稱之為「自然的謬誤」，(die natürliche Fälschung)。這種謬誤之所以「自然」是因為從外在的、表面的現象來看，上述兩種情況的確表現了某種程度上的「自由」。譬如說「我能做我所欲之事」是以下列例證表現其「自由的」：一個下班後立於十字街頭的人向自己說道：白天工作完了，我現在可以散散步，也可以踱到俱樂部去，還可登上鐘樓以觀太陽的西沉，也可以去電影院看電影，也可以訪問這個或那個朋友等等，在當下情景中此人均可作任意自由的選擇。然而這種「自由」又是一種「謬誤」，原因何在呢？

首先，因為這種看法只注意到了行為之表面的假象，而忽視了該行為的背後所隱藏的動機所具有的必然的決定性。這就好比水在說，「我能掀起巨浪」，但前提是在海洋起颱風時；「我能急速地流下去」，但前提是水在河床之中；「我能泡沫橫飛地滾下去」，但前提是在瀑布中；「我能充作光線在空氣裡自由地飛揚」，但前提是在噴水池中，等等。「水」的各種「自由」均是其前提所已規定好了的，實際上乃是由「前提」即「原因」必然引出的結果。常人及哲學素養不高的人往往看不出這一點，誤以為這一切均是「意志的自由」。叔本華洞悉出這一點實乃他對於哲學的一大貢獻，許多著名的哲人，包括馬克思在內，均是從與必然的關係中來考察自由，只有認識到了行為的必然性，才可在此限度內通過發揮人的主觀能動性和創造性為人的行為爭得一點自由。因此自由決不會是絕對的、無限的。只可惜，叔本華在自由觀上的這一大貢獻，至今仍未得到合理地承認和清楚地認識。

其次，這種「自然的謬誤」之產生，是因為把一種假想的「我能欲」固定在某一點上，而把其他的「欲求」排除在外的結果。就

像那個立在十字街頭的人，當他說「我現在可以去電影院時」，實際上還應有個前提，即「當我不想其他的時候」，若不然，當他既想去電影院，又想去登鐘樓，且這兩種欲求同樣強烈時，他的「能想」或「能欲」就馬上成為不自由的了，這也就很容易地取消掉了「能欲」或「能想」。由此可見，人的行為均有一個動機主宰，在特定的場合，他能欲求什麼，能想什麼，實際上是取決於在特定場合中哪個動機更為強烈，設想不受動機主宰的，或既可這樣也可那樣的自由，在個別行為中是不現實的。叔本華說：

> 在多種互相排斥的動機連續不斷地出現時，經常伴隨著一種內在的「我能做我所欲之事」，意志差不多像一面掛在油漆杆上的、迎風招展的風信旗一般，立即轉向想像力使他想到的任何一個動機上去了，而在每個動機面前，他都會想到，他能想要這一個，那麼就等於將風信旗固定在這一點上，而這純粹是一種謬誤。❺

再次，意志自由的假定之所以是一種自然的謬誤，是因為在此假定之下，人類的各種行為均成一個不解之謎，成為一無原因的效果。而在世界之中，任何一種原因決不會完完全全地產生出其結果，或者從「無」中造出效果來。叔本華認為，效果之所以產生，是因為有某物的作用，這種作用在此時此地、在此確定的物體上面引起一種變化，而此變化又常常是符合於此物的本性。因而，變化的力量必係於此物之內。這種說明，尤其適合於對人類行為的解釋。人類的行為，均是由某種動機推動並引起的，沒有動機，沒有任何

---

❺　《倫理學的兩個基本問題》，頁78。

欲求、願望和興趣，人類就不會有任何行動。而人類的行動之所以
由此動機引起而不由彼動機引起，又同人的本性密切相關。人的本
性或性格規定了動機的作用方式，因而也就規定了行為的效果。這
樣一來，從總體上說，人的個別的行為結果均有兩個因子，一為內
在的性格，一為外在的動機，它們決定了人類個別的行為是不自由
的，是必然產生的事件。意志自由的假定之謬誤即是撇開人的性格
和動機而妄談浮於表面的自由之假象。真正的哲學家就不要像那些
假哲人那樣，不加深思地附和著常人的俗見，而應該以哲學的追本
溯源的深刻性，從性格和動機出發，揭示出人類行為的真正根本和
真實樣態。

由此，叔本華展開了對人類行為之不自由性的正面闡發。

動機不是別的，乃是在既有場合起原因作用的意志，可以說，
是本體意志的特殊表現。因而，動機作用與自然界的因果作用並非
不同，而是通過認識的媒介表現出的因果性，是一種較高級別的因
果性。由動機引發出的行為，作為意志的個別表現，也就只能按嚴
格的必然性產生出來，其中無自由可言。

但是，動機又不獨是行為的原因，毋寧說，行為是動機和性格
兩者共同的產品，兩者同時兼備。性格和動機在叔本華看來是互為
規定的，性格是個人意志日常所認識了的、固持而不變的性質，動
機唯適合如此的性格始為一現實的動機，而如此的性格也唯經過如
此的動機方才規定。它們二者共同決定了行為的樣式。倘若在人類
的行為中能夠有自由存在，絕不能在行為的表現中遇到，唯有可能
在人的性格中找尋。為了證實是否在性格中存在著自由，叔本華詳
細考察了性格的特徵及其類型。

第一，人類的性格是個體的，它在每個人身上都不相同。同一

動機表現在不同性格的人身上，會產生出完全兩樣的效果來，因而，認識人的行為，不能光著眼於動機，而且同時還要看他的性格。

第二，人類的性格是經驗的。這一規定頗為費解，因為一般說來，「經驗的」總是同在特定時空中的可變性連在一起的，具有不確定性。但叔本華說性格是經驗的，決沒有說性格是可變的、不確定的意思，它不是指作為人的行為規律的性格本身是經驗的，而是指對性格的認識是經驗的；它作為意志活動在時間、空間和根據律的一切形態中展開了的、分散了的現象，具有隨經驗而呈現的性質，因而只有從經驗中才可準確地認識它。當我們說某人的性格是好勝的、樂觀的或悲觀的，我們決不能在對某人的經歷有所了解之前說出來，而只有在對他的經歷、對他在種種行為中的處事方式有了充分地把握之後，憑經驗說出來，這便是叔本華說「人類的性格是經驗的」這句話的含義。

第三，人類的性格是不變的。叔本華確信「江山易改，本性難移」，人終生只有一個恆常不變的性格。這一規定的可靠性是頗可懷疑的，許多生性懦弱的人變成了爭強好勝的人，許多悲觀失望的人變成了樂觀自信的人，都可以作為反駁這一規定的例證。而叔本華認為，就是要否認「這一真理」的人，也總是以它為前提的，因為他敢相信一個「曾經被證明為不忠實的人」嗎？叔本華甚至說，當一個人完全改變了他曾在眾人心目中留下的印象時，人們絕不會說「他的性格變了」，卻要說「原來錯認了他」，他想以此來證明性格是不變的，可變的只是人們對性格的認識，其證據顯然是不充分的。應該說，人的性格是可變的，但變化的程度大小，依賴於這個人對其生存處境的適應程度，以及他對自己性格認識和滿意的程度，還有他對人生目標的設計與其性格相適的程度，總之，說人的性格

是不變的，不符合人類經驗的事實。

第四，人類的性格是天賦的，生來注定的。所謂天賦的，即由遺傳而來的(angeboren)，這一規定同前一規定是同樣的，或者說前一規定是以此為前提的。但是，這一規定，從現代科學的判斷和經驗事實來看，是錯誤的。當然完全否認性格的遺傳因素是不對的，但後天的文化環境和社會因素對造就人的性格起到了關鍵性的作用。即使是動物，遺傳的本能行為也同環境的適應和習得能力之間，具有一種交互的影響，而在人類當中，後天的社會因素往往就是造就性格成熟的主要途徑。這早就得到了實驗科學的證實，因此自然科學家指出：

> 認為遺傳結構直接單獨地規定某種行為，這無疑是錯誤的，……認為某種行為完全不受遺傳限制（因而沒有任何遺傳決定），同樣是錯誤的，……認為行為要麼是天賦的，要麼是習得的，可能像常見的「二者必居其一」式的論斷一樣，是沒有意義的；在這裡，絕對可以肯定，這兩種因素都起著某種作用。它們並不互相排斥，只是在對給定了的個別行為的影響方式和程度上有所區別。[16]

這段話對我們正確地評價和理解叔本華關於性格是天賦的這一規定具有啟發作用。

叔本華不僅論證了性格的四大特徵，同時還對性格進行了分類，即區分為經驗的性格、明理的性格和習得的性格。

---

[16] 〔德〕福爾邁(Gehard Vollmer)：《進化認識論》，武漢大學出版社，1994年中文版，頁101。

　　所謂經驗的性格 (der empirische Charakter) 和明理的性格 (der intelligiblen Charakter) 之區分，是康德首先在其《純粹理性批判》一書中作出的，後在《實踐理性批判》中又作了論述。康德的意思是說，一切自然存在都有兩面性，一方面作為現象，另一方面，在其基礎上又有著一個超現象的先驗本體。在現象界，每一個充足的原因必須有一特定的經驗的性格，因為只有這樣才能按照表示其性質的普遍不變的規律，確定結果是這個而不是那個。同樣，又必須假定作為基礎的先驗對象、本體，具有一種明理的性格，它不在時間之中，它的作用不生亦不滅，經驗的性格只是它在時空現象中的表現❼。康德的這種區分，意在解決「凡結果必須從自然發生」和「凡結果必須從自由發生」這個必然和自由的二律背反現象，以期找到自由與必然相互共存的可能性。

　　叔本華在不同的場合總是高度評價康德的這種區分，認為這是他對哲學的最偉大的貢獻之一，因此他自己完全接受康德的這一區分，並按康德的意思展開其自己的思想。

　　人也像自然的存在物一樣有兩面性，就其作為現象界的一分子，它的行為服從自然的因果律，其性格是經驗的性格。這種性格雖然也是持久不變的，但它卻是在時間、空間和因果律的一切可變的形態中，作為分散的現象表現自己。同時，人在一切自然存在中又是獨特的，他不但作為一個感性的存在而知道自己，而且又通過純粹的統覺覺知到自己嚴格的明理的性格。這種性格，在康德，是作為自然存在之根基的先驗對象、本體所具有的，而在叔本華，則是作為自在之物的意志本體所具有的，它通過意志表現為人的性格，但它只是人的意志活動本身的性格，因為意志是人的本質，因而明

───────────────

❼　參閱康德：《純粹理性批判》，漢堡，1956年德文版，頁527–535等處。

理的性格也是一種超越時空的存在，但它具體地通過經驗的性格表現自己。

在這兩種性格之外，叔本華還提出了一種習得的性格 (Der erworbene Charakter)。嚴格說來，這種性格並不是同經驗的性格並列的一種不同的性格，而是對於自己的經驗性格有種精確的認識而形成的。叔本華說，經驗的性格作為單純的自然衝動，其自身是非理性的，並且，經驗性格的外露還要受理性的干擾，人越是有冷靜的考慮和思維能力，干擾就越大，因而就很難使人認清他在一切事物中唯一欲求的是什麼，唯一能做的是什麼。一個人僅有欲求和才能本身還是不夠的，他還必須知道他要的是什麼，知道他能做的是什麼，只有這樣，才顯出性格。而在尚未達到這種認識之前，儘管他的經驗的性格有著自然的一貫性，但是還不能說他真正地具有了性格。倘若一個人最終學會認識了這些，那麼也就已經具有世人所謂品格的習得性格了。

> 因此，具有習得性格就不是別的，而是最大限度、最完整地認識到自己的個性。這是對於自己經驗性格的不變屬性，又是對於自己精神肉體各種力量的限度和方向，也就是對於自己個性全部優點和弱點的抽象認識，所以也是對於這些東西的明確認識。⓲

究其本質，這三類性格並非三種不同的性格，而是同一性格的不同存在形式。明理的性格是本質，經驗的性格是現象，習得的性格是對本質和現象的認識。所要「明」的「理」是自己的意志，是

⓲ 《作為意志和表象的世界》，中頁418，德頁396。

意志適合於自身本性的展現。只有明確了自己的個性，自己意志的根本，才具有了習得的性格；具有了習得的性格，才真正形成了經驗的性格；具有了經驗的性格，明理的性格才真正能夠在生活行為中展現出來。

分析至此，理應容易指出人類行為的自由性表現在何處了。因為當人具有了習得的性格，認清了自己的個性，清楚地知道了什麼是他真正所欲的，什麼是他真正能做的，按性格辦事，就找到了適合於自己生存的自由空間，像魚在水中，像鳥在空中，像鼴鼠在地下那樣自由自在的生活和行動。這種自由實乃許許多多的哲人，包括馬克思在內都承認的，通過對必然的認識而獲得的自由。但是叔本華仍然不願承認有這種自由，他認為通過習得的性格所獲得的「自由」，只不過是忽視了行為之決定因子的純粹經驗界的假象，決定其具有這種性格的根本是意志，因此，在此種性格的前提下，行為乃是嚴格必然地發生，在個別的行為當中，沒有任何自由可言。就像一根歪斜的旗桿，你說它既可以向左倒，又可以往右倒，並認為這是自由的表現，而實際上，旗桿之倒向左或右，在其歪斜的那一瞬間係已被決定了，它之「倒」是必然的，並無什麼自由之論。

但叔本華又不是全盤否認自由，他仍說，「自由也須存在於人的性格之中」。按他的分析，這便是在「明理的性格」中，因為唯有此種性格是本質，是意志的本性，它存在於本體界，在時間、空間和因果關係之外。叔本華認為，唯有明理的性格方能證實意志的自由，這種自由也即康德所說的從責任的感覺上得出的自由，藉此自由，人們才成為其行動的主宰且對一切行為負道德責任。但叔本華自己卻並未從責任意識來述說這種自由，而只從意志本體的角度言說這種自由的絕對性和先驗性。「自由是先驗的」這便是叔本華

《意志自由論》的最後結論。

　　意志自由問題是西方倫理學史上歷來備受關注的關鍵性問題
之一，因為若人的行為不是受自己意志自由的支配，而是被決定的，
那麼就不能有什麼道德責任了。倫理學要解決好道德責任問題，一
般地均需以意志自由為前提，因為只有我自己自由作出的行為，我
才能對之負責。由此可見，叔本華把意志自由作為倫理學的基本問
題之一，的確把握到了倫理學理論的要害。對他的意志自由論也理
應作出實事求是的公正評價。

　　叔本華認為自由是先驗的，只存在於意志本身這一本體之中，
而在人的行為中根本找不著自由，人的行為是受性格和動機決定必
然發生的，這種理論不管其正確不正確，深刻不深刻，首先可以肯
定的是，它是不能令人滿意的。因為所謂先驗的本體自由，人們自
然可以不去理會，它作為一種純理論設定，既不可證實它為真，也
不可證明它為假，你相信它或不相信它，都犯不著太認真。而人們
所追求的，則是現實生活中的自由、行動的自由，但叔本華恰恰宣
告這種自由根本不存在，相信這種自由的人，不僅是頭腦簡單，而
且是自執迷誤，這當然是不能令人心甘的。追求自由作為人的自然
傾向之一，人們是寧可信其有而不願信其無的。

　　但若僅從這種自然願望出發，就全盤否定叔本華的意志自由
論，那就真正是叔本華所說的頭腦簡單和膚淺了。我們自然既不相
信它的意志本體論，也不能贊同唯把意志看作性格和動機的主宰，
但他對性格和動機對人的行為的決定作用的分析，告訴人們要清楚
地認識自己的根本所欲，清楚自己能做什麼，適合於做什麼，以此
來確定適合於自己性格的生存空間和行為方式，仍不失為一大人生
智慧。因而，依筆者淺見，叔本華意志自由論的不足或錯誤，不應

僅從他承認意志本體的先驗的、絕對的自由中去尋找，而是表現於他對人的行為的「相對自由」未作積極的肯定，從而導致了人在必然性的決定面前束手無策，任憑命運擺布的這種帶有宿命論色彩的悲觀主義這一結論。若他能對人類「相對的自由」作積極的承認和理解，那麼他的意志自由論仍不失為一既深刻又有意義的理論，但正是這一不足或錯誤，使他在解決道德的基礎問題時出現了許許多多的漏洞和偏差。對於這一點，讀者從下面的分析中將有一個十分明確的印象。

（二）道德的基礎

　　既然自由僅屬於人的本質——意志本身，而人的具體行為是不自由的，那麼，這不是實際上抽掉了行為的道德基礎嗎？關於「道德的基礎」，叔本華又能給我們說些什麼呢？

　　我們先來通過比較看看叔本華《論道德的基礎》(*über das Fundament der Moral*)一書是「怎麼說的」。這是丹麥皇家科學院出的一個徵文題目，叔本華欣然應徵，但卻並未獲獎。這使得叔本華後來對丹麥皇家科學院一直耿耿於懷。在該文同前一篇獲獎論文《論意志自由》於1841年合編成《倫理學的兩個基本問題》出版時，叔本華對丹麥皇家科學院對其論文作出的評價提出了諸多的異議❶，在此我們不便贅述。《論道德的基礎》寫於1840年，僅比《論意志自由》晚一年，它所表述的倫理學基本思想同《作為意志和表象的世界》第四篇的內容並沒有多大的不同。按叔本華自己的說法，他的學說，不管從哪一部分出發均可達到其思想的核心之處。因為他並不是按照嚴格的邏輯推論來作論述，只有弄清了前一部分才有可

---

❶　具體內容請看《倫理學的兩個基本問題》的第一版前言。

能明白隨後的部分。但他的上述兩篇應徵論文，不僅是對其代表作中倫理思想的必要的補充和對有關問題的更為詳細的論述，而且「這兩篇論文相互之間還完整地構成了倫理學基本真理的一個體系。」❷

但《論道德的基礎》同其代表作的言說方式是不同的，後者（代表作）是從其形上學(Metaphysik)出發，作綜合地(synthetisch)和先驗地 (a priori) 推論，而前者相反，是按照事實，無前設假定 (keine Voraussetzungen)地、分析地(analytisch)和依經驗地(aposteriori)論述的。也就是說，《道德的基礎》是在人的現實生活中(im wirklichen Leben)指明道德的基礎和源泉存於何處，而不從本體論出發，先驗地設定德性的必然理念和道德規律的原本概念 (Urbegrift)。叔本華這兩部著作的言說方式相當於康德的《實踐理性批判》和《道德形上學原理》，前者從純抽象的理性自律過渡到道德行為事實，而後者卻由普通的道德知識上昇到純粹的實踐理性批判。

兩部徵文雖然在基本思想上有著內在的一致性，但側重點不同，言說方式也有很大的區別。《論意志自由》仍然是立足於意志本體論（形上學），教導人們現象界是完全的不自由，而《道德的基礎》則從分析現實的道德經驗出發，教導人們，同情(Mitleid)是行為自由的正常的，但決非絕對要求的基礎；前一篇論文是否定的，既通過否定「唯心主義的」（即理想主義的）傳統偏見，也通過否定意志自由，而否定了行為自由的前設假定；後一篇論文是肯定的，它從無前設假定的道德經驗事實出發，力圖同康德的實踐哲學保持距離，而得出道德基礎的相對肯定的原理；前者是綜合的、先驗的，後者是分析的，經驗的；但兩者的思想是共同的，前者以「結論和進一步的展望」為題回溯到基本的前提，後者則附加了「對倫理學

---

❷　《倫理學的兩個基本問題》，頁3。

的原始現象(Urphänomen)的形上學解釋」與之對應，並在《論自然中的意志》一書的結尾增加了「指向倫理學」這個標題，標誌著形上學和倫理學在其思想中是統一的。

在明白了叔本華對於道德的基礎是「怎麼說的」這種方式之後，現在，我們即可展開他具體「說了什麼」的內容。但我們不能把此問題僅局限於〈道德的基礎〉一文，而是要聯繫其主要的著作。在此，筆者依照從具體到抽象的順序，把叔本華關於道德的基礎分三個層面展開：道德的動機基礎、道德的人性基礎和道德的意志基礎。

1.道德的動機基礎

前面，叔本華已經向我們充分地證明了，人的一切行為都受其隱蔽的動機決定，但動機不僅是隱秘的，而且是多種多樣的，每一動機還總有一個反動機(Gegenmotiv)與之對抗，真正強烈的動機才事實上決定了人的行動。因此，分析行為的道德基礎，就不在於僅從一般的動機出發作綜合地、抽象地推論，而要具體地指出，從哪類動機出發，行為才能具有道德價值。能使行為獲得道德價值的動機，才能作為道德的基礎。

那麼，我們以什麼樣的標準來界說行為之有無道德價值呢？這雖然不是一個純粹從經驗出發可以解決的問題，但叔本華仍然相信，很少有人不是根據親身經驗證明：人們往往行事正直不是僅僅為了不使他人遭受侵害，而且仿佛天生就服膺一個不妨害他人權利的基本原則，因此這些人從來就不故意侵害他人，也不是無條件地追求自己的利益，而是同時要顧及他人的權利。他們在彼此承擔的義務方面，不但要注意，他人要完成自己的職責，而且還要注意他人應該享受自己的權利，同時他們也真誠地不希望，和他們打交道的人受到損失。這樣的人是真正正直的人，這樣的行為才是真正地具有

名副其實的道德價值。從上述行為的特徵和特點，叔本華可以得出這樣的結論：「沒有一切利己動機」就是具有道德價值的行為的標準。

這是一個否定性的標準，詳察之，它之作為標準仍然很不確定，因為人們同樣有經驗證明：有些行為雖然是不利己的，但也決非是道德的和公正的，比如叔本華多次分析的純粹的惡意而殘忍的行為，它對己完全無益，不是自私自利的，卻對他人造成了巨大的傷害。由此可見，「不利己」僅是劃定了道德行為的一個大致的範圍，或一個起碼的前提，它既不能真正成為道德價值的標準，也不是道德的基礎本身。它只能從反面說明，行為的利己性質同道德價值是絕對排斥的，一種行為，如果以利己主義的目的為其動機，就沒有任何道德的價值。

道德價值的標準依然只能到別的動機中去尋找。實際上，道德總只是在同他人和社會的關係中發生的，所以其有無價值的標準，其基礎均不能僅僅限於同「自己」的關係裡去探究，而要在人同他人的關係、同社會的關係裡去規定。叔本華雖然一直意識不到這一點，但在他竭力要尋找到道德價值的肯定的標準，確立真正的道德基礎時，他又的確是在同他人的關係這一正確的方向上努力的。他把人類行為的動機分成三個基本類型：

第一，利己思想；這種思想謀求本人的福利，而凡以行為者的福與禍為其最後目標的行為，均是自私自利的，無道德價值可言。

第二，惡意；它蓄意造成別人的痛苦，雖然不利己，但卻更無道德的價值。

第三，同情；它謀求他人的福利，以致對他人表示慷慨，加以無私的救助。因此，只有以此為動機的行為才具有真正道德的價值。

叔本華說：

> 只有這種同情才是一切出於自願的正義和一切真純的博愛的
> 真實基礎。只有在一種行為是由同情發生的範圍以內講，它
> 才有道德的價值；而凡由其他動機出發的行為，則沒有這種
> 價值。這種同情，只要一激動起來，於是他人的禍福就直接
> 觸動我的心田，正如單單我自己的禍福觸動我一樣。❷

　　以同情這種動機作為人類道德價值的基礎，使叔本華的倫理建
構稍稍偏離了僅以個人意志為軸心的狹小範圍，而在一定程度上考
慮到了從與他人的關係中確立道德的基礎，這在大致的方向上是正
確的，而它的意義卻至今未被充分地發掘出來。從現在我們所能達
到的世界性眼光來看，至少有下面兩點是值得重視並可作進一步探
討的：

　　其一，以同情這種道德感情為基礎否定理性主義的道德基礎所
能具有的意義和限度。道德本來是同情感緊密相連的，但在近代西
方社會工業化的過程中，理性致力於社會的機械化、技術化和社會
生活的程序化設計，為了達到知識的最大限度的客觀性，卻總是以
數學式的明晰和邏輯化的嚴密為哲學的榜樣，極力排除主觀因素和
情感因素的干擾。情感不僅在知識論中作為模糊的負面的東西被驅
逐，在理性主義倫理學中也因其是「非理性」而被排斥。雖然英法
兩國的經驗主義者也研究人倫道德問題，但只是從感覺論的角度把
「自愛」、「自保」、「自由」看成人的本性，從而在倫理學上使功利
主義發展成為較為完整的理論體系。如此一來，就出現了西方工業

---

❷　《倫理學的兩個基本問題》，頁166。

化進程中的絕妙的諷刺畫：理性這個曾被頂禮膜拜的真理的化身，如今卻成為利己算計的工具，人類溫情脈脈的自然情感隨著社會生活的理性化進程而被破壞得蕩然無存。於是那些忍受不了機械化進程和毫無詩意的清晰的功利生活的人們，就掀起了一場聲勢浩大的反抗理性主義的運動，這便是浪漫主義運動：它力圖拯救人類的自然情感，恢復人與自然間神話般的原始和諧，使倫理價值問題在充滿生命力的內在心靈的情感中擺脫理性主義的迷誤。叔本華把同情作為道德的基礎，可以說是浪漫主義反理性主義價值觀念的一個組成部分。從外在形式上看，他退回到了休謨的經驗主義「道德感」，但實際上，叔本華又極力防止和奮力批判了功利主義倫理學，保持了德國倫理學那種超功利的審美論的基調。總之，理性和情感在道德價值中都占有對方不可取代的地位，對情感的拯救，也許不以取消理性，而只以防止理性的迷妄更為恰當和合理。但這是一個永遠值得深思的難題。

其二，對利己主義動機的批判所能具有的意義。叔本華十分憎恨赤裸裸的功利化的現實世界，痛恨那些為了一點可憐的薪俸而向官方獻媚以至於出賣靈魂的哲學家們，對一切類型的自私自利的行為也是深惡痛絕的，因此，在它確立以同情為動機的道德基礎時，批判了利己主義的動機和心理，認為一切以自己的幸福和快樂為目的或動機的行為，不管其結果是否對他人有利，均不具有道德的價值。因為他認為，利己主義就是把個人——儘管個人在無邊際的世界裡十分渺小，小到近於零——當作世界的中心，在考慮其他事情之前，首先要考慮自己的生存和幸福，甚至於不惜為他自己這滄海一粟保存得更長久一點而犧牲一切，毀滅世界。叔本華從生命意志的欲求本質來揭露利己主義動機和心理的源頭，是深刻的，他對利

己主義行為表現的批判也是機智的，然而他的批判本身卻顯露出其理論本身的內在矛盾性：一方面，利己的動機和心理源於意志本身的欲求，意志是人的本質，因而利己的心理構成人的本性；另一方面，這種本性又是不道德的，非義的。這便等於說，人本質上、本性上就是不道德的了。這裡的確有著明顯的錯誤性，但若據此一點就認為叔本華的倫理學毫無可取之處，甚至認為「一切為我，毫不利人」是叔本華的人生格言❷，這同樣是錯誤的，而且是對叔本華的極大誤解。因為叔本華只把利己的動機作為人類行動的一種動機，而非全部動機，他甚至是以批判的眼光來對待這種動機的，認為以利己為動機，毫無道德可言。

叔本華意識到，光從動機出發來考察道德的基礎是不夠的，因為動機只能從外部影響意志趨向，而不能影響意志本身，動機也只有在人本來是怎樣的這個條件之下才對人發生影響之力。因此，道德行為的基礎不僅要在動機中尋找，更為根本的要在人性中去尋找。

2.道德的人性基礎

從人性來說明道德的基礎，必然是個要失敗的嘗試。因為對這個基礎的說明，已經超出了倫理學的範圍，而屬於形上學的本體問題。而對於本體問題，是不能有科學的解決的，它只能是一種出於信仰的價值承諾。對於這樣的價值本體承諾既不能證實它，也不能證偽它，正如我們中國的「性本善」和「性本惡」的傳統爭論一樣，是得不出確定的結論的。

叔本華一方面看出，從理論本身的需要而言，這種價值本體承諾是個理論基石，是完全有必要存在的，因為「我們如果把道德的最後基礎，證明就在人性自身中，我們的問題就解決了」。但是，他

❷　參閱《現代西方倫理學史》上卷，北京大學出版社，1990年版，頁65。

同時也清楚，在倫理學的領域之內無法得出這個問題的確切答案，
所以採取了迴避的態度：「我們現在仍不打算談論關於這個現象的
形上學說明。」這便是叔本華在《道德的基礎》一書中的基本態度。
而我們現在從研究者的著作中所看到的，把利己心理或同情作為基
本的「人性」，實際上並不出自叔本華自己的論述，而是後人從其
理論中「推論」出來的結論。而叔本華本人，實際上更樂於從「經
驗」出發來議論「人性」，也即是討論「人性」在個人行為上的具
體表現，因而談論的是個人的「性格」（對此，我們在前面中已經
詳細討論過了），而不是普遍的人性。但人類共同本性的要求的確
是道德的一個實在的基礎，在叔本華那裡，只有他的意志本體論才
是對這一基礎的真正的形上學說明，因此，我們現在便轉入到意志
基礎的說明上來。

3.道德的意志基礎

意志是宇宙人生之本，無論對於動機的說明，還是對於人性的
闡釋，都只有圍繞意志展開，作為受意志主宰的現象，才算是一種
形上學的說明。所以，叔本華在論證了道德的動機基礎和人性基礎
後，必然要返回到道德的意志基礎，這是最本原的基礎。

說意志是道德的基礎，實際上是按照行為對於意志的肯定或否
定的關係，以及肯定或否定的程度來闡明行為的倫理意義或道德價
值，從而使道德價值在意志的基礎上獲得哲學上的明晰性。完成這
一工作是叔本華為倫理學規定的根本任務。他說：「我們的任務就
是要使行為的真正倫理意義獲得抽象的和哲學上的明確性。」❷❸

現在，我們就看看他是如何在意志的基礎上，分析行為的倫理
意義或道德價值的。

---

❷❸　《作為意志和表象的世界》，中頁493，德頁462。

　　在叔本華看來，人的行為、人的性格（本性），包括人的身體，都受意志的支配。這是因為，人的身體本身，和大自然中的其他一切存在物一樣，都是意志的客體化現象，或者說，是意志本體的化身。而意志又只有從人的行為的動機上才能明顯地看得出來，人的性格又影響著動機（意志）作用的方式，所以，人的整個活動均是其意志的外現，抓住了行為同意志的關係，就抓住了問題的根本。而從人的行為之結果論，它同意志的關係又不外乎兩種情況：一是依順著意志，同意志本身的欲求相一致，這種情況叫作意志的肯定；二是不依順意志，同意志相反地行為，這種情況叫做意志的否定。評價行為的道德價值，就可依據意志的肯定或否定來進行。

　　所謂「意志的肯定」，叔本華說：「意志肯定它自己，這就是說：當它自己的本質已完全明晰地在它的客體性中，亦即在世界和生命中作為表象而為它所知悉的時候，這一認識毫不妨礙它的欲求，反而是這被認識了的生命正是作為這樣的生命而為它所欲求。」叔本華的意思是，當人不僅認識到意志是自己的本質，自己是意志的一種個體化存在的時候，自覺地（因為有認識作基礎）按照意志的欲求而欲求，這便是對意志的肯定。這種肯定，依照肯定的程度不同，有三種情況。叔本華便依次按照這三種情況分析行為的道德價值。

　　第一種情況，是人對自己身體的肯定。這是生命意志的第一個基本的肯定，即是人的求生存的活動。求生意志的活動，首先便是人企圖徹底認識他欲求的對象是什麼，他需要的是什麼，然後是他獲得這個對象，滿足自己需要的手段，有了這兩方面的認識，「他就行動起來，幹起來：總是向他欲求的目標幹下去的意志使他挺著腰，使他做下去」㉔；叔本華說，幾乎所有的人都是這樣生活的，成功

㉔　《作為意志和表象的世界》，中頁449，德頁423。

的喜悅足以保障他們充滿信心繼續幹下去，而一些失敗又保障他們不至於陷入空虛無聊。大多數人都是被困乏鞭策著過一輩子。這類求生意志的肯定，若不涉及他人，也未損害著他人的求生意志，那就談不上道德不道德，不具有倫理意義。

意志肯定的第二種情況是滿足性欲以實現生命的種族繁衍。第一種情況是個體生命的自保，這種自保總是會隨著身體的死亡而結束的，因而，若要真正肯定意志，就必須超出本人個體生存的範圍，滿足性欲，通過種族的繁衍生息而達到「最堅決的生命意志之肯定」。因為性器官是意志的真正焦點，比身體上任何其他器官更只服從意志（作為衝動）！　而不服從認識，它是維繫生命、在時間上保證生命無盡的原則，所以，叔本華認為，意志的這一肯定是「公道合理的」，因為它是以自己忍受痛苦——生殖者本人的痛苦：因生殖本身延續了死亡，使痛苦的解脫成為不可能；被生殖者因獲得生命又重新開始了新的人生悲劇——為代價，而又未給他人造成痛苦。或者說，在意志的這一肯定上，看出了「永恆公道的一點端倪」。

前面這兩種規定都具有極端的片面性，因為實際上叔本華是懂得並且相信人類道德是在協調人與人之間的關係中表現出來的，而他卻故意不在同他人的關係中去討論對生命意志肯定的倫理意義，硬要說個人自身同意志自身的肯定關係不涉及他人，因而談不上什麼道德不道德，在第二種情況裡也是在同意志的關係裡「看出了」所謂的「永恆公道之端倪」。事實在於，人作為一種社會性的存在，不論是對個體生命的保存，還是生兒育女這種「種族繁衍」，都決不是純粹個人的私事，客觀上不能不涉及他人和社會，因而也都是可以作出道德評價的，這是每個人從經驗便可證明的事。尤其是在我們身處的當代社會，比如「安樂死」、「計劃生育」和「墮胎」，都

是世界範圍內爭論激烈的道德問題。我們雖然不能按當今的情況去非難古人，但叔本華至少是把這個本來可直接從經驗證明的簡單問題玄虛、複雜化了。

意志肯定的第三種情況是個體意志強烈到不僅肯定自己的生存，而且當別人的生存有礙於自己的時候，就要否定或取消別人的生存。這就是我們前面所述的利己主義的動機和心理。這種行為是極端自私自利的，他把自己看作宇宙的中心，要占有一切，控制一切，不僅從別人那裡奪取自己所要的，而且為了稍微能夠增加自己的一點幸福就要毀滅別人的幸福和生命，甚至於「不惜為自己這滄海一粟保持得長久一點而毀滅這世界」。 這種行為當然是極不道德的行為，所以叔本華把它看成是道德的分界線。一切從利己心理或有利己「居心」的行為均是不道德的，而一切無利己居心的行為才有道德價值。他仍是從行為的「動機」出發來評價的。

肯定生命意志的這三種行為方式，有一個認識上的共同點就是，人還沒有領悟到自己他人本質上的同一性。也就是說，人只注重自己生存的意志，而沒有看到他人也是這同一個意志的表象，他人的意志和自己的意志是同一的意志。只有到了生命意志的否定階段，人才慢慢看穿了意志的這種「個體化原理」。

所謂生命意志的否定，也就是逆意志而動，即有意地違背自己的欲求行事，例如餓了渴了而偏不吃喝，有了性衝動而偏要放棄性衝動的滿足，雖有求樂的渴望而自動不做娛樂的活動，等等。人怎樣才能做到這一點呢，叔本華說，唯有人看穿了「個體化原理」才會達到這種境界。因此，他隨後便是圍繞著看穿個體化原理來展開對否定生命意志的各種行為方式的道德評價。

所謂「個體化原理」， 就是說，宇宙中的萬事萬物，包括人在

內都是意志的表象，表象存在於時間空間之中，是分離的、個體性的、雜多的，但沒有自己獨立的本質，它們的本質均是同一個生命意志。意志本身是不可分割的，不同的事物雖然都是意志的個體化，但事物的差異不在各占意志的不同部分(因為意志不可分割沒有「部分」)，而在體現人顯示意志的程度不一樣。人是意志的最高程度的顯現和個體化，所以人能夠通過抽象思維和直觀認識而看出各個個體的本質均是意志，看出自己和他人、和萬物在本質上是相同的，只是現象不一。達到這種認識水平就叫做「看穿個體化原理」。 看穿了個體化原理，就不會只肯定自己的意志，就會有否定生命意志的行為方式出現了。

但人的認識水平是有差異的，同一個人的認識也有從低到高的發展。所以，「看穿個體化原理」也必定存在著認識上的差異，這種差別體現出來的行為的倫理意義是不一樣的。

首先「較低程度上看穿個體化原理」， 便會出現一種「公道」的行為。這是一種最起碼、最基本的道德行為。這種行為的特點是，他肯定自己的意志，決不否定他人的意志。這是同以利己的動機出發的行為完全相反的，施行這種行為的人，不會為了增加自己的安樂而以痛苦加於別人，不會為了自己的幸福，不惜否定他人的生命和財產。他會尊重每個人的權利，每個人的財產和生命意志。這是因為他在別人的生命意志的現象裡，認出了自己的本質，達到了人我同一，取消了人我差別，在這個範圍內他把自己以外的本質和自己的本質等同起來，從而不傷害這個共同的本質。所以「自覺自願的公道，它的真正來源是在一定程度上看穿了個體化原理；而不公道的人卻是整個兒限在這個原理中的」。

看穿個體化原理的較高階段，產生心意上真正的善，這種善對

於別人表現為純粹的、無私的愛，叔本華稱之為仁愛（希臘語的「博愛」，拉丁語的「仁慈」）。仁愛達到了完善的程度，就把別人的個體和別人的命運和自己的完全等同起來。它已高於公道，因為公道僅止於不去為別人製造痛苦，不以否定他人的生命意志來保全自己的生命意志。而仁愛的行為，雖然已沒有理由把別人的個體和別人的命運放在自己的之上，但它之作為無私的愛，當它考慮到其他個體在份量上超過了別人，有這種完人心境的當事人，就會為了多數別人的幸福而整個地犧牲自己的幸福和生命。之所以能做到這一點，是因為一切仁愛的本質都是基於同情。同情是一種極為美好的情感，沒有同情心的人是冷酷的，沒有同情的社會是不健全的，而任何不是同情的愛都只能是自私的自愛。同情是設身處地地把他人的痛苦看作和他自己的痛苦一樣，從而對他人表現出誠摯的關懷，甚至割捨自己的享受而為他人擔當痛苦，作出忘我的犧牲。

從人的同情之情感中引出道德境界，這是叔本華倫理學的一個基本特點，所以他的倫理學常被稱作「同情倫理學」或「仁愛倫理學」。按理說，人的行為達到了仁愛的階段，的確是進入了道德的最高境界，這是一種樂於助人的奉獻精神，克己為人的犧牲精神。但是，叔本華並不把此看作是道德的最高境界，因為這種行為方式還未達到真正自覺自願地否定自己生命意志的最高階段，還有比這更高的階段，就是完全背棄生命意志，達到絕對的「無欲」。絕對的「無欲」，就是對自己自動克制一切欲求，與世無爭，對他人它物，漠不關心，這就是佛教所說的「涅槃」境界。

這個境界之所以是最高的，是因為它徹底地否定了生命意志。在仁愛階段，人雖然克己為人，因而是對自己意志的進一步否定，但他的克制、助人、犧牲、施愛和同情，正表示著意志在自身中繼

續存在，他的這種種行為本身正是意志的表露和外現，所以還不是徹底的否定。叔本華甚至認為，自殺都不是徹底的意志否定，而是意志的表現，甚至是強烈肯定意志的一種現象。因為自殺只是對那些輪到他頭上的生活條件的不滿，或對痛苦的深惡痛絕而採取的一種逃避，離真正的意志否定還遠著。因為意志的否定之本質，不在於對痛苦的深惡痛絕，而在於對享樂的深惡痛絕。對痛苦的深惡痛絕，表明這個人的認識仍囿於「摩耶之幕」，仍未看清生活的本質即痛苦。所以，真正的意志否定，是完全認識了意志的本質，這認識又成為意志「清靜劑」之後才出現的。只有真正看穿了「摩耶之幕」，看穿了個體化原理，生命的享受便令他戰慄，人才向徹底的禁欲主義過渡。這時人不再滿足於愛人如己，不再施行克己助人，在他心中產生出一種強烈的厭惡，厭惡他自己的，也即他人的這些現象所表現的本質，厭惡生命意志本身，厭惡這被認作充滿煩惱的世界之核心和本質。所以，人在此時便自動地誡淫，自願地禁欲，自甘貧窮受苦，徹底和意志決裂，讓自己根本不再成為意志的表象，在他身上看不出任何生命意志的顯露，這才是徹底否定了生命意志。

把對生命意志的徹底否定，看作是現實中唯一存在的自由現象，這是有道理的，因為這種「自由」，是真正認識了意志之必然的決定作用後，對必然（意志）的徹底否定，而作為「力量」言，又是積極的肯定（否定力的肯定），這是符合叔本華對自由概念之規定的。但是，把這種對意志的徹底否定，把這種禁欲主義推向道德的最高境界，是完全荒謬的，也是無人能接受的。至少，叔本華自己就根本未能實行這種生活方式，以至於研究者，像羅素（Bertrand Russell, 1872–1970)就指責叔本華「不真誠」，因為他在理論上倡導和推崇的這樣一種「理想」的生活，這樣「崇高的」道

德境界，他自己在生活中一點也未堅持，他既注重享樂，同時也不戒女色，同許多女性有過曖昧關係。當然羅素的這一指責並無道理，正如叔本華自己所說，「要求一個道德宣教者除了他自己所有的美德之外就不再推薦別的美德，這根本是一種稀奇的要求」❷，這就如同要求一個偉大的雕刻家必然是個透頂俊美的人一樣不現實。但是，倘若你所「推薦的」美德，不僅你自己根本無法遵守，別人也無法接受，是一徹底違反人類本性的東西，這樣的所謂「美德」，也就決不成為一種美德。

道德雖然是在一定程度上對自己自然本性的「約束」與「規範」，但決不能夠完全違反人的本性。叔本華理論的錯誤正表現在這裡，把一種徹底反人性的東西推崇為道德的最高境界，教導人們悲觀厭世、厭惡自己的生命，從而也把世界上所有的生命價值給毀了。他的這一理論本身同時也是十分矛盾，從而是站不住腳的。他一方面說，依順意志的行為，適應意志的要求即是「善的」，「因而，一切的一切，只要是迎合意志的，就不管意志是在它自己的哪一種表出中，只要滿足意志的目的……就都把它看作善的……。總而言之，是把一切恰如我們所願的都叫做善」❷。另一方面，他又把徹底違反意志、否定意志看作道德的最高境界。他一方面告訴人們按照自己的本性辦事，按自己的性格辦事是自由而幸福的，另一方面卻又要人們違反自己的本性，違背自己的性格去達到厭世主義和禁欲主義的「道德境界」。正是這種矛盾性，顯示出其理論的虛偽性，正是其理論的虛偽性（反人性），暴露其結論的荒謬性和錯誤性。

現在，我們可以總結一下以意志作為道德的基礎的各種行為的

❷ 《作為意志和表象的世界》，中頁525，德頁492。

❷ 同上書，中頁494，德頁463。

倫理意義了，為了醒目，在此我列表說明❷：

對意志的態度	行為的動機	行為的後果	行為的倫理意義
對意志的肯定	順意	自保和種族繁衍	無道德可言
	順意	肯定自己的意志而不否定他人的意志	公道
	利己	使自己快樂幸福	不道德
對意志的否定	惡意	於己無益而不惜損人	惡
	同情	關懷他人而不惜犧牲自己的幸福和生命	善
	禁欲	自願受苦	涅槃聖境（至善）

　　綜上所述，叔本華雖然依照從經驗到形上學的分析路線，分別探討了道德的動機基礎、人性基礎和意志基礎，但這三個基礎並不

---

❷ 此表受張國珍教授圖表的啟發，但作了較大改進，可參閱張國珍著：《現代西方倫理學批判研究》，湖南師範大學出版社，1992年版，頁31。

是外在獨立的，而是相互交叉的，只是從動機、人性與意志的間接的或直接的關係來闡明構成道德或不道德的基本特徵，即各種不同動機的行為的倫理意義。角度不同或基礎不同，但本質和核心一致，其中並無嚴格的體系，也並非首尾一貫的，他並沒有如他自己所說的那樣，使倫理概念獲得哲學上的「明晰性」， 這使得我們沒有必要去詳細分析他的各種道德觀念。他創立倫理學的目的，也決不是讓人明白倫理觀念，因為在他看來，這種觀念本身是無用的，因為「道德和天才一樣，都不是可以教得會的」，「在這人生有無價值、是得救或沉淪的關頭，起決定作用的不是哲學的僵硬概念，而是人自己最内在的本質」。 他的倫理學不是教化的，不是告訴人「應該做什麼」的道德學說，而是告訴人們如何放棄生命意志，擺脫生命本質的痛苦，看穿「摩耶之幕」的生存智慧學說。因此，我們就此打住，直接轉向叔本華的人生哲學。

第六章　叔本華的人生哲學

　　人生哲學是西方近代哲學中的一大空白。近代哲學把為知識奠定基礎看作自己的第一要務，因而哲學變成了「知識論」，科學理性成了人們追求的最高價值。浪漫主義運動則是逆此潮流而動的第一個世界性的浪潮，它力圖把人的生命價值從科學理性中解救出來，使人生獲得其應有的詩意和審美情懷。但浪漫主義畢竟更多地還是一個文學藝術運動，對人生價值問題與其說它表達了某種理念，不如說是表達了某種情緒。然而要把這種情緒確定下來，還必須使之具有理論化的形式。謝林曾作為早期德國浪漫派的精神領袖，為把浪漫主義的情緒轉換成為哲學的理論內容作出了巨大的努力，但謝林仍未實現從哲學知識論向人生哲學的根本轉向，他對人生價值問題的反思仍然是被包含在自然哲學、藝術哲學、自由哲學、神話和啟示哲學等等體系化的形式之中。只有叔本華是個完全的例外，在他的哲學中，知識論不僅不再擁有其核心的地位，反之，知識（認識）反過來只成為為人生服務的工具，作為意志的「清靜劑」而存在，人生哲學明顯地突出為其哲學的中心和根本，這就完全扭轉了近代哲學忽略人生價值問題的弊端。

　　叔本華的人生哲學涉及人生的方方面面，既有對世界與人生、意志與人的形上學思考，也有對行為之道德價值的倫理學分析，同

時還包括對情愛、財富、生死、榮譽、地位等等生存處境的解剖。因此可以說，既有對人生解脫問題的大智慧，也有對人生具體事務上的小智慧。應該承認的是，不管我們能否贊同叔本華的人生見解，但他所探討的那些問題是每一個嚴肅的、認真的活著的人所無法迴避的。而且，在叔本華著作的字裡行間，並不乏對人生問題的種種真知灼見，這是值得我們認真對待的。

在這一章，我們不必重複以前的內容，我們將從人生悲劇論、人生智慧論和人生解救論三個方面展開叔本華人生哲學的內容。

一、人生悲劇論

悲劇總是同人的痛苦、磨難和不幸相連，描述價值的無常毀滅。叔本華哲學中最令人深思的，正是他對人生悲劇的論述。

叔本華是從其「個體化原理」來展開人生悲劇性的。所謂「個體化原理」，是說世界上的萬事萬物都是同一個意志的表現，是在時間空間中受因果律支配的個別現象，因而呈現出個體化差異。對於人而言，構成其本質的也是意志，每個人均是意志的個體化、客觀化。當意志決定人生時，人的生命就是體現求生意志的現象，個體化原理就支配著生活，成為人生的根本原理：每個人都為了自己的生存而進行永無止境的而又徒勞無益的追求和爭鬥，自私自利成為人們普遍的行為準則。

如果說，人僅只是為其生存而不斷地努力和奮鬥，這根本就談不上什麼痛苦，更不能說是人生的悲劇。但關鍵在於，人的種種努力是徒勞的，人的需要永遠也不會得到滿足。因為世界的本質是意志，意志就是欲求(Wollen)；一切欲求皆出於需要，需要出於缺乏，

缺乏也就是痛苦。再說，欲望是經久不息的，需求可以至於無窮。一面有一個願望得到滿足，另一面至少就有十個得不到滿足。即使得到了滿足，時間也是很短，分量也是很輕，並且最後的滿足本身是虛假的，因為這個滿足了的願望立即讓位於一個新的願望，就像丟給乞丐的施捨，今天維繫了乞丐的生命但又在明天延長了他的痛苦。叔本華認為，所謂的苦惱或痛苦，就是意志和一時性的目標之間有了障礙，使意志無法稱心如意；反之，所謂滿足、健康或幸福，就是意志達到了它的目標。苦惱、痛苦或滿足和幸福，並不是人類專有的現象，在無認識力的自然界各現象中也都存在著。雖然程度較弱，但本質相同。意志現象愈臻完善，痛苦也就愈為顯著。植物沒有感覺，所以也就沒有痛苦。最下等的動物如滴蟲類所感覺的痛苦程度極為微弱；其他如昆蟲類對於痛苦的感受機能也非常有限。直到有完全的神經系統的脊椎動物，才有高度的感覺機能，並且，智力愈發達，感覺痛苦的程度愈高；認識愈明晰，意識能力愈強，苦惱也就愈多。因此，天才最為痛苦。叔本華就從痛苦的等級，論證出世界本質上都處在痛苦之中，無一能夠幸免。欲望之途只有荊棘障礙，沒有舒坦的大道，只有掙扎和碰壁，沒有最終的滿足。欲求和掙扎就像不能解除的口渴一樣。如果相反，人因為他易於滿足隨即消除了他的可欲之物而缺少了欲求的對象，那麼，可怕的空虛和無聊就會朝他襲來，人的生存本身會成為他不可忍受的重負。所以，叔本華得出結論說：

　　人生是在痛苦和無聊之間像鐘擺一樣的來回擺動著；事實上痛苦和無聊兩者也就是人生的兩種最後成分。……在人們把一切痛苦和折磨都認為是地獄之後，給天堂留下來的除閒著

無聊之外，就再也沒有什麼了。 ❶

以上所述，是從意志——作為本質——和人生——作為意志的
現象——的關係來考察人類（包括整個世界）的悲慘性命運：只要
你出生了，就必須忍受匱乏（貧窮）、不足、追求、掙扎等等不幸，
最終仍一無所獲。這是叔本華人生悲劇論的第一要點。

　　叔本華人生悲劇論的第二要點是從人性的險惡上來論證人生
的悲劇性。叔本華認為，人的本性是由意志決定的，意志就是無休
止的欲求，這便造成了人的自私自利的心理。因此，人類必定是悲
慘的，「因為人類所遭遇的災禍的最大根源，乃在人類本身。『人便
是吃人的狼』若能正視這最後的事實，那麼這個世界看起來即是地
獄，比之但丁所描寫的地獄，有過之而無不及，人類相互間都成了
惡魔」 ❷。叔本華列舉了許多實例，諸如販賣奴隸，強迫童工每天
做十多個小時的機械勞動，人類相互之間的仇殺等等，這些均說明
了人類特有的對同類的殘忍性，而這種殘忍性的根源在於人類不能
饜足的自私心。除此之外，每個人心胸中多少都有一些憎恨、憤怒、
忌妒、怨恨和損人又不利己的惡毒心理。這些惡劣的心性積在一起，
就像毒蛇牙齒上的毒液一樣，只等待發泄自己的機會，然後便像不
受羈束的魔鬼一樣，咆哮狂怒。生活在這種環境裡，人的命運的確
太悲慘了。

　　叔本華還認為，人類不僅僅想把痛苦加在別人身上來減輕自身
痛苦的煎熬，而且人性中還有一個最壞的特點叫作Schaden-
freude——幸災樂禍。這是一種非常接近殘忍的感情，也是從殘酷

❶　《作為意志和表象的世界》，中頁427，德頁404。

❷　叔本華：《愛與生的苦惱》，中國和平出版社，1986年中文版，頁124。

的心態中產生的情緒。他說：「幸災樂禍心理是殘酷可怕的，它所帶來的笑罵，簡直是來自地獄的笑聲。」❸

　　叔本華就是從這些卑劣的人性中為人們描繪出一幅人間地獄的圖畫。

　　人生悲劇論的第三要點是論證人生幸福僅具消極性。不管叔本華把人生描寫得如何可悲和不幸，但畢竟追求幸福是人類的天性，而且人類也的確會在不同的程度上享受得到人間的幸福。這便同叔本華的學說不甚相合，為了解決這個問題，叔本華便向人們論述幸福的消極性。

　　叔本華稱意欲的實現和滿足為幸福。他所謂的幸福的消極性有以下三層基本含意。其一是說幸福是極其短暫、稍縱即逝的。因為願望獲得滿足後，幸福感即告消失，因而快樂也隨之俱滅。其二是說人們在幸福狀態中往往是身在福中不知福，對幸福沒有積極而強烈的感覺，而只有等幸福消逝了，當痛苦、憂慮、恐懼、災病降臨到頭上來了時，才體會到往日的幸福。叔本華說：

> 這就是因為唯有痛苦和缺乏才有積極性的感覺，因為它們都能自動呈現。反之，幸福不過是消極性的東西，例如，健康、青春和自由可說是人生的三大財寶，但當我們擁有它們時，卻毫無所覺，一旦喪失後，才意識到它們的可貴，其中的道理正是在此，因為它們是消極性的東西。總之，我們都是在不幸的日子降臨，取代往日的生活後，才體會到過去的幸福。享樂愈增，相對地對它的感受性就愈減低，積久成習後，更不覺自己身在福中。反之，卻相對增加了痛苦的感受性。❹

---

❸　叔本華：《人生的智慧》，黑龍江人民出版社，1987年中文版，頁108。

叔本華因此引用伏爾泰的名言說：「幸福不過如同夢幻，痛苦才是現實的。」引用佩脫拉克的話說：「一千個享樂，也不值得一個痛苦。」

幸福只具消極性的第三點是說，無論人們如何追求福樂，最終的結果仍只有痛苦和不幸。因為且不說追求的過程充滿著艱辛和曲折，充滿失敗和不順，就是所有的追求都滿足了，人類仍然得不到幸福。

叔本華說，如果世界是一個安樂園，遍地布滿著蜜糖與香乳，每個人都能隨心所欲，各取所需，這樣的世界，人若不去上吊，也會煩死的。如果人事事順遂，不勞即獲，會使生命妄自尊大以致任性膨脹到瘋狂的地步。甚至大家要相互殘殺，到這時，人類衝突災難的結果，也許比現在自然的手加於人類的災難還要大。在這個世界上，窮人所要忍受的是貧困之苦，而富人所受的煎熬則是厭倦，富有的結果也成為對自己的一種懲罰。無所事事的空虛無聊也許比辛勤勞作的艱難更令人不堪忍受。

也許人們還會說，人所追求的還有一種心靈的快樂，這種快樂應該是積極的。但叔本華也不同意。他認為任何心靈的快樂，即使是最高級的理知性的心靈快樂也都是伴隨著痛苦的。總之，幸福是虛幻的，煩惱和不幸則是實在的。有拜倫 (George Gordon Byron, 1788–1824)的詩為證：

　　我們的生存是虛偽的，

　　殘酷的宿命，注定萬事不得調和；

　　難以洗脫的罪惡污點，

❹ 《愛與生的苦惱》，頁120。

　　像一棵龐大無比的毒樹——使一切枯萎的樹木，

　　地面是它的根，天空是它的枝和葉，

　　把露珠一般的疾病之雨灑落在人們身上；

　　放眼到處是苦惱——疾病、死亡、束縛，

　　更有眼睛所看不到的苦惱，

　　它們經常以新的憂愁填滿那不可解救的心靈。

　　人生悲劇論的第四要點是論證人生無法避免的空虛和死亡。

　　叔本華說，生存之所以空虛，主要在以下六點上表現出來：

　　第一，在生存的全部形式中，時間與空間本身是無限的，而個人擁有的卻極其有限；

　　第二，唯一現實的生存方式，只是所謂的「剎那的現在」；

　　第三，世上沒有「常駐」的東西，一切都是不停的流轉、變化；

　　第四，一切事物都是相關聯、相依憑的，個體不能單獨存在；

　　第五，人類的欲望是得隴而望蜀，永遠無法饜足；

　　第六，人類的努力經常遭遇障礙，人生為了克服它，必須與之戰鬥，但不論戰鬥的結果如何，人類都必須面臨最後的空無——死亡的陷阱。

　　以上六點除第四和第五兩點之外，均是講生存的「時間性」，因為一切的變化與消逝均是在時間的形式中發生的，時間以其特有的力量使所有的東西在我們手中化為烏有，萬物由此而喪失了真實價值。因為曾經存在的東西，如今已經不復存在，現在不存在的，恰和曾經存在的東西一樣，而現在所有的存在，轉眼之間又成了「曾經」存在。我們的生存除了「現在」漸漸消失外，再也沒有可供立腳的任何基礎。所以生存的本質是以不斷的運動作為其形式，我們

經常追求的「安寧」根本是不可能的。我們的生存就像走下陡坡的人一樣，一停止下來就非倒下不可，只有繼續前進，以維持不墜。它如同運行不絕的遊星，一旦停止運行，便立刻墜落在太空之中。所以生存的形式是「不安」。

我們的一生雖然做了許許多多的事情，雖然曾經「擁有過」，但只不過是一瞬間而已。對於人的生存，只有「現在」是真實的，其他的一切不過是思想的遊戲。因而，許多人產生了「及時行樂」的想法，叔本華認為，這種見解是最愚蠢的見解，因為「現在」在其後的瞬間裡就不復存在，如夢幻般完全消失，這樣的收穫，絕不值得我們費偌大的苦心和辛勞去爭取。

人生的「時間性」根源於人是面向「死亡」的存在，人一生下來，死亡就在向它招手。我們每走過一天，實際上都是在向死邁進。叔本華很看重從死亡來分析人生的悲劇性，在他看來，死亡是給予哲學靈感的守護神和它的美神，如果沒有死亡的問題，恐怕哲學也就不成其為哲學了。

叔本華說，單從形式方面看，人的個體生存已經就是現在不停地轉入逝去的過去，這就是一種慢性的死，我們的肉體生命也只是不斷被攔阻了的未即死亡，只是延期又延期了的死亡。我們每一口氣都在擊退時時要侵入的死亡，在每一秒鐘就是用這種方式和死亡進行著鬥爭。人生最大的悲劇就在於，人的一生也就只是為著這個生存本身而不斷地鬥爭，並且明知最後還是要在這鬥爭中失敗：

> 到了最後必然還是死亡戰勝，因為我們的誕生就已經把我們注定在死亡的掌心中了；死亡不過是在吞噬自己的捕獲品之前，〔如貓戲鼠一樣〕逗著牠玩耍一會兒罷了。在這未被吞滅

之際，我們便以巨大的熱誠、想方設法努力延長我們的壽命，愈長愈好，就好比吹肥皂泡，儘管明知一定要破滅，然而還是盡可能吹下去，吹大些。❺

死亡使人生徹底空虛了，使萬事萬物都變得毫無價值，同時它也使得人生成為一種罪過，成為贖罪的過程。叔本華意在告訴人們，不必那麼畏懼死亡，他引用伊壁鳩魯的話說：「死是與我們無關的事情。」因為我們存在時，死亡不會降臨，等到死神光臨時，我們又不存在了。我們即使喪失些什麼，也並不是災禍。真正的災禍，只是我們的生而決不是我們的死。「對於死亡的認識所帶來的反省致使人類獲得形而上的見解，並由此得到一種慰藉」❻。

以上我們分別從四個方面完整地概述了叔本華的人生悲劇論或者說悲觀主義的人生觀，現在我們來討論一下，叔本華所述的這些「悲劇性」是否得當，並該如何面對叔本華的悲觀主義？

在討論這個問題之前，我們先明確一下，到底什麼叫做悲觀主義？我們在什麼意義上稱叔本華為悲觀主義者？

從現象上看，悲觀主義就是以一種失望的心情來對待生活中的挫折、不幸和痛苦，並把這種不幸和痛苦看作是本質的、不可解脫的。而叔本華之作為悲觀主義者就因為他論證了世界的本質即為痛苦，痛苦和無聊構成人生的兩個端點。但我們可以想想，霍布士(Thomas Hobbes, 1588–1679)從人性惡出發,說人對人就像狼一樣,卻並不被認為是悲觀主義；盧梭(Rousseau)認為科學和藝術的進步

❺　《作為意志和表象的世界》，中頁426–427，德頁404。

❻　叔本華：《論死亡》，載於《愛與生的苦惱》，中國和平出版社，1986年中文版，頁149。

非但沒有給人類帶來幸福,反而只意味著道德的淪喪和人心的泯滅,也沒有人說他是悲觀主義者,為什麼呢?因為單就理論本身而言,並不存在悲觀主義問題,也並不是說一種理論證明了世界、人生本質上存在著痛苦和不幸,這種理論就是悲觀主義的。悲觀主義實質上是一種痛苦而無奈的情緒,它一方面直觀到人生的痛苦和不幸,另一方面卻又總是去與這種痛苦和不幸進行抗爭,最後以抗爭的失敗和價值的毀滅來體現出悲劇性。

有人說,悲觀主義可以有兩種情況,一種是在願望與可能之間所表現出來的悲觀情緒,一種是希臘神話中西西弗斯精神,他必得一次又一次地走下山來,把推上去再滾下來的巨石重新推上山去。實際上,人們很難把叔本華歸之於這兩者中的任何一種。因為光有悲觀情緒和光有西西弗斯式的對命運的蔑視、挑戰和反抗,均不構成真正意義上的悲觀主義。叔本華的悲觀主義實際上是在渲染一種悲觀的超脫情緒,即在明白了一切掙扎的徒勞和虛空之後,對人生的超脫。這種超脫,是對意志的否定,是以取消人的一切生存欲望為代價、雖生猶死式的絕對的清靜無為。

但叔本華的悲觀主義過於渲染了世界的痛苦,過於誇大了人性的醜惡。人生雖然會有種種痛苦和不幸,貧窮、疾病和掙扎的確是每個人不可避免地要面對的,這只能說明人生的苦難,但並不就因此能說明這些構成了世界的本質。人性雖然有自私自利和凶殘醜惡的一面,但人類也的確有著善良、仁愛和同情之類的美好情感,一味地把這個世界看作是煩惱痛苦的生物互相吞食以圖苟延殘喘的角鬥場,看作是動物間相互殘殺的活墳墓,這既不符合實際,更缺乏理論上的說服力。人生雖然在生死之間僅有短暫的時間性,雖然必須面對必然的死亡,但時間性的流轉並不能造就人生的空虛,死亡

也決不能把人的一切財富（尤其是精神性的財富）帶入虛無。在有限中追求無限，在流變中追求永恒，一直是人類的創造性歡樂所在。

當然，叔本華自己並不認為悲觀主義是一種消極的人生態度，著名學者陳銓先生在他於四〇年代出版的《叔本華的生平及著作》中也認為叔本華的悲觀主義並不是一種消極的人生態度，理由何在呢？因為這種悲觀主義在告誡人們一切掙扎的徒勞和空虛之時，讓人產生一種「超脫」的人生態度。在這種「超脫」中，人並不為痛苦而悲觀，而是以怡然自得的歡欣徹底否定生存的意志。在叔本華看來「超脫」人生比之「奮鬥」人生更有價值。因為「奮鬥」乃表明你仍屬「意志之表現」，仍未看穿人生的真諦，而「超脫」則是一種審美的人生意境。所以他說：「世界上所能出現的最偉大、最重要、最有意義的現象不是征服世界的人而是超脫世界的人。」這種超脫也就是對意志的超脫，使人能在無所欲中成為一個靜觀萬象的純粹認識之鏡。叔本華因此把是否擁有悲觀主義的人生觀看作高超人和平庸人的區別。因為真正高超的人的悲觀主義並不是指對於日常不如意的事情的厭惡，而是對於身外空虛的意識，對於人類生命痛苦（而非僅是個人痛苦）的意識，因而是對世界之本質和人類之命運的明晰認識。

然而在這一點上，我們無論如何也不能贊同叔本華，因為他的悲觀主義的超脫，是同厭世主義、虛無主義連在一起的，是以否定人的一切生存意志（欲望）直至否定人生為代價的。這種人生觀雖然具有一定的超功利、超世俗的審美意義，但確無積極的意義，它正體現了尼采所說的「衰弱的悲觀主義」之內涵：「悲觀主義一定是衰退、墮落、失敗的標誌，疲憊而羸弱的本能的標誌嗎？——在印度人那裡，顯然還有在我們『現代』人和歐洲人這裡，它確實是

的。可有一種強者的悲觀主義？一種出於幸福、出於過度的健康、出於生存的充實，而對於生存中艱難、恐怖、邪惡、可疑事物的理智的偏愛？」❼尼采正是通過他的「強力意志」(Wille zum Machte)把叔本華的衰弱的悲觀主義發展成為強者的悲觀主義，它不再像前者那樣是認識到生命意志的虛幻性而產生的聽天由命感，而是從世界的變化無常中，從個體的無常毀滅和艱辛勞作中看出生命的堅不可摧的力量感，感覺到生命意志的充盈和生存的巨大力量。因此，尼采才真正賦予了生存一種審美的意義，世界不斷創造又毀掉個體生命，乃是意志在其永遠洋溢的快樂中借以自娛的一種審美遊戲，現實的痛苦和毀滅，在審美的遊戲中化作了悲劇性的快感，個體的生命意志由盲目掙扎的消極力量變成了生生不息的創造力量。只有從尼采的強者的悲觀主義出發，我們才能感受到一種積極的力量，這是在叔本華的悲觀主義中找不到的。

二、人生智慧論

人生本質上是痛苦的，但叔本華並不叫人天天流著眼淚悲痛欲絕；人生是虛幻而荒誕的，不值得過的，但叔本華並不叫人去自殺，了此一生。相反，叔本華探討了快樂和幸福的源泉及其構成要素，以及如何獲得快樂和幸福等等。這些探討完全沒有形上學的抽象意義，而是以人自身的性格、健康為基礎，聯繫到具體生活中如何對待財產、地位，包括名譽、官位、名聲、驕傲等等問題展開的，所以，這些可以稱之為「世俗的生存智慧」，通過這些「世俗的生存

❼ 尼采：《自我批判的嘗試》，載於《悲劇的誕生》，北京三聯書店，1986年版，頁271。

智慧」人們對如何度過此生會獲得一種尼采所說的「世俗的慰藉」，以區別於「形而上的慰藉」。後者可以說是生存「大智慧」，我們將放在下一節去探討，在此我們專門探討叔本華有關的「世俗生存智慧」。

（一）快樂的基本要素和幸福的源泉

在所有能影響人的快樂和幸福的條件中，叔本華認為有一種自然本身賜給人的東西就其影響之大和深刻而言遠遠超過了其他的，這便是人格。因為人格是人的內在素質，它包括健康與精力、美與才性、道德品性、智慧和教育等等。叔本華把人等同於人格，把人格看作是人的內在生命性質，認為「生命幸福的主要因素，我們存在的整個過程，在乎我們內在的生命性質是什麼」❽。這是因為，雖然外在世界也能影響人，但這種影響只不過促使我們體悟自己的觀念、感受和意欲，也就是說它必須通過我們的內在之物才能發揮作用，即只有間接的影響。我們所處的世界如何，主要在於我們以什麼方式來看待它，這就取決於我們內在的生命性質，因為它是使我們心靈滿足的直接源泉。

在內在的生命性質中，叔本華尤其看重「內在的品格」即「愉悅健全的精神」，認為它最能給人帶來直接的快樂，因為美好的品格本身便是一種幸福。愉快而喜悅的人是幸福的，只因其個人的本性就是愉快而喜悅的。因為人最重要的在於他自己是什麼，當我們獨處的時候，也還是自己伴隨自己，美好的品格，健全的精神是沒有人能拿走，一旦擁有就不會失去的，它比我們所能占有的任何其他事物都重要，甚至比別人如何看我們更重要。沒有美好品性的人，

---

❽　叔本華：《人生的智慧》，黑龍江人民出版社，1987年版，頁2。

沒有愉快精神的人，即使在十次事業裡成功了九次，還是不快樂，只懊惱那失敗的一次；而有健全而愉快精神的人，雖只成功了一次，卻在這次成功裡得到安慰和快樂。所以，叔本華說：「我們追尋幸福的最高目標就是如何保障和促進這種愉快的心情。」

什麼東西能夠促進愉快的心情呢？叔本華說，不是財富，而是健康。人的健康甚過任何其他幸福，一個身體健康的乞丐比疾病纏身的國王幸福得多。但叔本華同時指出，健康，嚴格地說來並不只是腦滿腸肥，若如此，是對我們的快樂沒有什麼幫助的。健康的體格要與平靜歡愉的氣質、良好健全的精神結合在一起，才能真正地使人幸福。一個如此良好、溫和優雅性格的人，就是在貧乏的環境中也能怡然自得，然而一個貪婪、充滿嫉妒和怨恨的人，即使他是世界上最富有的人，他的生命也是悲慘的。

人的內在品性是快樂和幸福的直接源泉，所以，擁有足夠內在財富的人，他向外界的尋求也就很少，甚至一無所求，這種人是何等幸福啊！這樣說來，任何人都不應向他人或外界索求太多，每人能為他人所做的事情，本來就很有限，人在任何事情當中最後僅能求助的永遠是自己。人愈能做到這一點，就愈能使自己幸福。亞里士多德說：「幸福就是自足。」揭示的也正是這一真理。所有其他的幸福來源，本質上都是不確定的，它們都如過眼煙雲，無法把握。所以叔本華說，為自然和命運賦予智慧的人，必急於小心地打開自己內在幸福的源泉，這樣他就需要充分的獨立自主和閒暇。人要獲得獨立自主和閒暇，必須自願節制欲望，隨時養神養性，更須不受世俗喜好和外在世界的束縛，這樣人就不致為了功名利祿，或為了博取同胞的喜愛和歡呼，而犧牲自己去屈就世俗低下的欲望和趣味；叔本華堅信，像他這樣有智慧的人是決不會如此做的，而只有傻子，

才為了外在而犧牲內在，以及為了光彩、地位、頭銜和榮譽而付出全部或大部分閒暇和自己的獨立。在叔本華眼裡，歌德不幸正是這樣的傻子！

人類幸福有兩種敵人：痛苦和厭倦。生命本身就是在痛苦與厭倦之間劇烈地擺動，即使人們幸運地遠離了痛苦，那就會靠近厭倦，若遠離了厭倦，那便又會靠近痛苦。在叔本華看來，這是生活的本質，是任何人都無法改變的。但是，人完全可以通過自己的努力，使痛苦和厭倦的程度得以減輕。有什麼辦法來達到這一點呢？前面說過，對待痛苦，可以通過培養自己愉快的性情來加以緩和，因為生命的幸福與困厄，不在於降臨的事情本身是苦是樂，而是看我們如何面對這些事情，我們感受性的強度如何。而就厭倦而言，因為心靈的空虛是厭倦的根源，而知識的貧乏又是心靈空虛的主要原因，所以，人要避免災禍的最好方法，莫如增長自己的心靈財富，人的心靈財富愈多，厭倦所占的地位就愈小。愚蠢的人，一旦脫離了困乏的苦痛，便立即不顧一切地求得娛樂消遣和社交，唯恐與自己獨處，與任何人一拍即合。只因孤獨時才委身於自己。然而才華橫溢的有智之士，即便身處荒野，亦不會感到寂寞，他會享受他自己內在的財富。針對「現代人」在大量的閒暇中消磨時光、追求感官享樂的傾向，叔本華感嘆，這是多麼可悲呀！他認為像玩牌這種娛樂，不但沒有價值，而且是思想破產的象徵。

叔本華把人們在閒暇時的娛樂分成三類，分別代表三種基本力量，人們可以從這些力量的滿足中，發現三種幸福的源泉，以使自己快樂。

第一類是滿足「生命力」而得的快樂，代表生命力的有飲食、消化、休息和睡眠。叔本華認為這種基本的快樂是典型的，幾乎人

人都要得到這種快樂。

第二類是滿足「體力」而得的快樂，此種快樂可以自散步、奔跑、角力、舞蹈、擊劍、騎馬以及類似的田徑和運動中得到。有時甚至可以在軍旅生涯和戰爭裡消耗過剩的體力。

第三類是滿足「怡情」而得的快樂，諸如在觀察、思考、感受、詩與文化的體會、音樂、學習、閱讀、發明以及哲學中所得的快樂。

前兩類快樂同時為獸類所具有，甚至獸類具備更多此種快樂；唯有充足的「怡情」方面的快樂是人類所獨有的，這也是人與禽獸不同的地方。滿足怡情而得的快樂，無疑地要比其他兩種根本快樂要高，因為快樂的獲得，涉及自身力量的使用，我們所運用的力量愈是高貴，所獲得的快樂也就愈大，而一連串快樂順利地一再顯現是構成人類幸福的主要因素，愈是高貴的力量所帶來的快樂，其再現性就愈高，所獲得的幸福也就愈穩定。所以，叔本華合理地得出了如下的結論：心靈的財富是唯一真正的寶藏，天生具有充足睿知的人，是最幸福的人；人的心性決定了我們是否能夠覓取較高生命精神價值享受的能力；心性不高，又不加以外在努力，別人或者財富是不能把他提昇到人的一般快樂和幸福以上的，雖然人也具有一半的動物性，但心性高的話，是可以提昇自己的。心性不高的人幸福和快樂的唯一源泉是他的感官嗜好，充其量過一種舒適的家庭生活，與低級的伴侶在一起俗不可耐地消磨時光。人生的根本智慧，就是要發展和成熟自己的智性機能，享受生命內在的寶藏。這樣的人終其一生，每時每刻都能成為他自己。他若注定成為整個民族的精神領袖，那麼能否完美地發展心智力量至巔峰以完成其精神使命，便是他幸福或不幸福的標準，其他都是無關宏旨的。

叔本華的這些論述，的確是充滿睿智的真知灼見，尤其是在現

代，在人們越來越追求感官享受，追求金錢至上，而導致精神空虛
的今天，聆聽叔本華這些教導，無疑會使人們的心靈豁然開朗。

（二） 如何對待財富

　　人生的快樂和幸福總是同一定數量的財富聯繫在一起的，人們
雖說可以苦中求樂，但貧窮決不能夠被稱之為幸福。如何對待財富，
實是人生一大內容。

　　叔本華首先認為，追求金錢和財富是十分自然而不可避免的
事，因為人類的生存就是建築在各種各樣的需要之上，而對財富的
需要是一種最基本、最自然的需要。不占有一定的物質財富，人就
無法生存。所以，財富在人生中占有極為榮耀的位置，人們把財富
看作比世上其他東西更為尊貴，甚至有人把追求謀利當成生命的唯
一目標，熱愛金錢超過一切，這些都是可以理解而用不著驚訝的。
叔本華自己認為，世界上的各種東西都只具有相對的價值，只有在
它們滿足一個希望和一個需要時，才是好的。食物只有在飢餓時才
是好的，藥品只有在有病時才是好的；在冬天火爐是好的，年輕時
愛情是好的，如此等等。但世界上有一種東西是絕對地好，這就是
金錢。「因為金錢不但能具體地滿足一個特殊的需要，而且能抽象
地滿足一切」。

　　但叔本華的這種說法是自相矛盾的，因為假如錢真的是絕對地
好的話，人間就不會因錢而帶來災禍、帶來罪惡了。實際上，錢本
身抽象地說，當然是好東西，但關鍵在於人們對待錢的態度。叔本
華也深刻地看到，財富就像海水一樣，喝得愈多就愈是口渴，如果
人對錢的貪欲膨脹到不擇手段時，往往就會導致不幸。所以叔本華
正確地說，人若有一筆頗足自給的財富，他便該把這筆錢財當做抵

禦他可能遭遇的禍患和不幸的保障，而不應把這筆錢財當做在世上尋歡作樂的許可證，或以為錢財本當如此花用。叔本華作為富商的子弟，作為靠繼承遺產而一輩子憑銀行利息而過著優裕閒適生活的人，對如何保管錢財、如何花費錢財當然是有一套看家本領的。對於錢財的好處，他深有體會地說：若有一筆錢可以使人不需工作就可獨立而舒服地過日子，這是件很大的便宜之事，因為有了這筆錢，便可免除那如慢性惡疾般緊附於人身上的貧窮，可以從幾乎是人類必然命運的強迫勞役中解脫出來。只有在這樣良好命運下的人方可說是生而自由的，才能在每個清晨傲然自語地說，「這一天是我的。」他批評那些白手起家的人盡數地花用所賺的錢，卻不曉得保存一部分來作為固定的資本，以免日後再度陷於窮困之中。他認為只有像他這樣的出身富裕的人，因早已習慣支配金錢，才知道謹慎地花錢；而一個因為結婚而首次獲得金錢支配權的女子，會非常喜歡花錢，以至於十分浪費而奢侈。所以叔本華奉勸那些娶了貧家女子的人們，不要把本錢留給她花用，只交給她利息就夠了，而且要千萬小心，別讓她掌管子女的撫養費用。這便暴露出叔本華小市民式的庸俗與精明的一面。

有一點叔本華說得十分精確：繼承來的財富若為具備高度心智的人所獲得，才能發揮其最大的價值，這種人就好比獲得了上天雙倍的賜予，更能發揮其聰明才智，完成他人所不能完成的工作，這種工作能促進大眾福利並且能增進人類全體的榮耀。

從叔本華的生活上講，他對於財富，只能從他的立場講這些了，至於如何在勞動中創造財富和積累財富，對於他是陌生的和不感興趣的事。因此，他的財富觀是有嚴重缺陷的。

（三）如何對待榮譽

在人的一生中，金錢或財富的確影響著人的幸福和快樂，這是從人的物質生活而言的。人除了物質生活之外，更為重要的還有其精神生活，因而，在人的一生中，許許多多的焦慮、困擾、苦惱、麻煩實際上並不直接源自物質財富的貧乏，而源自精神上的得失。在人的精神得失中，榮譽感、名譽感都占著相當大的份額，如何對待榮譽、名譽和名聲，對人的心情或幸福影響極大，可以說，它也構成了人生的一大內容，在此方面，叔本華的有些論述是發人深省的，值得我們進一步深思。

叔本華把榮譽感同良心並列，認為榮譽感是外在的良心，而良心則是內在的榮譽感。他進一步把榮譽分成主觀和客觀兩方面，就客觀方面言，榮譽是他人的評價和觀感；就主觀方面言，榮譽則是人們對他人評價及觀感的重視。他把各種各樣的榮譽感分成三類：公民的榮譽、官場的榮譽和性愛的榮譽。

所謂「公民的榮譽」即是對每個具有公民權的人應該具有且不應喪失的一些品格的期許，它是基於如下的設定：我們應該無條件地尊重他人的權利，所以不得用任何不正當與不合法的手段取得我們想要的東西。做到了這一點，就具有了公民的榮譽，它是人與人之間和平交往的條件，喪失或破壞這種和平交往的條件，都會毀壞「公民的榮譽」。

稍加分析我們便可清楚地看到，叔本華的「公民的榮譽」是近代個人主義道德觀的體現，每個公民作為獨立和平等的人，都應無條件地尊重他人的權利，只有這樣，才能使自己的權利得到保障，每個人都在法律規定的範圍內以正當的手段獲得自己想要的東西。

這樣的人，既遵守了資產階級的道德，又是守法的人，因而具有了「公民的榮譽」。叔本華十分重視「公民的榮譽」，要人們嚴肅地對待它，說它是不可喪失和不容毀壞的。誰喪失或毀壞了公民的榮譽，就是破壞了人際的和平交往關係，他不僅應受到道德上的譴責，而且要受到法律的制裁。就其勸人要嚴肅認真地對待公民的榮譽這一點而論，叔本華無疑是正確的，但就其說喪失或破壞了公民的榮譽，就要受到法律的懲罰，這一點就言過其實了。

所謂「官方的榮譽」，叔本華說，它不只是一般人民對官員的一種尊敬，從廣泛意義上講，它是指一定職位上的官員，盡職盡責地幹好他的本職工作，贏得人民的信譽，相當於因履行其職業道德而贏得的榮譽。所以，官方的榮譽要求接受某種官職的人必須尊敬自己的官職，為他的同僚及其後來者作個好的榜樣。官位越高，因其肩負的國家的責任越大，他所受的榮譽也就越大。叔本華合理地要求，精於某種事業的人，如醫生、律師、教員和軍人都應該有種榮譽感，也就是誓言為眾服務的榮譽。就軍人榮譽的真實意義而言，叔本華說，一個人既為捍衛國家的軍人，就應該具有足夠的捍衛國家的軍人氣質，其中諸如勇敢和誓死如歸的決心，在任何情況下誓言為他的國家而英勇戰鬥的氣概等等。

至於「性愛的榮譽」，叔本華從大男子主義立場出發所作的議論，在今天看來，實無多大價值，讓我們省去筆墨，就此止住。

叔本華對榮譽的這種劃分是隨意的而非科學的，在上述三種榮譽之外，他還討論了歐洲上流社會中盛行的一種武士式的榮譽，具體內容我們在此也不去管它了。現在我們來討論叔本華關於榮譽同名聲及名譽之間的關係，以及它們對人生幸福的影響。

榮譽和名聲好比雙生兄弟，十分類似，但是，它們二者之間也

有著明顯的區別。叔本華認為，榮譽感是每個人都能具有的一種品格，榮譽是每個人在相似情況下應有的表現；而名聲則不是每個人都能具有的，只有那些具備卓越成就的人才獲得名聲，名聲也不能由自己賦予，而只能由他人來賦予。榮譽可以與他人分享，名聲卻只能由個別人獨有，它雖然很不容易獲得，卻是極容易保存的。

那麼在人生中應如何對待名聲呢？叔本華認為，名聲的好處是能證實他人對自己的看法。但名聲並不代表價值，因為它只是偶然的機運下顯現於外的徵象，真正有價值的是促使成名的內在因素，即一個人偉大的頭腦和心靈以及他卓越的品格，這些東西是直接存於自身的內在之物，在任何情況下都不會為他人剝奪，是值得追求而且可以增進幸福的東西，具有絕對的價值。所以，叔本華十分正確地說：

> 名聲到底只是次要的，是回響，是反映，是真正價值的陰影與表象；……令人幸福的不是名聲，而是能為他帶來名聲的東西；更正確地說，是他的氣質及能力。❾

即使真正的名聲，一般人只能在死後才能享有，在生前不能親自領受，但這樣的人仍然是個幸福的人，因為他擁有他贏得名聲的偉大品質和能力。「名聲躲避追求它的人，卻追求躲避他的人」，一個為功名心所驅使的人往往得不到他所渴望的名聲，而只有那些不計功利得失，以真善美為追求目標的人，才能最終贏得名聲，叔本華以此來奉勸人們淡泊名利、勇於向世俗挑戰。

表現叔本華之深刻之處還在於他通過人性的弱點來分析人們

---

❾　《人生的智慧》，頁75。

為什麼普遍地重視名譽。他是在與榮譽和名聲相同的意義上來使用
「名譽」一詞的，或者說，「名譽」包含了「榮譽」和「名聲」。叔
本華說，人們之所以重視名譽，乃是出於人的「喜褒惡貶」的本性。
人人都會喜歡聽好話，當聽到贊美之詞時，人的臉上便浮起一絲愉
快而甜蜜的表情。尤其是，只要你所贊美的正是他引以自傲的，即
使這種贊美是明顯的謊言，他仍會歡迎之至。人性的這種奇特的弱
點因人必定是在社會交往中生存而得到加強。叔本華認為，就幸福
的觀點著眼，我們應該制止這種缺點的蔓延。但這種缺點既然是人
的本性帶來的，又如何能夠得以克服呢？

　　叔本華認為，必須依賴於人們清醒的認識。就是說，既然榮譽
感是因人們過份重視他人對自己的評價而產生的，那麼，當人們清
楚地認識到別人對自己的看法並不能影響我們可以獲得的幸福時，
就可以減輕對他人意見的高度敏感性。叔本華高度重視的是人在自
己心目中的價值，在他看來，這種價值是集合了造成我們存在和存
在領域內的一切事物而形成的，是對自己的性格、能力和社會角色
加以反省而形成的自我意識，而別人的評價只能是一種他人意識。
叔本華從個人幸福的角度，說自我意識、自我評價對幸福有直接的
影響，因而勸人不要在乎別人怎樣說，不要陷進別人為自己造成的
愚昧的虛榮中，這的確是很有道的，因為虛榮的確是沒有堅實的
內在價值的東西，虛榮心重的人就像吝嗇鬼，熱切追求手段而忘了
原來的目的，並且，由於過份重視榮譽感（虛榮）使一個人很容易
受他人和大眾輿論的控制。但是，當叔本華論證大眾的意見，他人
的意識不值得認真對待時，所表現出的蔑視大眾的言辭卻又是一般
人所不能接受的，因為一般的人都是屬於這種「無知的大眾」：

尤其當我們認清了大眾的思想是何等無知淺薄，他們的觀念是何等狹隘，情操如何低賤，意見是怎樣偏頗，錯誤是何其多時，別人對我們的看法就更不相干了。……只要我們有機會認清古來多少偉人曾受過蠹蟲的蔑視，也就曉得在乎別人怎麼說便是太尊敬別人了。❿

　　叔本華的結論是：切勿過於重視榮譽感，太重視名譽是一般人最常犯的錯誤，這種錯誤有害於真正的幸福，幸福的源泉只能在自身所具備的事物中，即在性格和財產中去尋找。

（四）官位與驕傲

　　在「前現代化」的國家，尤其像我們中國有所謂「官本位」之現象的，官位價值之高是無與倫比的。叔本華所處的時代，德國也正處在封建制度向現代國家演化的途中，由國王頒授的爵位等級仍然是人們身份、地位和價值的標誌，在人們的普遍心理中，不可避免地有一種對官位的渴求和期待。像歌德雖然深知宮廷生活並不適合他，但他仍然在宮廷中度過了他的輝煌生涯。尤其是浪漫派的一些首領，儘管他們在理論上追求浪漫而詩意的生活，厭惡世俗的價值，但是，他們仍然在官位上實現自己世俗生活的成功。像浪漫哲學家謝林就擔任過巴伐利亞皇家樞密顧問和科學院的院長等職，弗・施萊格爾於1809年在梅特涅手下當上高官，隨後又相繼擢昇為奧匈二元帝國的公使團顧問、羅馬教廷的基督團騎士和維也納造型藝術研究院院士等，他所贏得的殊榮和高位，在他著名的先人中沒有一人能相比。看來，「學而優則仕」並不是我們中國獨有的現象。

---

❿　《人生的智慧》，頁39。

叔本華本人是個完全獻身於哲學的人，而且是個非常不得志的人，因此官位與他無緣，這使得他對官位的價值能夠採取一種超然的態度。他在許多地方都明言批評歌德在宮廷生活中浪費了自己的才華，認為歌德不值得為了官場的榮耀而耽誤了自己文學和學術的事業。而對於像黑格爾這樣的哲學家，因官方的提倡而大獲殊榮，叔本華則不放過任何一個可以利用的機會對之進行無情地攻擊與批判。

叔本華說，「官位純粹是一種約定俗成的價值。嚴格地說，它只是一件虛偽的外套，目的在於索取人為的尊敬，而有關身份的所有事情根本就是一場鬧劇」**⑪**。這集中反映了叔氏對於官位價值的態度。我們認為，如果一個社會把官位當作衡量人生是否成敗的唯一價值目標，那麼這個社會肯定是不健全的。對於個人而言，人生的價值目標是多種多樣的，到底想在官場上獲得社會的承認和尊重，還是在其他許許多多可供選擇的事業中取得成功，則完全取決於個人自己的興趣、志向、抱負以及機遇等等。對於官位價值，人們既沒有必要貶低它，當然也無須去頌揚它。

在論及人性的愚昧時，叔本華認為由這種愚昧繁殖出了三個對人生有影響的嫩芽，那就是野心、虛榮和驕傲。叔本華把虛榮和驕傲當作兩種對立的心理活動，虛榮是藉外在的喝采來建立內在的確信，是引起他人對自己有這種信任的欲望；而驕傲則是一種內在的活動，是基於對自己有強烈的自信而表現出來的。與我們中國的傳統觀念相反，叔本華稱驕傲為一種好的品德，謙虛則是笨人的一種德性。因為在他看來，只有品性優良、才華出眾且自信心強的人才有資格表現出驕傲，而謙虛則是不表現自己，是一種壓抑的過程，

---

⑪ 《人生的智慧》，頁47。

好像人人都一樣，因而它使世上的笨人占了很大的便宜。這種態度表現出叔本華的立場是西方文化中重視個性的特點，他甚至認為個性比國家性要重要得多，更值得人們重視。他說，驕傲中最廉價的一種是國家驕傲，因為當人以國家為榮時，就表示他自己沒有足以自傲的品格，不然他也不會把驕傲放在那與千百萬同胞所共享的東西上了。這些思想與我們中國的傳統觀念是格格不入的。

（五）女人與性愛的形上學

眾所周知，叔本華因同母親的性格不和造成兩者斷絕往來，一直得不到母愛的溫馨，又因同女裁縫瑪奎特持續數年的訴訟官司，賠掉了數目可觀的撫養費，使他一輩子對女人抱有深深的成見。所以，在他的一篇《論女人》的散文中，對女人的評價是大為不恭的，在許多地方表現出對女人的蔑視，頗有中國式的大男子主義的口氣。

到底女人的弱點表現在哪些方面呢？

首先，叔本華認為女人既愚蠢又淺見，像個小孩。說女人愚蠢，是因為她們天生只為男人活著，只為種族的繁殖而生存，她們的思維偏重於種族方面的事情。她們的一生只為著「如何虜獲男人的心」這唯一的一樁事而苦惱，對其他的事情都認為是無足輕重，毫不介意。所以，女人的智力普遍不高，對於音樂、詩歌、美術和其他的藝術，她們一般地都缺乏真正的熱愛，既沒有真實的感受，也缺乏欣賞和創造的一點天才。以繪畫為例，叔本華說，在技法上，本來男女同樣的適合，但有史以來，即使最卓越的女人也從未產生出一件真正偉大或富有獨創性的作品來。即使在欣賞方面，也許女人會顯出一副認真、十分內行的神態，但這在叔氏看來，只不過是女人為了遷就他人的一種幌子罷了。他說，在音樂會或劇院等場合，即

使是對於最偉大的傑作，即使是演唱到最精彩的時候，女人們仍然
會像小孩子似的吱吱喳喳。叔本華認為，全世界的劇院都應像古希
臘人那樣禁止女人進入，至少應該在幕布上要以大字書寫上「婦女
在劇院中應肅靜」的告誡。

　　說女人們淺見，是因為她們事事帶著主觀性，理性非常薄弱。
她們直覺的理解力，對周身的事物觀察力非常敏銳，但遠距離的東
西則無法入目。凡在她們視界所不存在的，不管是有關過去的也好，
有關未來的也好，她們都漠不關心，無動於衷。所以，說女人是精
神上的近視者的確十分確當。她們對於事物的理解方法和男人截然
不同，她們只生活於現實，做起事來總是選擇達到目的地最便捷的
路徑。男人們對於眼前的事物，起先是毫不在意地一眼晃過，但思
前想後，繞了幾個圈子，最後的結論重點仍在眼前的事物上。不過，
女人只就眼前的事實看問題，頭腦單純也有好處，因為不會被那些
紛然雜陳的思想所混亂。而男人則不然，一激動起來，往往把存在
的事物加以想像或擴大，結果不是小事化大就是鑽進牛角尖。

　　其次，叔本華認為，女人因其智力不高、缺乏理性，只顧眼前
和身邊的雞毛蒜皮似的小事，所以她們平凡俗氣得很，一輩子都不
能擺脫俗不可耐的環境和生涯。她們思慮的中心不外就是如何表現
自己的外貌，獲得男人的歡心，以及化妝、跳舞等與此有關的事情。
女人的浪費癖就根源於這種心理，她們很了解及時行樂的道理，以
為盡可能地花完丈夫所賺的錢是她們應盡的義務。過份地表現欲，
使女人們彼此敵視，相互嫉妒。男人和男人之間可以漫不經心地相
處著，只有在特殊的情形之下才會發生嫌隙，而女人則擁有一種商
場中獨霸市場的心理。她們所憎惡的對象包括所有的同性女人，就
是在路上相遇，也好像是意大利的教皇黨徒碰到保皇黨徒一樣，彼

此怒目相向。對於初見面的朋友，男人大半都很爽朗，女人則充滿矯飾做作，她們間的客套話和奉承話，聽起來就顯得十分滑稽。男人們當著晚輩或下屬，尚能保持若干的客套和人情味交談，而高貴的婦女同身份較低的女人談話，態度大抵都很倨傲，大有不屑與之一談的神氣。

再次，女人最大的、根本的缺陷在於「不正直」。叔本華認為這也是由於理性欠成熟而導致的，是與生俱來的缺陷。因為女人天生是弱者，沒有雄渾的力量，造物者就賦之以「狡計」俾賴以生存。所以，女人們先天上就有譎詐、虛偽的本能，正如獅子有銳爪和利齒、象有牙、牛有角、烏賊有墨汁一樣，造物者使男人有強壯的體魄和理性，對女人也賦予其防衛的力量：佯裝的武器。無論是賢女還是愚婦，虛偽和佯裝對於她們都是天經地義、順理成章的事，絕對誠實、毫不虛偽的女人幾乎難得一見。因為女人有這個根本缺陷，不貞、背信、忘恩負義等毛病也隨之而來，在法庭上作「偽證」，女人就遠比男人多。所以，對女人發誓賭咒之類的事，男人們大可不必太相信。

叔本華認為，女人畢竟是女人，她們永遠都落在男人後頭，因而對女人的弱點毋須太認真，大可睜一隻眼閉一隻眼地裝糊塗。但對女性太過尊敬，也未免顯得可笑。唯有理性被性欲所蒙蔽的男人，才會以「美麗的天使」這個名銜贈給那矮小、窄肩、肥臀、短腿的女人。

對女人的缺點作了如此苛刻的批評之後，叔本華又進而批判浪漫主義的女性崇拜，說這是日耳曼民族的「愚不可及」之舉，他覺得，古希臘羅馬民族及東方民族對女人的認識遠比日耳曼民族正確得多，給予婦女的地位也更為恰當，尤其是西方諸國給予部分女性

以「淑女」的地位實是大錯特錯。對於現代的讀者而言，對於叔本華所述的女性的弱點大可一笑置之，作為茶餘飯後的調侃倒覺得津津有味，但對於他反對歐洲的婚姻法給予婦女與男人同等地位：實行一夫一妻制的錯誤說法，則應該進行嚴肅地批判。

叔本華說，歐洲人一夫一妻的制度，無異減少了男人一半的權利，而增加了他們一半的義務。他甚至認為，給予女人與男人同等的地位，對女人太過尊敬，違反了大自然的法則。因為他覺得能夠真正享受法律所給予的這些「特權」的婦女很少，只有部分的所謂「淑女」才能享受這些特權，因此就剝奪了多數婦女的「自然權利」。叔本華對此現象的解釋是很荒唐的，他推論說，因為一夫一妻制度是以男女平等為基礎的，男人婚後勢必作出很大的犧牲，因此一些聰明的、深思熟慮的男人面對結婚往往就猶疑躊躇、逡巡不前，如是之，能夠結婚的婦女的人數就大為減少，社會上就會產生大量失去扶助的怨女。這些女人，如果是出身名門，就成養尊處優的老處女；下層女人則只有靠自己找些粗重的工作賴以維生，而等下之者，則流入花街柳巷，過著賣淫賣笑的生涯。他說，倫敦當時約達八萬的賣春婦，正是一夫一妻制的犧牲品，為著全體婦女著想，一夫多妻制倒更為有利。

叔本華在此問題上的錯誤簡直不值一駁，我們倒是從他錯誤地推論中看出了他一輩子只「戀愛」不結婚的緣由：不願為女人承擔義務。正如叔本華的整個思想主旨同其一生的行為是矛盾的一樣，他對於女人的言論同他在日常生活中對女人的態度也有諸多矛盾衝突之處。他雖一輩子未結婚，但他卻不乏許多尋歡作樂的風流韻事。正如我們在第一章其生平中所述，他在德累斯頓時就有了一個「私生女」，在柏林時又與一位風流的女演員保持了多年的情人關係，

在意大利旅遊時，還因「吃醋」而誤了與英國詩人拜倫的會見呢。情況是這樣的：

　　叔本華當時完成了《作為意志和表象的世界》一書的寫作，急於要登上哲學的舞臺，在出書的問題上太過急躁，導致了與出版商布洛克豪斯關係的破裂，寫信給歌德請求「指導」和「忠告」。歌德未能在出書問題上給予什麼「指導」和「忠告」，卻附上一封推荐書，把叔本華介紹給拜倫相識。此時拜倫正在威尼斯，同古依西奧麗 (Guiccioli) 伯爵夫人鬧著戀愛，每天都要在威尼斯的濱外沙洲騎馬蹓躂。而當叔本華看見拜倫騎馬而來，正要上前與之相見之時，陪同叔本華一起遊玩的女子見到拜倫時卻發出了尖銳的歡叫聲，對於這個女人「很迷醉的」歡叫，叔本華覺得受到了傷害，醋意翻起，一怒之下沒有拿出歌德的推荐書結識拜倫，扭頭走往別處。後來一想起此事便覺得惱火，女人又一次誤了他的大事。後來他給其妹妹阿德蕾寫信時也承認，只要女人要他，他的心頭也會湧起一種「極為美妙的柔情」。

　　由此便可得知，叔本華對女人的仇視和尖刻，實際上是他一生不得志造成的，儘管他帶著特殊的情緒對女人說了許許多多的「壞話」，但他心底對女性的價值還是承認的，這從他十分欣賞法國作家朱伊 (Jouy, 1764–1846) 的這幾句話中就可看出來：「如果沒有女人，在我們生命的起點將失去扶持的力量；中年失去歡樂，老年失去安慰。」拜倫在他的劇本《薩丹那帕露斯》(Sardanapalus) 中的這段道白也頗得叔本華的賞識：

　　　　在人類呱呱墜地之始，就必須靠女人的乳房始能賴以生長，

　　　　嬰兒的呀呀學語也是出自女人的口中傳授，我們最初的眼淚

是女人給我們抑止，我們最後的一口氣也大都是在女人的身
旁吐出來……。

叔本華認為這段話頗能真切、具體、傳神地道出女人的價值所
在。

如果說，叔本華的《論女人》只可作閒談的笑料的話，那麼他
的《性愛的形上學》則有更多理論的意味和價值。

性愛是人生的一大內容，甚至是幸福的重要因素，每個人都可
從自身的經驗中獲知這一點。然而，令人感到驚奇的是，人們對這
一重要問題總是力圖迴避，不作正面的探討。人們從各門藝術中可
以看到對於性愛的描述，這種描述可以說是文人們主要的題材。小
說、戲劇、詩歌、繪畫，倘若去掉了性愛的內容，那將顯示出不堪
入目的枯燥和抽象。然而，當叔本華著手探討性愛的哲理時，他十
分驚訝地發現，歷來哲學家竟對這人生的重大要項幾乎全然未加觀
審探究。那麼，作為人生觀的哲學失卻了對人生的主要事務之一的
性愛問題的反省，還能是一種完全的富有內容的人生觀嗎？

因而，叔本華與《論女人》一文的帶著情緒的調侃態度相比，
對性愛問題從一開始就確立了對人類激情進行形上學反省的嚴肅的
探索精神，並把對性愛的形上學探討作為其整個哲學的一個重要環
節。可以說，在哲學史上，叔本華首開了性愛哲學研究的先河，在
後來者當中，也唯有弗洛伊德 (Sigmund Freud, 1856–1939) 能夠與
之比肩。

具體說來，令叔本華心智困惑並百思不得其解的難題是愛的激
情何以具有那種足以凌駕一切之上、排斥一切顧慮、打破一切障礙
不達目的誓不罷休的力量呢？為什麼它甚至可以讓人毫不遲疑地以

生命作賭注，一旦滿足不了它則以身殉之的強力呢？叔本華看到，許多人為了愛情而不惜自殺，有的則進了精神病院。而他們既然要享受激情的樂趣，希望通過至死不渝的愛情尋覓至高的幸福，為什麼不想設法繼續求得生存，反而只訴諸死亡一途呢？

叔本華找到了看似簡單，實很深刻的「性本能」概念來解釋。因為所有的戀愛，不管其呈現的外觀是如何的神聖和靈妙，它的根柢只是存在於性本能之中。性本能是生命意志中力量最強大、活動最旺盛的一種原始衝動。說它「原始」，因為它與生俱來，與生命同在；說它是「衝動」，因為它是排除理性算計的強烈的激情和欲求；說它力量最強大、力量最旺盛，因為它占據人類大半的思想和精力，從青年到銀絲白髮的老人都為此力量所控制；它會使最為緊要的工作中斷；它會光明正大地闖入道貌岸然的政治家的辦公室或學者的書房；可以使善良的人想出惡毒的計劃，拆散最珍貴的父子之情，斷絕最強固的羈絆；它可以使一向正直的人謊話連篇，使本性忠厚的人忘恩負義；它甚至可以讓人犧牲健康、地位、財富和生命。總之，它像惡魔一樣，可以使一切混亂、顛倒。

性本能之所以如此強盛，以本質言，它就是「求生的欲望」。而這種「求生的欲望」又不僅僅是針對著個體自身的生存，而是向著個體之外的另一個異性對象來表現的，因而叔本華認為，這是一種「傳宗接代的生存意志」。這時的性欲本能，即使是個體自身的主觀要求，也巧妙地戴上客觀贊美的面目，是「自然」本身為了它的目的而採取的策略。在這裡，叔本華提出了著名的性愛之「生殖原則」。他認為，性愛不論表面上如何帶有純潔、崇高的色彩，但所有的熱戀唯一所期望的，不外只是產生一個與種族的固定性質相同的個體。他甚至認為，在情侶們充滿愛慕的眼神相互交接的那一剎

那間，就已開始燃燒新生命的火焰！叔本華自信地認為，所有的戀愛都是為了生殖，這是千真萬確的事實：

> 那些敏感自負的人，尤其是目下正陷於戀愛中的人，恐怕會笑我的見解太粗野、太現實吧！不管別人如何嗤笑，這是千真萬確的事實，我自信絕對沒有錯誤。想想看，精確的決定下一代的個體這一件事，不是比他們所誇張的超絕的感情更崇高、更有價值嗎？世界上所有名之為「目的」的東西中，還有比它更重大的嗎？初嚐戀愛時的認真、熱戀中的纏綿悱惻，以及戀愛周遭的瑣碎事物之所以賦予重要意味，都是在考慮上述目的的存在時才能領略出來，……也唯有把它當做真正的目的來考慮，為獲愛侶所費的煩雜勞苦和努力，才能和事件相應和，因為這些活動和勞苦，關係著第二代呵！⑫

　　叔本華提出的這種現實的「生殖原則」更多地符合於我們中國封建時代的傳宗接代的婚姻觀，而同現代的實際不相符合。現代的處在戀愛中的男女，無論中國還是德國，無論西方還是東方，首要考慮的因素決非是生殖，決非是為了傳宗接代，而是為了兩人之間的快樂和幸福。至於生兒育女那只是戀愛中第二步才考慮的問題，或者說，生殖現象只是性快樂所帶來的副產品而已。實際上，這種情況在叔本華本人身上表現得很明顯，他同那麼幾個女性都鬧過戀愛，但很少考慮同她們結婚。顯然他就沒有受「生殖原則」的支配，而是受「快樂原則」的支配。因此，在分析性愛活動時，也許弗洛伊德的「快樂原則」更符合現代人的戀愛心理。

---

⑫　《叔本華論文集》，百花文藝出版社，1987年版，頁129。

　　當然，無論是叔本華還是弗洛伊德，他們都沒有單純地提出一個「生殖原則」或一個「快樂原則」，而是同時看到了這兩方面，只是對它們誰起支配作用的看法不同而已。叔本華更多地把「生殖原則」看作是支配性的，因為戀愛屬於當事者自己的私事，而生殖則屬於「種族」綿延的大事。戀愛的當事者往往為了性的滿足，違反一切理性，有的糊裡糊塗的結婚了，有的以財產、榮譽和生命為代價，有的甚至以誘姦或強姦來達到目的，往往犧牲了自身的幸福。這在叔本華看來，完全是種族的強大意志力在起作用，冥冥中似乎到處高呼著：「要服從自然的意志，即使犧牲個體也要為種族而盡力。」這當然是誇大其辭的說法，表現出叔本華為了貫徹其意志本體論的思路而不顧現實的牽強附會。

　　事實上，叔本華也看到了性愛中追求快樂的重要性，但他把性愛的快樂只當作是肉體的享樂而同所謂的「愛的交流」這種精神性的快樂區分開來，繼而又把「肉體的享樂」等同於生殖活動，這才有了他的「生殖原則」。他說：戀愛的主要目的，不是愛的交流，而是占有──肉體的享樂。所以，縱是確有純潔的愛，但若缺乏肉欲的享樂，前者也無法予以彌補或給予慰藉，反之，對某一異性懷有強烈喜愛的人，若得不到愛情的交流，也能以占有肉體的享樂而自甘。在這裡，叔本華無疑承認了性愛中肉體享樂的重要意義，它甚至可以取代真正的愛情的交流，這實際上同弗洛伊德所強調的「快樂原則」相差無幾。但叔本華的不足在於，他把肉體的享樂等同於生殖原則，沒有發現兩者的巨大對立，從而不能真正揭示性愛的心理機制。實際上，在性愛活動當中，生殖與快樂一直是矛盾地存在著的，只有在極其特定的情況下──雙方都想生個小孩時──兩者才達成一致。在大多數情況下，它們是對立的。一方面，人們在堂

堂正正地生孩子的同時，卻又對整個性愛活動過程遮遮掩掩，要遮掩的恰恰是快樂。處於熱戀之中甚至同男性已經同居的女人，為了掩飾自己的真相，常常總是虛偽地告訴別人：「其實我並不快樂！」另一方面，在戀愛的雙方關起門來心照不宣地尋歡作樂之時，卻又總是對其後果提心吊膽，要迴避的恰恰是生殖。

　　叔本華把整個性愛活動過程中所產生的欲望、衝動、激情與滿足的快樂都當作是大自然實現其種族繁衍活動之「客觀目的」的狡計，從而把兩性活動看作是以生殖原則為主宰的。在此觀點之下，女人只是為種族的繁衍而存在，戀愛首要的條件是健康、力和美，為的是使男方（父）的意志力和女方（母）的柔美高度適合地產生出新的個體、新的生存意志。這種偏頗的觀點，使叔本華得出一個錯誤的結論：

　　　結婚不是心與心的結合，而是身體和身體的結合。

　　這一錯誤的結論讓叔本華把兩性之間心靈的溝通與激情的勃發看作只是身體之協調的補充，以男女身體上的相適替代戀愛中「真情」的巨大意義。他說，不論男女，嬌小玲瓏的都對高大健壯者特具好感，男人的體質愈瘦弱，愈想找個健碩的配偶，而女人因其體力本來就較弱，所以她們通常都喜歡手大臂粗的壯漢。撇開「情」的成份不談，一般地這樣說，倒也不錯，但若把兩性身體上的「取長補短」看作是性愛的第一原則，看作是「自然」本身的選擇，則讓人既無法相信，也從理性上拒絕接受。特別是，當叔本華說，獅子鼻的人，一見鷹鼻或鸚鵡鼻的人，就感到一種無法言喻的滿足；軀體和四肢的構造過度瘦長的人，只有看到五短三粗的異性才以為

美時，人們更多地只把此當作調侃的笑料，並不以為是多麼重要的真知灼見。因為一旦把愛情中「情」的崇高貶低為與動物同出一轍的性本能的表現時，無論怎樣試圖把性愛通過種族的「生存意志」而拔高到「形上學」的高度，其實這只能成為「形下學」的荒唐說教，這在叔本華的這段話中鮮明地表現了出來：

> 但對男人來說，熱望與某女人同衾，實際上也和其他任何女人共枕並無太大的差別，不外是肉體結合和生育，除此外再無收穫。這種強烈的激情和其他的激情相同，也可發現連當事者都感到驚奇的事實：它在享樂完了之同時，立刻消失不見。又者，此激情也可由女性的不妊，不能達成形而上的目的而消失。⓭

這種排除和貶低感情作用、以生殖為目的的性愛觀，叔本華總是試圖把它同「種族利益」聯繫起來而使之合理化。他認為，愛情中的憧憬和悲痛，在個體身上往往總是以大喜大悲的形式表現出來，喜時，猶如酒神狂醉時的歡愉，悲時，則是撕心裂肺式的痛苦，因為個體只是在無意識地為種族效力，個人愛情的成功與失敗與種族利益休戚相關。戀人為情敵奪走，這種損失之所以無法估量，之所以會引起個人無限的哀傷悲慟，因為這不但關係他本人，連帶他永恒的本性，即種族的生命也受到侵害。英雄雖恥於一切哀嘆，但惟獨對戀愛的嘆息不引為恥，因為這時悲泣的不是英雄本人，而是種族。在如此「種族利益」的花環之下，叔本華甚至為那些昧著良心偷情通姦的行為找到了合理的解釋，因為他們自覺到，自己的行為

⓭　《叔本華論文集》，頁149。

是為種族的利益，比起只是為個人利益的行動，具有更高的權利，因而能心平氣和地幹那「不可為」的大事。

　　到此為止，我們不願再往下繼續介紹了。叔本華把人類最美好的情感貶低為「自然」的本能的種族繁衍（所謂種族利益）， 必然引起絕大多數「有情人」的激烈反對。他甚至不可救藥地在愛情問題上也得出了悲觀主義的結論，說什麼「戀愛的結婚，通常結局都是不幸的，西班牙有一句諺語說：『為愛情而結婚的人，必定生活於悲哀中。』」這怎能不導致那些陷入愛情憧憬中的年輕人對叔本華的不屑與仇視呢？不過，這也為那些失戀者和許許多多為無愛情的婚姻而苦惱的人，提供了一點心靈上的安慰。

　　以上這些世俗的生存智慧，除《性愛的形上學》外，均不具有抽象的純粹的哲學意味，然而卻對人生具有實在的工具性的參考價值，是人生觀的一大現實內容。這些內容，無論是對於哲學研究者還是對於一般的讀者，只要是認真地對待生活，就都不能不認真地加以省察。叔本華的重要性，不在於他自己對待這些內容的態度和提供的答案，而在於他所提出的這些問題本身，應該說，它與下面將要討論的所謂的生存的大智慧——人生解救論一樣，是激發後學產生思想的不竭的源泉。

三、人生解救論

　　世俗的生存智慧所針對的目標是如何獲得人生的幸福，而作為「大智慧」的人生解救論所針對的目標則是如何擺脫人生的痛苦；前者立足於具體經驗，後者依據的是形上學原理；前者以積極而激

情的心態肯定人生（生命活動作為意志的表現）； 後者以消極而悲觀的情緒否定人生，兩者共同構成了人生哲學的生動畫面。

在叔本華哲學中，人生的解救是圍繞著意志的否定展開的。這種對生命意志的否定，不僅使叔本華的哲學思想充滿著矛盾，而且使得人生的解救步履維艱。說它充滿矛盾，因為一方面叔本華把意志確立為世界的本體、人生的根本，而世界所存在的一切包括人的生命活動等等都只不過是意志的表象。表象是遮人耳目的「摩耶之幕」，唯意志真實而恒在。從這而論，叔本華是肯定意志而否定表象的，意志作為最內在的生命本能、最旺盛的生命活力，是宇宙中最有價值的本體之物。另一方面，又因意志是一切欲望的根源，因而也是一切痛苦和不幸的根源，所以，從人生的積極意義而論，要獲得解脫，必須從根本上否定意志，意志成為人生中最無價值的萬惡之首。說它步履維艱，因為否定意志，是對生命的原始本能之否定，否定了意志，就否定了生命本身，不僅不存在人生，連整個世界都不再存在，只剩下空無一片，這又如何可能呢？

僅就人生解救而論，叔本華認為，雖然否定意志困難重重，但並非完全不可能。其首要的條件就是擺脫認識為意志服務的關係，看穿個體化原理，看穿人生的「摩耶之幕」， 從而自覺走上否定意志的解救之途。藝術和禁欲是人生解救的兩大法寶。

（一）藝術對人生的解救

用藝術來拯救人生是德國浪漫主義傳統的一個基本意向。叔本華從屬於這一傳統並以其自己的獨特方式，使浪漫主義的詩化人生改變了基調。

叔本華同浪漫派詩哲一樣，都不能忍受他們生活於其中的這個

世界的功利化、庸俗化和機械化，在這個人情日益淡化和冰冷的世界中，他們覺得極不自在。然而，在馬克思主義產生之前的德國，思想家們均未產生出像馬克思、恩格斯那樣的以暴力革命為手段的社會革命方案，他們所能想到的只是在思想上造反，在心靈深處發動狂風暴雨式的「革命」。叔本華和浪漫派的思想革命，實際上是一場「審美革命」，他們所謂的用「藝術」、用「詩」來拯救人生，實則是以一種審美的眼光來對待人生，或者以審美為手段，使枯燥無味而又散亂的日常生活變得詩意盎然，情趣橫生，自然而又神奇。但是，在浪漫派詩哲和叔本華之間，仍然存在著巨大的差異。對浪漫派詩哲而言，我們生活於其中的這個世界（即人的社會生活）雖然枯燥無味，雖然極其庸俗和功利化，雖然使人們的靈性無法安寓於其中，從而使生活失去了本真的價值和意義，但是，世界的本來面目卻不是如此，本來的世界——自然——是充滿詩意並令人嚮往的，那裡有美麗的花朵和自由的聖所，只要我們返歸於自然，人生則會變得美好。他們認為，返回自然，並非就是脫離社會回到原始森林中去，而首先要返歸的是我們心靈的「自然」，人性的「自然」。所以他們呼喚自然而純真的情感，把激情和愛情看作是生活的價值砝碼，看作是化腐朽為神奇的力量。此外，天才的想像力、自然的創造力和詩意的「反諷」都能讓機械、呆板而無味的「散文化」生活得以改觀。因而，浪漫派對生活仍然抱有樂觀的信念，充滿詩意的生活是他們崇拜的對象之一。而在叔本華，對生活的態度則完全不同，他以其絕對悲觀的情緒認為生活本質上就是不幸的，充滿著勞苦、掙扎、貧乏和痛苦，這是無法改變的事實。人的任何努力均只有消極的、暫時的意義，它只能使人擺脫眼前的痛苦，卻不能讓人免卻更大的痛苦。幸福是消極而短暫的，而不幸則是常態而永恒

的。既然如此，藝術或者說審美又是如何、並在多大程度上能夠為苦難的人生提供解脫或拯救呢？

叔本華說，藝術之所以能夠解脫人生的苦難，是因為藝術本質上是一種獨立於充足理由律之外的考察事物的方式，是按照事物之完美的原型——理念——觀照事物的方式。服從於充足理由律的理性的認識方式和獨立於充足理由律的、藝術的認識方式的差別在於，前者按照因果關係尋求事物之原因，力求認識的是世界的現狀，目的是求真，因而所依賴的手段是事實、求證和邏輯；而後者則是按照詩意的想像，力求把握事物之完美的原型，目的是審美。因而藝術不僅反映事物的「現狀」、而且參與到事物之中去，使之趨向於其原型的完美，使事物本己的物性更加顯明、豐滿和強盛。因而藝術以審美的眼光參與了可見世界之按其本質（原型）的自我完善。藝術之作為這種觀審事物的方式，叔本華認為，它從下述三個方面為人生提供了解救的契機：

第一，藝術觀照（認識）擺脫了為意志服務的關係，領會了被直觀到了的事物之理念，從而擺脫了欲求和功利，擺脫了一切個體性和由個體性而產生的痛苦，隨之產生出怡悅和恬靜的審美心境。這裡的問題在於，為什麼認識只有擺脫為意志服務的關係才能產生超功利、無欲求的審美心境呢？原因在於，叔本華把意志看作是一切欲求的主體，為意志服務的認識就是從功用上、從事物間的因果關係上對事物的把握，因而是從功利的、占有的關係出發的。例如，對於一株參天大樹，科學的理性的認識是從該樹木的質地出發，考察其在實際生活中的效用，商人更是盯著該樹能為其帶來的巨大經濟利益，這樣的認識便是為意志服務的。而藝術的認識則完全不同，它不考慮這棵樹是否有用，是否能給人帶來經濟效益，而只關注該

樹的審美價值，大自然如何通過這棵樹表現出樹的理念（完美的典型）。 在審美的觀照之下，那些最無實用價值的歪脖子樹，那些枯枝敗葉，卻常常有著美的外觀，給人的心靈以強烈的震撼。叔本華說，荷蘭風景畫把審美的直觀集注於一些最不顯耀的的自然景物上，為精神的恬靜立下了永久的紀念碑，這塊紀念碑把藝術家那種寧靜的、沉默的、脫離意志的胸襟活現於觀審者之前，使觀者在愜意的欣賞中成功地擺脫了主觀性，擺脫了為意志服務的奴役而轉入純粹認識的狀況，甚至使觀者脫離了自身的個體性生存處境達到了與觀審對象的審美共存。所以一個即使為情欲或為貧困和憂慮所折磨的人，只要放懷一覽大自然，也會突然地重新獲得力量，振奮精神而挺直了脊梁。這時情欲的狂瀾，願望和恐懼的迫促，由欲求而生的一切痛苦都立即在一種奇妙的方式之下平息下去了。

第二，藝術之所以能使人擺脫痛苦，是因為藝術是按理想的方式，按想像的方式去觀審對象。每個對象作為個體而言，是有缺陷的，是不完美的，而個體對象的理念則是無缺陷的，是完美的典型，藝術即是以理想的方式按其理念來表現個體事物，因而藝術是對現實的美化，是對事物的補充和完成。所以，通過藝術表現出來的對象要比實在的對象更美，正如畫家所畫的人物應該比真人更美一樣。這樣一來，藝術世界賦予了現實世界一種美的幻覺，它使人按美的原型去看現實，從而掩飾了現實的缺陷和不足。即便是醜惡的現實，在審美的觀照之下，也會產生出新的意義。藝術對現實的這種美化，從另一方面說，是由於人們把作為表象的這世界和欲求分開了，孤立地以理念為原型去觀照它，因而這一面「就是人生中最令人愉快和唯一純潔無罪的一面；——那麼，我們都要把藝術看作這一切東西的上升、加強和更完美的發展；因為藝術所完成的在本質上也就

是這可見的世界自身所完成的，不過更集中、更完備，而具有預定的目的和深刻的用心罷了。因此，在不折不扣的意義上說，藝術可以稱為人生的花朵。如果作為表象的整個世界只是意志的可見性，那麼，藝術就是這種可見性的明朗化，是更純潔地顯出事物，使事物更便於概覽的照相機」❶。

　　柏拉圖曾說過，美感是靈魂在迷狂狀態中對於美的理念的回憶。叔本華也以一種類似的回憶說，闡述審美快感之讓人擺脫痛苦，獲得美感享受的心理機制。他認為，在美的欣賞中我們的體驗會在過去或遙遠的情景之上鋪上一層美妙的幻景，從而遺忘所曾經歷的痛苦。因為在委心於客觀的審美觀賞中，我們的想像力所召回的僅僅是當時的客體，而不是意志的主體，這意志的主體在當時懷著不可消滅的痛苦正和今天一樣；可現在，他在純粹地客觀鑒賞中，通過眼前的對象，如同通過遙遠的對象一樣，能夠產生出美的幻覺，使自己融入到美的情景之中，從而達到美的怡悅，擺脫一切痛苦。審美快感的這種心理機制通過美的幻覺、回憶、遺忘、融化這四個階段把審美主體從意志的奴役下解放出來，使自己個體的自我和意識得以遺忘，上昇為純粹的、不帶意志的、超乎時間的、在一切相對關係之外的審美主體，因而達到了超脫現象世界之必然的因果鎖鏈的自由和任意，超脫了功利欲求的勞累與痛苦而達到了內在的精神安寧與審美愉悅。這便是藝術對人生拯救的第三方面。

　　綜觀藝術解救人生，第一方面是從藝術表象的總的特徵說明這種表象依照天才的邏輯獨立於充足理由律之外，是一種自由的表象，創造性的遊戲；第二方面著眼於審美對象，從理想方面依據事物的理念去表現事物，從而美化了對象，掩飾了現實世界的缺陷和不足，

❶　《作為意志和表象的世界》，中頁369，德頁351。

給人以美的期望和超越；第三方面著眼於審美主體，在審美觀照中忘卻其主觀性和個體性，沉浸於純粹的鑒賞，迷失於客觀之中，作為純粹的認識主體而存在，因而擺脫了現世的痛苦和煩惱。這三個方面都把人從身處的這個欲求世界中拔了出來，從時間之流中超昇了出來，在審美愉悅的瞬間達到了與理念世界共同的無限和永恒。人生失卻了審美，完全陷入意志所限定的功利欲求世界，那是不堪忍受的不幸，是完全不值得過的災難，審美、藝術為人生獻上了一朵美麗的花，這朵花點綴著生命的綠色，使人生具有了價值和意義。

然而，叔本華看到，審美愉悅是短暫的，它迷醉一時，因鑒賞的自由遊戲而強化了的精力隨著遊戲的中止而疲倦，從而又要返回到生活的嚴肅中去。現實不會因理想的美化而改變，缺憾不會因想像力的償補而真的消失，嚴峻的生存意志仍然是人們必須去面對的可怕的陷阱。所以，藝術、審美只是把有此心境的人從其勞頓的生活中拖出來休息片刻，獲得瞬間的解脫，而不是意志的清靜劑，尚不能讓人獲得永久的解脫。因而，叔本華說，藝術與其說是對人生的拯救，毋寧說是生命中一時的安慰。

在這裡，有一個至關重要的問題必須作進一步的探討：審美愉悅能否超越暫時的安慰成為人生永恒的花朵呢？叔本華對藝術解救功能的強調是否過於保守和悲觀了呢？

筆者認為，叔本華關於藝術只能提供短暫的安慰的理由並不充分，因為無論是「安慰」還是「解救」，都關涉到對世界人生的基本信念和人生態度問題，這種信念和態度不能以時間來劃分，它與時間性無關。如果在觀賞一幅美麗的風景畫或一齣戲劇時，觀者只在當下為此藝術品的美所打動，而沒有由此而確立一種人生態度或信念，那麼這種內心的激動只能說是一種情緒波動而決不是一種人

生的安慰或解脫。人生的安慰或解脫，真正說來應該說是通過藝術品的審美欣賞或藝術創造，從藝術中吸取了一種積極向上的力量，從美感中體悟出一種自由而博大的精神，從而有勇氣和毅力去直面人生的艱難和生存的險惡，甚至能用一種審美的眼光來審視現實的缺憾、不幸和悲慘。叔本華的錯誤在於武斷地把人生劃分出審美和非審美兩個基本區域，狹義地理解藝術的審美愉悅在生活中的作用，他沒有明確地看到藝術的審美愉悅只有在確立為對世界人生的一種審美態度和美感信念之時，才能真正撫慰人類孤苦的心，從而具有某種解救的力量。作為這種審美態度和信念所產生的愉悅決非是瞬間的，而是永恒的，或者說它把瞬間鑄成了永恒。

　　審美的人生態度和信念是人生獲得拯救的重要法寶，是人生意義的源泉，是振奮人的精神，增強人的意志力的興奮劑，這從尼采哲學持久不衰的影響力便可得知。尼采比叔本華高明的地方，就在於他不把藝術和審美看成瞬間性的愉悅，而是看作確立人生信念的基石、人生態度的核心。他之所以能把叔本華求生存的意志改造成為表現生命力量的意志，關鍵就在於他更強化了藝術和審美作為人生信念和態度所具有的魔力。阿波羅藝術和狄奧尼索斯藝術之劃分，實質上正是叔本華關於藝術的審美快感的第二和第三方面。也就是說，尼采所謂的阿波羅藝術是通過對現實的美化而賦予現實一種審美的外觀和幻覺。「夢」是日常生活中的阿波羅狀態，史詩和造型藝術是它的主要表現形式；而狄奧尼索斯藝術則撕去這層美的紗幕，直接肯定和擁抱那缺陷得可怕的存在，如醉如狂地沉浸於與自然現實合為一體的歡欣之中。「醉」是日常生活中的狄奧尼索斯狀態，痛苦和狂喜交織的顛狂是其表現形式，在藝術中，音樂代表了這種藝術。可以說，在叔本華的審美快感理論中已經具有了尼采區分阿

波羅藝術和狄奧尼索斯藝術的決定性萌芽，但他們對待藝術拯救人生的態度存在著巨大的差別。在叔本華，無論是藝術賦予現實以美的幻覺（第二方面），還是審美主體在純粹觀審中的沉浸與個體性的迷失（第三方面），他始終注目的是以夢幻般的審美形象來掩飾和彌補存在的恐怖和痛苦，由此獲得一種瞬間的解脫；而在尼采，則更多地強調撕去美的虛幻的外表而直面生存的可怕和嚴酷，在藝術本能的顛狂醉迷之中直接肯定和擁抱殘缺和不幸的現實，欣賞到生命中「悲劇的誕生」，在悲劇英雄的毀滅中感悟到事物基礎中生命的堅不可摧和意志豐盈的快樂。因而，尼采把叔本華的生命價值毀滅的悲歌轉化成生命意志強盛不衰的喜劇，把現實的苦難轉化成世界不斷創造和毀滅的自娛的審美遊戲和快樂。這樣一來，藝術才成為對生命的最高肯定和祝福，才真正成為人生的救主。

由此可見，叔本華關於藝術對人生解救的智慧之花只有在尼采這裡才結出了豐碩的果實。不過，能夠品嘗這顆果實之甘美的人，不是一般的平庸之輩，也不僅僅是藝術的天才，而是生活中的強者，是「超人」。這個「超人」是上帝死後的補缺者，但他不像上帝那樣把人救出塵世的苦難去享受天福，而只在人所生存的大地上實現審美的解放和超脫。但對於叔本華而言，他雖然高度讚美藝術中的天才，但他既不想讓藝術的天才成為「超人」，也不想使一般人成為天才，藝術只能拯救那些生而具有天才素質的少數人，而且只能獲得暫時的安慰，不能獲得永久的解脫。藝術只是引渡人們走向徹底解脫的橋梁，是讓人看穿生命本質的痛苦和不幸從而走向徹底否定生存意志的永恆啟示。對於既無力使自己成為「超人」，又不願皈依基督教主的人來說，甘願放棄生命的歡樂，徹底否定生存意志而過一種清心寡欲的禁欲主義生活，似乎只能是其可悲的但卻必然

的歸宿。

（二）禁欲主義的人生之路

在叔本華看來，藝術只是人生中短暫的審美遊戲，在此美妙的遊戲中恬息片刻之後，必須要重新返回到嚴肅的生活中來。人生要獲得真正的、徹底的解救必須走上禁欲主義的人生之路，達到清心寡欲、無我無求的涅槃境界。

為什麼一定要走上禁欲主義人生之路呢？因為在叔本華看來，欲求是生命意志的表現，意志愈強烈，人生愈痛苦。只要有意志存在，人生就被捆綁在欲求掙扎的痛苦和空虛無聊的兩極之間，必然得不到解脫。禁欲實質上就是要徹底否定生存意志。徹底否定生存意志並不是讓人立即去自殺，結束自己的生命。叔本華認為，自殺並不導致生命意志的否定，相反，它是強烈地肯定生命意志的一種現象。這是一種違背常理的說法，因為按叔本華自己的意識，人的身體本是生命意志的客體性，只要有身體在，有生命在，必然就有生命意志在，再清心寡欲的人，只要生命還活著，生命意志之火就有可能重新燃燒起來，因此，要否定生命意志，應該說最簡捷的辦法就是自殺，取消了生命，當然也就否定了生命的意志。但叔本華並不這樣認為，他覺得自殺離意志的否定還遠著。因為意志之否定的本質不在於對痛苦深惡痛絕，而在於對生活的享樂深惡痛絕。叔氏認為自殺者自殺的理由是對輪到他頭上的生活條件的不滿，是對不堪忍受的的痛苦的逃避。因而，在自殺者的內心他是要生命的，他要這生命、這身體暢遂無阻地生存，這實際上是更強烈肯定意志的一種現象。另外，自殺者所否定的只是個體的生命而不是物種，所以對意志之否定來講是無濟於事的。原因在於，個體生命只是意

志之現象，個別現象的自甘毀滅，自在之物（意志）卻依然無恙，猶如不管彩虹所依存的雨點是如何迅速地在替換更易，彩虹自身仍堅持不收一樣，意志在這裡就正是以取消它的現象來肯定自己。所以叔本華說，自殺是一個完全徒勞而愚蠢的行為。

既然如此，叔本華認為只有禁欲主義才是徹底否定意志的必由之路，原因有二：首先禁欲要求不近女色，這就阻斷了新意志現象的繁殖之路，預示著意志將隨這身體的生命一同終止；其次，禁欲是自願的受苦，自動克制欲求，達到與世無爭、真正無所為和完全無意志的狀態，這才是人生的真正解脫。

有沒有比禁欲主義更好的人生解救方法呢？叔本華雖未直接提出和回答這個問題，但從他的闡述來看，他不承認有比此更好的解救方法，因為在他看來，禁欲主義是佛教、印度教、喇嘛教和基督教共同推崇的人生智慧。在《吠陀》、《普蘭納》以及古印度的詩歌、神話和聖者的生活軼事與戒律中，表現出印度教及佛教的倫理戒律就是禁欲主義的：要完全否定一切自愛以愛親鄰；慈悲不僅以人類為限，而要對一切生命（包括動物）；施捨要不惜散盡每日辛勤所得；對一切侮辱我的人要有無邊的容忍；不論對方如何惡劣，要以仁德報冤仇；禁各種肉食；追求聖道的人絕對戒色並禁止一切淫逸之樂；要散盡一切財產，拋棄任何住所和親人；要絕對深密的孤寂，在靜默的觀照中度此一生；以自願的懺悔和可怕的、慢性的自苦而求完全壓制住意志。叔本華說，這些已有四千餘年來歷、至今仍被印度人所遵守的戒律，「不可能是任意想出來的怪癖，而必然是在人性的本質中有其根據的」❺。不僅如此，基督教的倫理與印度教的禁欲主義有著驚人的類似，它不僅是導向最高度的博愛，而且也導向

---

❺ 《作為意志和表象的世界》，中頁533，德頁498。

克制欲求。不過，叔本華認為，只有在後來的基督教裡，才把在基督教聖者和神秘主義者的著作中看到的那種禁欲主義萌芽發展成為茂盛的花朵。在基督教的佈道中，除了講求純潔的仁愛而外，還講求徹底的清心寡欲，自願的徹底貧困，真正的寧靜無爭，徹底漠然於人世的一切；講求本人意志的逐漸寂滅和在上帝中的再生，完全忘記本人而浸沉於對上帝的直觀中等等。

　　既然認定了禁欲主義是徹底否定生命意志、解救人生的最好方法，那麼剩下的就只是禁欲的途徑和步驟了。儘管叔本華把禁欲主義鼓吹得如此美好和必要，但他深知，真正能夠並願意接受禁欲主義的，只是少數人，絕大多數人只顧置身於生活的享樂之中，是不會走上禁欲之路的。自願走上禁欲之路的少數人，在叔本華看來是些聖者、哲人或看破紅塵者。這裡有個認識上的前提，即只有那些真正認清了意志的本質，看穿了個體化原理，進入了純粹認識的形式，而這認識作為意志的清靜劑帶來了真正清心寡欲的人，才能走上禁欲主義的解脫之路，才達到了解脫的途徑。

　　所謂認清意志的本質，看穿個體化原理，是說要認清意志即欲求，即痛苦的根源和不能獲救的鎖鏈；所謂看穿個體化原理即要明確認識到，個體生命只是意志的表象或客體性，是意志肯定自身的工具，個體生命本身是無價值的。認清了個體化原理就意味著人意識到自己與別人都是受苦的不幸的現象之物，從而意識到自己與別人的同一性，意識到現象世界的同一的普遍的本質，以致這人不再在人我之間作出自私自利的區別，就會自然而然地把一切有生之物的痛苦看作自己的痛苦。他不管往哪兒看，都是看到這受苦的人類、受苦的動物界，和一個不斷生滅消逝中的無意義的世界。所以，他便會對所有的一切表現出同等的關切，產生自覺自願的公道、真正

的善和無私的愛。這樣的人才能走上自願禁欲的解救之道。而所謂的這種認識作為意志的清靜劑，說的也就是對於意志的內在矛盾及其本質上的虛無性的認識。根據這種認識，自願走上禁欲主義有兩條道路：

第一條道路是在完全認識了意志的本質，看穿了個體化原理，而這認識又成為意志的清靜劑之後出現的對生命意志的徹底否定。只有在有了這種認識之後，人才看清了生命的享受是對生命意志的肯定，而生命的享受本身現在卻令他戰慄。他所體會到的痛苦不是他個人的痛苦，而是世界的痛苦，人人共有的痛苦，這樣他才能真正地使意志背棄生命，達到自動克制欲求和與世無爭的狀態，達到無為和無意志的狀態。這樣的人與那些僅僅沉重地感受到自己的痛苦或生動地看到別人的痛苦而產生生命空虛意識的人，是不一樣的，後者也許會想以徹底堅決的克制來拔去貪欲的毒刺，以便堵塞一切痛苦的來路。但是，只要他沒有真正看穿摩耶之幕的虛偽性，現象的騙局仍然會纏住他不放，希望的誘惑，眼前的歡樂，享受的甜蜜，在偶然和錯誤之下分享的安樂等等，肯定會把他拖回到現象的騙局從而重新拉緊捆住他的繩索，解脫是不可能的。當然，即使是那些完全認清了意志的本質、看穿了摩耶之幕的人，生命意志的否定也是必須以不斷的鬥爭時時來重新爭取的。

第二條道路不單是認識到全世界的痛苦，自願承擔這痛苦，而是由於自己感到本人過度的痛苦，而自願走上清心寡欲之路的。大多數人都是在這第二條道路上先由本人的最大痛苦把意志壓服了，然後才能出現意志的自我否定。但並不是說，每一個人在遭受到巨大的痛苦後都能走向意志的否定，這裡同第一條道路一樣，仍然有著一個認識論上的前提，即通過對巨大不幸的承擔和對劇烈痛苦的

體驗，要認識到享樂的虛幻和可怕，認清在悲痛中生命自行向他們透露出來的最後秘密，即是說，看穿了受難與作惡、忍痛和仇恨、折磨的人和受折磨的人，雖然在服從根據律的認識裡是那麼不同，然而在本體上卻是同一回事，是同一個生命意志的顯現。只有達到了這一認識，個人在經過激烈的掙扎抗拒中，陷入絕望的邊緣之後，才會心甘情願地突然轉向自己的內心，轉向無欲無爭的靜心境界。他這時整個的人都變了樣，已超乎自己的一切痛苦之外，好像是由於這難以承受的苦難而純潔化、聖化了似的。他會在不可剝奪的寧靜，極樂和超然物外的心境中甘願拋棄他前此激烈地追求過的一切而欣然接受死亡。即令是過去很壞的人，經過深刻創痛的純化作用，在完全的絕望已成事實之後，也會在上述方式之下完全轉變過來。他們現在表現著心意上真正的善良和純潔，寬恕了自己的仇敵，終於歡迎自己的痛苦和死亡，因為生命意志的否定已經出現了。他們每每拒絕人家提供的救援而欣然地、寧靜地、無上幸福地死去。這在叔本華看來是至上的解脫。

通過上述兩條道路走上禁欲主義，一般的具體步驟也往往是兩步：其一是徹底的不近女色，只有戒淫戒色才能否定超出個體的生命意志，意味著人種的絕滅。這是最為關鍵的一步，做不到這一點的人，不可能真正禁欲，因為他隨時會重新燃起享樂和欲望的烈火。所以叔本華真誠地說，戀愛是人生解脫的叛徒。第二步即是自願地擔當生活的清苦，以無限的耐心和順從承受羞辱和不幸，帶著寂滅的極樂欣然接受死亡的洗禮。

叔本華的這套否定意志的禁欲主義學說，是西方資本主義文化孕育的怪胎，是人文主義發展的自我諷刺。眾所周知，作為資本主義文化源頭的文藝復興運動以及隨著這場運動興起的人文主義學

說，是以反對宗教神學的禁慾主義為目標，以肯定人的自然的世俗的享樂為內容的。表現人文主義精神的一個主要口號就是：「我是人，凡是人的一切特性，我無不具有。」它的意思就是要以「一切為了人」的主張來反對宗教神學宣揚的「一切為了神」的要求，主張人完全有權力按人的自然本性行事，有權享受現世的物質生活的幸福，反對要人們放棄物質生活享受的禁慾主義學說。當時的人文主義學者無不歌頌人間的愛情、世俗生活的享樂和今世的幸福。荷蘭鹿特丹的愛拉斯漠 (Erasmus, 1466-1536) 在其《愚人頌》中對貴族僧侶生活上的腐敗墮落和思想上宣揚的禁慾主義百般嘲弄，歌頌人性的解放，公開讚揚人們尋歡作樂，把此看作是人生的目的。他說：「如果把生活中的歡樂去掉，那生活成了什麼呢？它還配得上稱作生活嗎？」又說：「如果沒有歡樂，也就是說沒有瘋狂來調劑，生活中哪時哪刻不是悲哀的、煩悶的、不愉快的、無聊的、不可忍受的？」⑯人們甚至還可以在宗教改革家馬丁·路德的口中聽到這樣的話：「誰若不愛美酒、女人和歌，他就終生是個傻瓜。」⑰在這樣的世俗化運動中，物質欲求的滿足，私利和財富的追求，感性欲望的膨脹都成為合理合法的了。這些被讚譽為符合人類自然本性的要求，以其不可抗拒的誘惑，迅速滲透到資本主義文化的方方面面。連保守的天主教也意識到消滅肉慾的理想和人類的本性過於矛盾，而在上帝和魔鬼，即神聖的精神和粗鄙的物質之間尋求一種妥協。通過這種妥協，教會對肉慾的滿足作出了一些讓步的聰明制度，即

---

⑯ 轉引自全增嘏主編：《西方哲學史》上冊，上海人民出版社，1983年版，頁368。

⑰ 參閱〔德〕海涅著：《論德國宗教和哲學的歷史》，北京商務中文版，1974年，頁38。

對任何肉欲行為都要蓋上譴責的烙印，同時給精神保留了嘲諷的特權。你盡可傾聽內心纏綿悱惻的愛情，擁抱一個漂亮的姑娘，但你必須承認那是一種可恥的罪惡，而且你還必須通過金錢來為這種罪惡贖罪。這種妥協實質上加劇了肉體和靈魂、精神和物質之間人為的不和，必然會被越來越注重享樂的資本主義文化所拋棄。

　　經過十八、十九世紀邊沁、密爾等人的精心發揮，文藝復興和人文主義所打開的欲望的閘門被精確表述為「功利主義」的學說，成為刺激經濟增長的有效動力而得到人們的大力贊美和執意奉行，資本主義早期加爾文宗和路德宗所提倡的合理節儉的有限禁欲主義這一所謂的「新教倫理」，被經濟繁榮的資本主義文化所淡忘。因而，享樂主義、個人主義、功利主義和拜金主義像放出鐵籠的洪水猛獸在歐洲大地上肆意橫行。叔本華作為一位敏感、富有詩性的哲學家，雖然在其個人的生活上，他也時時感受得到金錢的好處，有時也迷醉於物質享受和肉欲之歡的汪洋大海之中，但從學者的良心上卻發現了可怕的殘酷的「真理」：　意志、欲望的主體一方面構成了世界的本質、人生的根本，沒有意志，世界不在，沒有欲求，人生不存。但是，另一方面，意志、欲望的確又是世界痛苦的根源，人生罪惡的魔鬼，不限制它，不徹底否定它，人生永不安寧，決無樂趣可言。於是，在叔本華身上我們看到資本主義文化發展的漫畫，看到了人文主義運動的怪胎：一輩子作為靠著銀行利息而過著富有安逸生活的資產階級學者，卻不領情於資本主義帶來的享樂的生活，偏要對資本主義文化的價值核心——功利主義和享樂主義，橫加指責，大肆倒戈；作為一位人文主義哲學家卻對早期人文主義者提出的現世享樂，自然人性大加鞭韃，更要提倡一種早期人文主義作為批判目標的禁欲主義！表面上看，這簡直是太讓人不可思議了！叔本華的

同時代人冷落他，後來者也不領他的情，的確不是沒有原因的。現在，是到了我們對他作出客觀公正評價的時候了。

首先，筆者認為，儘管叔本華返回到古老的東方宗教和基督教經典之中以一種被現代社會拋棄了的禁欲主義作為解救現代社會人生的文化藥方，頗值得商討或批判，但他對現代資本主義文化的矛盾、危機及其根源的領悟是準確的，抓住了現代資本主義文化矛盾的核心。現代資本主義文化的危機實質上就是一場價值危機，人的生活方式的危機。具體說來，它表現為自私的利己的物欲膨脹，享樂主義的盛行，精神家園的喪失。由於物欲被現代資產階級的經濟學家看作是刺激經濟增長的直接動力，物欲的滿足，消費的畸形發展都被看成是合情合理的。丹尼爾‧貝爾說：「資產階級社會與眾不同的特徵是，它所要滿足的不是需要，而是欲求。欲求超過了生理本能，進入心理層次，因而是無限的要求。」⑱這樣一來，因過分強調物質欲望的無限滿足，生活的絕對享樂，交往過程中的聰明算計，輕視精神上的超越從而取消或模糊了人與其他動物之間的質的區別，失去了人格的尊嚴和人生的價值。因此，從十九世紀末跨入二十世紀初，許多有識之士就不斷地驚呼西方文化陷入了前所未有的危機。斯賓格勒的《西方的沒落》，胡塞爾的《歐洲科學危機和先驗現象學》，法國作家加謬的「荒誕哲學」，存在主義的流行等等，都是西方文化危機的理論表現。兩次世界大戰的爆發更是西方資本主義的物欲從本國向海外擴張，不惜犧牲他國的利益，甚至人類的生存為代價的血腥暴行，它全面而深刻地暴露出資本主義文化所難以脫離的困境和危機。物欲的洪流真正成為將要毀滅人類的惡魔。

⑱　〔美〕丹尼爾‧貝爾著，趙一凡等譯：《資本主義文化矛盾》，北京三聯書店，1989年版，頁68。

叔本華在十九世紀初，當人們還沉浸在對資本主義所能帶來的種種
物質福利的遐想和夢幻之中，當黑格爾正在高歌「凡現實的都是合
理的」教條時，他就深刻地洞悉出欲望的惡魔將給人生和世界帶來
無限的痛苦和不幸，勸人要徹底否定它，堅決根除它，從這裡我們
不能不對他的睿智感到由衷地敬佩和折服，我們不能不對他對宇宙
人生的大徹大悟感到由衷地喜悅和歡愉。如何對待「意志」這一本
體上的原罪和惡魔，將是叔本華對於人生提出的永恆話題，將是所
有的文化必須要試圖去解答的疑案。

其次，就叔本華提出的禁欲主義作為社會尤其人生之解救的藥
方而言，這是極端反人性而不起效用的處方，其中的荒謬性和錯誤
性必須經過認真清理後堅決予以拋棄。表面上看，叔本華是對西方
的理性主義感到失望後轉向東方佛教中尋求人生的智慧，實質上，
他的禁欲主義學說，既不全是佛教的，也不全是基督教的，而是以
一種極端的形式，比這兩者更為徹底的方式把佛教和基督教中的禁
欲主義揉合在一起。佛教勸導人們戒淫戒色、齋戒素養、清心寡欲、
拋棄紅塵中的肉體享樂，這自然是禁欲主義的。但是，佛教的禁欲
主義是通過靜心、無我來達到的，它既不要求通過滅絕種族來徹底
否定生命意志，也不要求徹底毀滅這個世界。它要求的是「靜心」，
所謂「靜心」，即頭腦裡什麼也沒有，頭腦純潔得像是一面鏡子，
完全是空的。因為只有「空」才能如鏡子般地反映。當頭腦空得如
一面鏡子時，慢慢慢慢地，所有思想的灰塵都會消失，所有欲望的
浮雲也都會消失，然後沒有什麼東西留下來，在此情形之下，當然
也沒有「我」了。「無我」是佛陀對世界最大的貢獻之一，也是最
基本的「靜心」之一。只有達到「無我」才切斷了欲求的根。「無
我」不要求人們拋棄占有物，而要求拋棄占有者，不要求否定世界，

而要求否定自我。叔本華要求的虛無，否定了意志、否定了種族、否定了世界，而佛教的「無我」、「涅槃」，只要求否定自我，無需拋棄世界，因為拋棄了自我而生活在世界裡，世界不會對他有任何傷害。當飢餓了的時候就吃，當疲倦的時候就睡，「那是一個聖人真正的生活，頭腦裡面什麼東西都沒有：涅槃。」❸由此可見，叔本華以更徹底的虛無主義和禁欲主義超過了佛教。另外，叔本華的禁欲主義也比基督教更為徹底。無論是天主教還是經過加爾文和路德改革後的新教，雖然都提倡過禁欲主義，都有消滅物欲和感官享樂的理想，但他們都在不同程度上對物欲享受採取了一種妥協和較寬容的態度，上帝和魔鬼、亞當與基督、物質與精神、靈魂與肉體在相互矛盾和鬥爭中共存於世。而叔本華則要求徹底消滅一切欲望，連同一切欲望的源泉——意志本身也要連根拔掉。實際上，即使基督教不對物欲享樂採取一種妥協態度，也不能真正算作是禁欲主義的，因為它在告誡人們不要欲求此岸世界東西的同時，讓人們虔誠地渴望著彼岸世界。從更高的意義上說，無論是此岸世界的欲望還是彼岸世界的欲望，都是同樣的欲望，至於你欲求物質的感官的享樂還是欲求彼岸的精神超越，那是無關緊要的，因為欲求之心，欲望之根仍然存在。叔本華要徹底地否定意志，按其本意來講，那是不應該再有任何欲望的了，他拔除了所有欲望的根本。

在現在全球經濟和文化越來越走向一體化、競爭愈演愈烈的情況下，叔本華的禁欲主義學說非但不能提供人生的解救，而且是一種十分有害的學說，誰奉行這種人生哲學，誰就只有死路一條，哪個國家奉行這種哲學，哪個國家就會被開除球籍，注定要被強國所

---

❸ 〔印度〕奧修著：《生活智慧——放輕鬆些，一休禪詩》，上海學林出版社，1996年，頁27。

欺壓和蹂躪。原因在於，首先，對個人而言，人生解救的基本力量仍在自己的信念和意志力。沒有強大的意志力，個人就不可能在社會上立足，就會被激烈競爭的現代社會所拋棄，成為一個對社會無用，對自己無能的人。誠然，個人都在社會集體中生活，人生的解救最終必然要依賴於人類文明的進步和社會生活的逐步改善，但個人作為集體中的一員，如果只是一個無意志力的消極的依賴他人救助的人，那絕對是一個無用之輩。叔本華的禁欲主義，要求徹底否定生命的意志力，成為一個無我無欲、既不努力進取，又無生活熱情的人，欣然接受任何損失，任何羞辱，任何侮慢，只以無限的耐心和柔順來期盼著死亡的臨近，這樣的人，如同行屍走肉一般，雖生猶死，對社會對自己都將是極大的禍害。這樣的人生觀是現代社會所要堅決拋棄的。其次，叔本華的禁欲主義不僅要讓人們壓制各種欲求的滿足，而且也要壓抑各種自然的本能的需要之滿足，這是一種極端反人性的學說。從本世紀的弗洛伊德的病態心理學我們得知，過份地壓抑人的生理本能的滿足會導致嚴重的生理缺陷和精神疾病，弗洛伊德以大量的病例證明，不僅個人，而且整個現代文明的種種病態都與對人的本能需求的壓抑有關。美國現代心理學家馬斯洛 (Abraham Maslow, 1908–1970) 則從與弗洛伊德相反的健康心理的角度出發，研究了正常的基本的生理需求和精神需求之滿足的重要性。他的心理學理論，從需要的角度一方面證明了叔本華對人生的基本看法是正確的，即認為人的一生實際上都處在不斷追求之中，人是一個不斷有所需求的動物，一個需要滿足了，更高一級的新的需要就又會出現，幾乎很少達到完全滿足的狀態。但是，另一方面，馬斯洛卻並不把這些基本需要的滿足看作是人類的災難，相反，他覺得一個健康的自我實現的人，就是要使自己的潛能得以充

分發揮，把自己需要的滿足從最基本的生存需要引導到高級的真善美的需要和發展的需要之滿足之上，這樣的人格才是健康的、積極向上的。由此看來，人生的困境並不在於需要和欲望本身，而在於需要和欲望無休無止地膨脹，不可遏止地擴張，私欲的惡性發展。人生的解救，生存是其最為基本的前提，否定了生存本身，就無所謂人生的解救了。對於叔本華這樣的一個並不相信基督教之彼岸天國的人，更是如此。而要生存，就必須首先滿足人的基本的生存需要，心理需要和發展需要，不能把這些基本的需要當作罪惡的欲望一下子徹底否定掉。對於欲望本身，人們也只能盡量地把它限制在一個合理合法的限度之內，把那些過剩的精力和欲望引導到高尚的精神追求之上，使之在科學創造、藝術審美及其人格完善等方面得以昇華。只有這樣，才能形成個人精神上的良性互動，成為一個精神振奮、意志力強、人格健全的全面發展的人；只有正視並合理地滿足人的正常的感性欲求，又把過剩的欲望昇華到高尚的精神追求之中去，使之內化為人的精神動力，個人才能依靠自身保持肉體和精神、感性和理性的恰當平衡與和諧，才是一個既有積極向上，奮發進取的精神，又有感性物質生活的全面的健康的人。達到了這一點，也就達到了基本的人生解救，因為這樣的人既未被物質欲望的鎖鏈捆綁，又不是逃離「紅塵」的禁欲主義者，他會充滿信心，帶著堅強的意志力和審美心態立足於現實的大地，在艱難的人生旅途中實現自己的人生超越。而叔本華的禁欲主義只能導致出世的、病態的、軟弱無能的人格，是為現代社會所不容的。再次，對於正在向現代化邁進的國家來講，一味地強調禁欲主義會嚴重地導致人格的不健全和經濟的不發達，而若一味地通過刺激人們的物質消費欲求，雖然能夠成為經濟繁榮發展的動力之一，但會帶來許許多多的

社會病態，導致社會精神家園的喪失，價值追求的物化，從根本上抵消物質豐餘所帶來的解放。如何合理地對待禁欲主義成為當代文化必須面對的難題。歐洲資本主義文化自近代以來就一直在禁欲主義和享樂主義之間進行著尖銳的鬥爭和難捨難分的妥協。文藝復興運動對宗教禁欲主義進行了尖銳的批判和無情的嘲諷，而另一面，加爾文宗和路德宗所提倡的適度的禁欲主義又被看作是資本主義得以發展的內在精神支柱❷。當資本主義完成其早期資本原始積累的艱難時候之後，便慢慢拋棄了禁欲主義而向徹底世俗化的享樂主義邁進。因為刺激消費，鼓勵花錢被看成是經濟繁榮和增長的有力槓桿。所以，現代資本主義不再假借「上帝」之名，去為無孔不入的贏利活動作「恪盡天職」之類的辯護，消費、享樂本身就成為響噹噹的合法理由。正如丹尼爾·貝爾所說：「資本主義文化的正當性，已經由享樂主義取代，即以快樂為生活方式。」❷有了分期付款制度之後，「信用卡讓人當場立即兌現自己的欲求。機器生產和大眾消費造就了這種新制度，新欲望的不斷產生，以及用以滿足它們的新方法也促成了這一轉變」❷。徹底轉向享樂主義後，人們不再是同上帝打交道，而是同魔鬼打交道，耶穌基督背負十字架的苦行禁欲不再對他們具有啟示性的典範意義了。因此，資本主義陷入了不可克服的種種困境和危機之中。

　　然而，倘若只看到資本主義文化所陷入的困境和危機，就像叔

---

❷　請參閱馬克斯·韋伯著：《新教倫理與資本主義精神》，尤其是第五章：「禁欲主義與資本主義精神」。北京三聯書店，1987年版。

❷　〔美〕丹尼爾·貝爾著：《資本主義文化矛盾》，北京三聯書店，1989年版，頁67–68。

❷　同上，頁67。

本華那樣以禁欲主義來抗拒它，則又是不切實際的空想。如今，全球性的激烈競爭，就看哪個國家能建立起越來越強大的物質財富，看誰能擁有越來越先進的科學技術，看誰能創造出越來越快的經濟發展速度，這一切，如果說不是靠貪婪和野心的話，那也是以奮發進取的人為支撐的。奉行禁欲主義的人決不可能造就經濟的繁榮，更不可能推進國力的強大。當今，不管你願意不願意，文化發展的嚴酷現實就在於，若不想被擠出世界民族之林，無論哪個國家都逃脫不了貪得無厭的全球經濟快速增長的慣性和競爭的無情裹挾。所以，如果說，個人的人生解救在某種程度上必須依靠國家、社會的合理性進步以及人類文明的進化的話，在現實性上，個人必須積極參與到國家的經濟建設中去，在禁欲主義和享樂主義之間尋求某種適度的平衡，使物質欲求的滿足和精神追求的昇華都互不矛盾地實現各自的目標。這才是人生解救的根本方向。

第七章　叔本華哲學對後世的影響

　　由上一章我們可以清楚地看出，在叔本華的哲學中，深刻的洞見是同其錯誤的結論緊密地聯繫在一起的。然而，即使是這樣，也往往並不影響叔本華在哲學史上所已占有的重要地位。原因在於，一個哲學家的偉大，通常並不因其得出了多麼正確的結論（真正的哲學問題往往是無定論的，因而其結論正確與否並不顯得特別重要），而在於其所思的問題的重要和洞見的深刻。只有問題和洞見才是屬於哲學家本人的，它一經確定和形成，就將鑄成一具永不磨滅的豐碑，而結論總會有後來者去修正、批判和接受。叔本華的哲學破壞了黑格爾為哲學家們立下的清規，即所謂「哲學家越少將個人感情注入哲學之中，則他的哲學也就越好」。叔本華不僅把他獨特的感情融化到其哲學的始終，而且為他的那種反理性主義的情緒找到了理論化的形式和哲學本體論上的確證，形成了形上學與倫理學相統一的新體系。可以說，叔本華在整個哲學史上的重要地位就在於他的那種反理性主義的情緒，意志本體論和悲觀主義、審美主義和禁欲主義的人生哲學。通過他的反理性主義情緒，他為後世確立了這一值得反覆思索的問題：理性化的合理性及其限度何在？通過他的意志本體論，他為新的時代確立了新的價值豐碑和價值坐標；通過他的悲觀主義、審美主義和禁欲主義，人生如何獲得解救將成

為不斷啟示後學加入共思(Mitdenken)行列的永恒話題。正是通過這種「共思」式的「活的對話」，叔本華哲學沒有成為死的文獻和僵化的哲學傳統，而是將永遠活躍在思想家的心中，成為激勵後學的不竭的思想源泉。下面，我們從五個方面，考察叔本華哲學作為後世的思想源泉所起的作用和產生的影響。

一、叔本華哲學在向非理性主義哲學轉向過程中的作用

德國古典哲學是西方理性主義發展的頂峰，在此頂峰之巔，叔本華的前人：康德、費希特、謝林、黑格爾各自以不同的形式為高揚理性主義的旗幟確立了一塊堅不可摧的界碑。然而，德國理性主義之不同於英法啟蒙理性的地方主要在於，在他們大力頌揚理性的能力，呼喚歷史理性進步，極力賦予理性以某種「上帝」般的權威的同時，一直進行著對啟蒙理性的反思與批判。如何一方面確認理性之牢不可破的基礎性地位，另一方面又不完全貶低和排斥非理性因素的價值，是德國哲學家們為之殫思竭慮的一個根本問題。具體說來，在世界、社會和歷史的理性化過程中，如何安置和對待非理性，構成了從康德到黑格爾之哲學發展的一大特色。

在此情形之下，非理性因素的價值獲得了不同程度的承認，非理性主義也在暗暗地往前推進。我們知道，理性從一開始就構成了康德哲學的基石與主線，在《純粹理性批判》裡，他把人的認識能力分為感性、知性和理性三大類，從而標出理性之為最高的自發的思維能力，說「在理性之外，便沒有再高的能力來把直觀的材料進行加工，並把它帶到最高的統一之下。」❶但真正構成康德哲學特色

之處，並不是他對理性作為最高認識能力的這種規定，相反，卻是他對理性能力的限制。因為在康德那裡，理性的這種「最高」能力並沒有也不可能完成那絕對完整的綜合統一之使命，而是與錯誤的產生，即所謂的「先驗幻相」聯繫在一起。康德十分嚴肅而理智地闡明了，無論我們依賴理性能力獲得多大程度上的成功，但我們終究不能擺脫人類主觀構造的各種殊相的束縛。因此，康德在把理性作為高於知性的最高認識能力的同時，又防止理性對超自然、超經驗世界的超越。他通過對理性認識能力的這種限制，為信仰留下了地盤；通過現象界和本體界的二元區分，為審美直覺，天才式的想像和藝術性創造力等非邏輯、非理性的能力之存在提供了合法的依據。所以，可以說，康德哲學既是對理性主義衰微的第一次真實洞見，他對非理性因素的合理承認，又是後來非理性主義浪潮的生長點。

浪漫主義在法國大革命失敗後對於啟蒙理性的批判，從思維水平上並未超出康德對所謂的舊形而上學的批判，但在實際效果上卻導致了人們對理性的懷疑、否定以致形成了一股強大的對非理性的狂熱崇拜的熱潮。而在這股非理性的熱潮從文學藝術領域席捲到哲學之前，由於浪漫主義的巨大影響，在德國古典哲學中，試圖以理性的形式去蘊含一切非理性的內容成為一個鮮明的特點。

費希特儘管在康德奠基的理性之途上邁進，繼承了重邏輯、重概念化論證和推理的理性主義思維方式，在社會歷史和人生觀上，也是極力發掘理性的能力和作用。但是，在論證其知識學原理時，他一開始就把一種既不能用概念來闡明，也不能以邏輯來展示其本性的理智直觀當作精神的內在本性，這無疑是一種非理性的力量。

---

❶ 《西方哲學原著選讀》卷下，北京商務印書館，1982年版，頁331。

費希特的「理智的自我」正因為稟承了這種原始的非理性能力，才具有了創造一切的非凡能力。

黑格爾試圖在純粹的思辨中，把激情、感性、詩意等非理性的因素統攝在絕對理性之中，以絕對理性的辯證法使理性和非理性統一起來。如果說，理性和非理性的統一僅僅是思辨領域內的事，是辯證邏輯中的內容的話，也許他的理性和非理性會相安無事，非理性可屈從理性的統一。然而，若把這種統一推進到現實領域，放入到社會歷史中來作為建構的原則，那麼其錯誤不實就馬上暴露出來了。法國大革命後的歐洲社會現實，正是非理性主義盛行，理性難以貫徹之時，黑格爾不顧個體生存的真實處境，不顧非理性為人造成的痛苦、不幸和災難，片面地為理性大唱贊歌，頌揚歷史理性的勝利及其對非理性的統治，使得理論和實踐之間產生出不可彌合的斷裂。非理性以其不可阻擋的方式呈現出來，逼得人們必須正視它的存在和價值，必須重估它在人生和社會歷史中的獨特作用。叔本華站出來徹底否定和批判黑格爾的絕對理性，實乃現實歷史演化出的結果。早在叔本華之前，謝林就已經在清理審查理性的局限，在向黑格爾的理性主義發動進攻。可以說，謝林是德國古典哲學中向非理性主義轉向的第一員猛將，叔本華在其之後把這種轉向推向完成，並進一步實現了向理性主義轉變的本體論變革。

謝林哲學分為前期和後期兩個有著明顯不同的階段。在前期他雖然極力把絕對理性構成為宇宙人生的本體基石，但他卻從浪漫主義者那裡借用了審美直觀的方法來改造思辨理性重邏輯、重推理的概念式的思維方式，轉向無意識的直觀和不帶功利的審美。以此方式建構起來的「絕對理性」已同啟蒙運動所倡導的科學理性具有了不同的內涵和意義。謝林以這種詩意化、藝術化的審美直觀的所謂

「理性」把宇宙變成了一首本源的詩，進而又以詩來改造日常的「散文化」生活。他一反啟蒙運動所推崇的科學、實用、規範、理性的社會理想，而突出地強調個人內在的生命價值和意義，從而著力建構一種自然的、情感的、審美的、神話般的超世俗生活世界，這是向非理性主義的人生哲學邁出的關鍵一步。

謝林向非理性主義邁出的更為徹底的一步是在其後期宗教哲學中作出並完成的。在其1809年出版的《論人的自由之本質》一書中，謝林試圖從「現實」和「理想」的統一中去把握人、神和世界。他認為人的本質特徵雖然關鍵在於「理想」，但「理想」決不是無「現實」的，什麼是人身上的「現實」呢？顯然，並不能簡單地把它看作是物質性的、肉體性的東西，而是一種衝擊力、爆發力、意志力等所有能給予人以力量的東西。謝林更多地考察了這些「現實」如何產生了「惡」，而這種「惡」又如何與神性存在相關而又不直接來源於神。在該書中，謝林大膽地突破了以往的基督教對上帝的闡釋，把上帝看作是現實和理想之完善的同一性，以便讓人正視現實中的黑暗、罪惡和充滿恐怖的東西，以便從上帝的「理想」原則，即「光明原則」中獲取拯救之力。他深入地挖掘了存在之根基中所蘊藏的非理性和各種衝動與激情，希望人從中獲得真正屬於生命意志的這些內在之力，希望人能像上帝一樣以愛的意志來支配和照耀這些現實的黑暗深淵。上帝這一宇宙之創造者，在謝林的解釋中，既是光明也是黑暗，既是理智也是意志，既是愛也是威嚴。通過這種闡釋，謝林已把上帝的意志確立為世界的本原，而把世界看作是「表現於外的上帝之意志」❷。這已十分類似於叔本華的思想了。

---

❷ 參閱拙譯：《論人的自由之本質》〔德〕謝林著，新版德文編者Horst Fuhrmans在其撰寫的《導論》中認為，謝林的這些非理性的帶有意志

事實上，不論叔本華本人是否承認，他是在謝林的這種非理性思想的啟發和影響之下建立起他的非理性主義哲學的 ❸。

當然，承認謝林在叔本華之前轉向了非理性主義，並不是否認叔本華在創立非理性主義哲學中的奠基者地位，而只是想更準確地把握他的思想起源和特徵。事實上，謝林儘管在其後期宗教哲學中已經闡發出一套以上帝為基礎的非理性主義哲學，而且也發動起了對黑格爾絕對理性主義的猛烈批判 ❹，但是，他始終只想以浪漫的非理性（審美、詩性、直觀、神性）力量去改造或代替邏輯化的、概念性的理性，他似乎從未真正地反對過理性。而叔本華則明顯地是反理性的。這樣就使得他以一種十分徹底的心態完全摧毀理性主義大廈，從基礎到構架都要以全新的非理性取而代之。所以，叔本華建構起來的唯意志論的哲學，是歐洲近代哲學史上第一個非理性主義的哲學體系，並開創了現代非理性主義的先河。這種非理性主義哲學的重要地位表現在，它徹底扭轉了把「知識論」當作「第一哲學」的近代理性主義傳統，使人生的價值與意義、生命的痛苦與生存的解救這些更為根本的問題成為哲學思考的主題。也正是在此意義上，人們往往不把叔本華放在德國古典哲學家之列，而把他視

論色彩的思想，直接影響了叔本華和尼采。香港漢語基督教文化研究所編。

❸ 叔本華在其《論充足理由律的四重根》中有幾處都提到了謝林的這部著作，但他並未承認自己的思想同謝林的非理性主義之間有什麼關係，從不承認受到過謝林的啟發和影響。

❹ 參閱拙著《謝林》第五章第一節：對理性哲學的批判和「肯定的哲學」中的非理性，臺北東大圖書公司，1995年版。謝林對黑格爾理性主義的批判，比起叔本華那種帶著強烈情緒的謾罵式批判，無疑要深刻得多，更能抓住理性主義哲學的通病。

作現代人文主義哲學的開山鼻祖。因為正是靠著叔本華、尼采和基爾凱郭爾（Sieren Kierkegaard, 1831-1855，港臺地區一般譯為祈克果）等人的努力和影響，才真正使浩浩蕩蕩的理性主義運動走向了沒落。

二、叔本華哲學對尼采的影響

具體地說，叔本華哲學對現代哲學的影響，在很大程度上是通過尼采的哲學而間接發生的，因為叔本華的悲觀主義被尼采改變成審美的樂觀主義後，人們更樂於接受尼采的哲學。但是，倘若不理解叔本華，是難於接受和真正理解尼采的，因為兩者有著十分密切的淵源關係，兩者的思想只有在相互對比中，雙方的特徵才可得到更為清楚地把握。

眾所周知，尼采是個桀驚不馴的狂人，他不承認任何絕對的權威，即使是最為密切的好友，如果思想不合，他便會毫不留情地與之決裂。就像他同華格納（Richard Wagner）的關係一樣，當尼采從華格納的歌劇《帕西法爾》(*Parsifal*) 中聽出了一種天主教的禁欲主義理想（這是華格納在叔本華思想影響之下的產物）時，感情立即發生了徹底地轉變，從華格納的宣傳者一變而為其最激烈的批判者和敵手。但他對叔本華這位青年時代的精神導師卻表現得相當地溫和，儘管他後來也極為討厭叔本華那憐憫、同情的道德觀，厭倦那自我克制和忍辱負重的悲觀主義而拋棄了叔本華的思想，但他卻從未失去對叔本華曾有過的敬慕。這說明在尼采的內心，他對叔本華哲學對其思想產生過的直接影響是相當領情的，他沒有重現與華格納決裂時的情景，沒有因為急劇的思想轉變，而將自己曾經認為是

最有價值的東西貶得一錢不值。

正如許多文獻記載的那樣，當年輕的尼采翻開叔本華的《作為意志和表象的世界》的第一頁時，便被深深地吸引住了，立即意識到，他一定會逐頁讀完這部著作的全部，認真理解其中的每一個詞，甚至對那些可能是錯誤的內容也不例外。他像許多渴望得到精神指教的青年人一樣，為自己崇敬的導師的思想所迷醉，希望從中獲得推動自己思想發展的最大的解放力量。他告訴別人說，他藉以娛樂休息的有三件東西，即：「我的叔本華、舒曼的音樂和孤獨的散步。」❺ 稍後，他又崇拜上了華格納，「對我來說，一切最好和最美的東西都是和叔本華、華格納的名字聯繫在一起的，我為了能和我的最親密的朋友們共享這種感情而感到驕傲和愉快」❻。並認為他在生活和思想上的基本的真實問題已由叔本華給他清楚地指明了。

那麼，對青年尼采發生過深刻影響，又由叔本華清楚指明了的「基本問題」到底是什麼呢？這無疑就是叔本華非理性的唯意志論，悲觀主義的人生觀，以及其中的審美理論等。當時尼采正處於信仰危機狀態，尤其是在萊比錫上學期間，他「絕對地孤獨，充滿了最痛苦的經驗和失望」。 原因在於，他已開始懷疑從小就被灌輸到頭腦中的基督教教義，正在公開背叛原來被動接受的基督教信仰，「上帝死了」的思想開始萌芽。尼采這時的精神痛苦正是失去上帝之後的無所適從的孤獨感，因而在極度痛苦的情況下，一下子被叔本華的悲觀主義所吸引。他說，在叔本華的這部傑作中，每一行字都發出叫人放棄、否定生活和退讓的呼聲。他在其中看到了一面鏡子，

---

❺ 《1866年4月7日致格爾斯多夫的信》，見《尼采通信集》第1卷第2冊，頁121。

❻ 同上書，第2卷第1冊，頁105。

一面把整個世界、生活和心靈都描畫得令人可怕的鏡子。那時的尼采不僅接受了叔本華的世界觀，認為現象界只不過是幻影，並沒有什麼目的和意義，只是背後有一個盲目的生存意志；而且他也接受了叔本華的悲觀主義結論，主張唯一的解脫之道在於通過自我否定，放棄人生的享受和幸福，徹底禁欲，否定生存意志。這種對叔本華哲學的全盤接受，一直保持到了尼采前往巴塞爾大學擔任教授（二十五歲）前後的時期。

　　三年之後尼采出版了他的代表作《悲劇的誕生》，這時他才二十八歲。正像德國許多年輕的哲學家一樣，自己新穎獨到的思想實際上超出了其老師，但自己往往意識不到。只是到了該書第二版刊印時，尼采在前言裡作了一個批判性的回顧，批評自己當時還缺乏勇氣去冒險用新的語言來表達自己徹底新穎的思想，而是笨手笨腳地運用從康德和叔本華哲學中借來的術語。的確，尼采的《悲劇的誕生》一書的主要思想和精神已經完全超出了叔本華，已經通過狄奧尼修斯藝術的闡明，把叔本華退讓、屈從、禁欲的悲觀主義改造成為進取、健康、堅強的樂觀主義，把叔本華否定意志的人生哲學改造成為讓生命意志不斷壯大、豐滿、有力的超人哲學。它的真正價值和超出叔本華的地方就在於，尼采通過希臘人的阿波羅精神和狄奧尼修斯精神的對立，從審美主義的立場出發，闡明了人生應如何對待現實中令人恐怖的痛苦、不幸和災難，如何超出和克服悲觀主義。

　　但是，尼采的思想不論多麼新穎、獨到，他都是在叔本華的基礎上所實現的超越，其基本的本體論構架和人生悲劇性的觀念都是由叔本華確定的，沒有叔本華就不會有尼采。兩人最終的思想雖然是對立的兩極，一極著力於對意志的否定，一極著力於欣賞對意志

的肯定；一極讓人忍讓、退卻、禁欲，一極讓人努力進取，顛狂強盛，但連接兩極的是同一根主線——意志和人生，其出發點是叔本華確立的。具體說來，在世界觀和人生觀問題上，叔本華從兩個方面給尼采提供了進一步思索的「範式」：

首先是叔本華提出的世界是盲目的意志，人生是此意志的現象這種意志本體論。尼采在基本思想方面直接接過了叔本華的意志學說，但在此基礎作出了自己的思想創新。他一開始就把叔本華的生命意志 (Wille zum Leben，或譯為「求生意志」) 重新解釋為表現生命力量的意志，是強力的意志 (Wille zur Macht)。這一改變，直接地轉化了叔本華世界觀和人生觀的悲觀主義腔調：在叔本華，生命意志驅動著人們去滿足自己的永無止境的欲望，從而使人陷入失敗的痛苦之中。因此人生是悲慘的，是注定要失敗的。擺脫人生悲劇的根本途徑就是在禁欲生活中、在涅槃境界裡完全棄絕意志，使意志得到徹底否定。而在尼采，由於本體的意志是超強的意志，世界呈現出一派趨向強化的欣欣向榮的景象。人生雖受意志的驅使，但並不必然陷入失敗，即使陷入了失敗，具有超強意志的人也會擁抱這一失敗並從中體驗到生命的另一種滋味。尼采認為，生命意義的有無和大小取決於生命意志力的強弱，生命的歡樂是不斷地創造，是對與痛苦抗爭的體驗。

其次，叔本華關於藝術提供人生暫時解脫的觀念，是激發尼采提出徹底的審美人生態度的思想範式。現在一般普遍認為，尼采關於日神藝術即阿波羅藝術，和酒神藝術即狄奧尼修斯藝術之區分，在叔本華著作中找不到來源，因而認為尼采審美的人生態度不來自叔本華，而直接源自古希臘。這是一個頗值得進一步考證的問題。誠然，從藝術的或美學的形態上講，叔本華的確從未明確區分阿波

羅藝術和狄奧尼修斯藝術，在其美論的字裡行間甚至也很少直接引論這些古希臘神話傳說，從這方面說，叔本華對尼采沒有影響是合符事實的。但是，從審美心理以及審美心理對人生解救這一實質層面論，叔本華完全可以說是尼采的先驅。之所以如此，原因在於，一方面，叔本華認為事物的美是理念的表現，從對象論，只有當它不是作為個別事物，而是作為理念，亦即標誌意志在其可認識的最高程度上的充分而恰當的客體化時，才可成為審美對象。也就是說，個別事物是不完美的，現實是不完善的，它們之所以成為了審美的對象就在於審美主體按照美的理念，按照事物和對象的原型之美補充到其身，從而參與了對象的完成和創造。審美快感因而也就成了一種想像力的遊戲、一種夢幻般的藝術，它使審美主體從受意志主宰的現實苦難中擺脫出來，欣賞到意志本身自在而完善的美，從而使自己疲倦的心獲得片刻的休息和快意。這便是尼采所說的阿波羅藝術、日神藝術，它的光輝使萬物呈現出美的外觀，它以其夢幻世界的美麗形象彌補了存在的恐怖和痛苦，使世界和人生具有了存在論上的理由。從另一方面說，叔本華認為人之走向否定意志的解脫之路，是因為他所體驗和經歷到的人生痛苦和災難，並不是他個人的痛苦和災難，而是由欲望和享受所帶來的世界的痛苦，是伴隨著意志的肯定而對人生的懲罰。因此這時，生命的享受使人戰慄，他便達到了自動克制欲求與世無爭的禁欲主義之路。這種由直接面對痛苦、不幸、災難而生的解脫，也十分接近和類似於由尼采闡述的狄奧尼修斯藝術。因為所謂的狄奧尼修斯藝術，就是撕去現實的美的外觀、直接肯定和擁抱現實生活中的生存恐怖和痛苦，在世界本體的高度來把個體的生成毀滅當作意志自我肯定、自我表現的永遠洋溢著快樂的遊戲來欣賞。儘管叔本華在欣賞生存的痛苦和災難時

走向了退卻、否定的禁欲主義，但叔本華本人從不承認他的學說是消極的悲觀主義，因為在他看來，真正的禁欲主義必須通過同意志的不斷鬥爭才能達到，否定意志同肯定意志相比，其內心的鬥爭更為劇烈。另外，叔本華也不強調，在禁欲過程中，人的心情是悲觀的，因為他強調的是在對人生的享樂產生徹底的失敗後，心甘情願地自動走上禁欲主義的，這樣他才會以愉悅的心情欣然迎接死亡的到來。所以，雖然叔本華並沒有描繪出一種狄奧尼修斯的酒神形象來，但尼采仍然完全可能從中找到靈感的源泉。實質上，所謂的狄奧尼修斯藝術，從審美心理上講，它是一種對壯美的感受，對生存毀滅性的悲劇性壯美的體驗，從這方面，尼采也完全能夠受到叔本華的影響。

總之，叔本華直接影響了尼采哲學的產生，並通過尼采，唯意志主義才形成了一股聲勢浩大的洪流，沖垮了西方根深蒂固的理性主義傳統，使西方文化的價值根基徹底動搖了。可以說，直到今天，西方文化仍未走出叔本華和尼采重估一切價值之後所陷入的虛無主義景觀。

三、叔本華哲學對現代西方哲學的影響

叔本華哲學不僅直接影響了尼采，而且還通過尼采對現代西方哲學產生了廣泛的影響。受其影響最大的哲學流派當然得首推生命哲學 (Lebensphilosophie)，其次還對馬赫主義、實用主義、甚至弗洛伊德的精神分析學說、維特根什坦的世界觀都有著不可忽視的作用。

我們首先分析叔本華對生命哲學的影響。

　　生命哲學是於 1880 至 1930 年這近五十年間流行於德國的一個重要的哲學流派，並有法國的柏格森(Henri Bergson, 1859–1941)為其發揚光大。在德國，生命哲學的著名代表人物有西美爾 (Georg Simmel)、奧伊肯 (Rudolf Eucken, 1846–1926)、狄爾泰 (Wilhelm Dilthey, 1833–1911) 等等。從類型學上，現代學者往往把德國生命哲學劃分為三種：一種是「形上學的生命哲學」(Metaphysische Lebensphilosophie)；二是「歷史哲學的生命哲學」(Geschichts-philosophische Lebensphilosophie)；三是「倫理學的生命哲學」(Ethische Lebensphilosophie)❼。其代表人物分別是克拉格斯❽ (Ludwig Klages, 1872–1956) 和法國的柏格森，斯賓格勒 (Oswald Spengler, 1880–1936)，尼采。還有人更寬泛地把海德格爾和雅斯貝爾斯的生存哲學 (Existenzphilosophie) 也看作是生命哲學的一種變體。這樣說來，叔本華對現代西方哲學的影響就太大了。

　　具體而論，生命哲學總的特徵在於把生命的原始衝動當作世界的本源、人生的力量、文化的標準。它並不在生物學或醫學的意義上看待生命，而是把生命當作一個文化上的鬥爭概念 (Kampf-begriff) 和一種向新的彼岸進軍的號角。生命表徵著反抗死亡和僵化，反對理智性的和敵視生命的文明，反對被束縛於習俗之中的與生命相互外在異化的教養 (Bildung)。對於一種新的生命感覺而言，

---

❼　參見 Herbert Schnädelbach：《1831–1933 年的德國哲學》，法蘭克福 Suhrkamp出版社，1983年版，頁183之後。

❽　克拉格斯是我們漢語學界完全陌生的一位哲人，其主要著作是《精神作為心靈的敵人》(*Der Geist als Widersacher der Seele*)，三卷本，1929–1933 年出版。他把生命和精神看作是兩種完全本原的，但本質上對立的力量；肉體和心靈只是生命統一性的不可分的相互從屬的一極。

生命意味著一種真正的體驗，一種動力過程、創造性 (Kreativität)、
直接性和青春。因此，正如李凱爾特 (Henrich Rickert, 1863–1939)
在其《生命的哲學》一書中所說的那樣，生命哲學是他那時代的時
髦哲學。西美爾當時主張，「生命」在二十世紀要成為哲學的中心概
念，正如「存在」、「自然」、「上帝」、「自我」在其他時期成了哲學
的中心概念一樣。在二〇年代，生命哲學的確贏得了廣泛的接受和
流傳，奧伊肯的一本名為《偉大思想家的生命觀 —— 從柏拉圖到當
代人類生命問題的發展史》在1919年竟出了十四版❾，這種盛況便
可想而知。

由於把生命當作某種與精神和理智相對的本能力量，衝動、直
接的創造性，生動的體驗，總之，把它當作某種與理性(Rationalität,
Vernuft)在本質上相對立的非理性的東西。當生命哲學把這樣的「生
命」確立為原則，確立為宇宙人生及文化歷史的標準時，「人們因
此可以把生命哲學作為非理性的形上學 (als Metaphysik des
Irrationalen)，並也就在一種非貶義的意義上把它表徵為非理性主
義。」❿

生命哲學的非理性主義的前史自然可以一直追溯到德國浪漫
主義，但是，生命哲學的歷史只是當把生命作為原則、原理(Prinzip)

❾ 奧伊肯的著作在二〇年代就已傳入我國，筆者在湖南師範大學的圖書
館裡就發現了該書，以及奧伊肯的其他三本代表作:《當代精神潮流》
(Geistige Strömungen der Gegenwart) (第九版)、《為一種精神生活內
容而鬥爭 —— 一種新的世界觀基礎》(第三版)和《一種新的生命觀
的基本思路》(第二版)。以上圖書均為柏林和萊比錫德文版，只可惜
這些圖書從未有人去閱讀它們。

❿ H. Schnädelbach:《1831–1933年的德國哲學》，法蘭克福1983年德文
版，頁174。

與唯心主義的諸原則相對立時才開始的，而在浪漫主義中決不是這
樣的情況。所以，「只有在同他自己的同一性體系相對立的謝林後
期哲學中，當然首先還是在叔本華的著作中，才把理性主義傾翻在
非理性的形上學裡。他的作用是如此強大，以至於生命哲學的歷史
本質上是同叔本華的影響史緊密聯繫在一起的。」❶因為叔本華本身
也屬於浪漫主義傳統，但他對費希特、謝林和黑格爾進行了強烈的
批判，在他這裡，才真正具有了為日後生命哲學發展所需的非理性
的萌芽。因為在叔本華，絕對、自在之物這些作為宇宙基礎和本原
的東西，不再是理性、理智或純粹的精神或自我，而是生命意志，
也即某種盲目的、非理性的東西；真正的存在(Sein)甚至不是存在，
而是衝動、過程和黑暗；理性、意義、真理、善不再是世界的本質，
而只是些表皮的現象(Epiphänomene)。這些非理性的東西正是生命
哲學把它確立為原則的東西。生命哲學完全可以說就是唯意志主義
發展的第二代。

　　狄爾泰和斯賓格勒又進一步把生命的形上學用於對精神、文化
和歷史的闡釋，把活生生的生命力確立為歷史文化的評價標準，展
開對西方精神文化的批判研究，這也是來自於叔本華的影響和作用。
叔本華雖然沒有專門的歷史哲學著作，但他在《作為意志和表象的
世界》中也有關於歷史問題的論述，以及對黑格爾歷史哲學的批評
等。對於叔本華來說，歷史雖然是一種知識(Wissen)，然而卻非科
學(Wissenschaft)；科學是概念的體系，表述的是類(Gattungen)，是
普遍性，而歷史則是經驗的、個體的(Individuen)；所以，叔本華基
本的論據在於，歷史飄浮於表面，而不能深入到世界的本質和自在
之物。在此，重要的是，叔本華的個體性原則被用作反抗歷史知識

❶　同上書，頁177。

科學性的證據，以其名義使正在形成中的歷史主義⓬擺脫了黑格爾
式的歷史哲學軌道。叔本華的意志形上學在融入到生命哲學的歷史
主義學說中去之後，幾乎就被當作了那個時代文化情緒 (die kul-
turellen Stimmung)的表達。斯賓格勒以生命原則建構起來的文化歷
史哲學正反映了西方文化的一種沒落的情緒，在第一次世界大戰之
後，他的《西方的沒落》(*Der Untergang des Abendlandes*) 一書之
所以產生出那麼大的影響，原因就在於它表達出了西方文化沒落的
情緒。這樣的文化歷史哲學實質上就是透過歷史表面的精神而深入
到文化根基中的生命、人性中去發掘文化歷史得生綿延不息的力量
源泉。這種以人性的自然根基、生命本能為原則和標準去評價文化
發展的文化哲學觀，在現代西方的文化哲學中得以堅持和發揚光大
了。文化批判中的巨將馬爾庫塞(Herbert Marcuse, 1898–1979)和弗
羅姆 (Erich Fromm,1900–1980) 都試圖以不受壓抑的人性為根基來
探討文明發展的方向和對現實的資本主義文化進行批判。他們都把
文明社會的目標放到生命本能的解放上，馬爾庫塞把人的生命本能
稱作愛欲 (Eros)，弗羅姆則要求重塑以生命本能為基礎的新的人格
作為社會革命和文化變革的力量。從他們的文化批判理論中，我們
都能察覺到叔本華生命意志學說的根源和作用。

　　當然，就馬爾庫塞和弗羅姆的文化批判理論來說，叔本華的影
響只能說是間接的，因為他們直接的理論來源是弗洛伊德的精神分

⓬　這裡的歷史主義(Historismus)指的是流行於十九世紀末二十世紀初的
　　德國歷史學派，代表人物有德羅伊生 (Johann Gustav Droysen,
　　1808–1884)、狄爾泰等。他們早年受黑格爾歷史哲學的影響，抵抗歷
　　史領域內實證主義；後以生命為原則脫離了黑格爾，批判歷史哲學
　　(Geschichtsphilosophie)。

析學說，而叔本華的意志學說對後者來說，無疑也提供了理論原型。一般而論，叔本華對弗洛伊德的影響主要有兩個方面，一是叔本華首開了對性愛本能的形上學研究，他所提出的生殖原則和性快樂心理分析為弗洛伊德的性愛現實原則和快樂原則提供了理論雛型。至於他們之間的區別，我們已在上一章作過簡要分析，在此不再贅述。二是叔本華意志和表象的區分為弗洛伊德把人的心理結構分為無意識和意識提供了前提。對叔本華而言，意志是盲目的無意識的黑夜，是構成人的心理欲望和動機的源泉，它是深層的、內在的；而表象則是心理的、意識的、概念的。尤其是意識，它是照亮意志之黑夜的明燈，是表現人類智性之覺醒的標誌，但相對意志而言，它是淺層的、外在的、表現性的。而對弗洛伊德來說，他對心理學的主要貢獻是關於人類動機的研究，這種動機，他不認為來源於心理中的意識部分，而是來自於潛意識、無意識。因此，弗洛伊德堅持了一種認為人的一切行動都決定於潛意識的欲望這條非理性主義的路線。這條路線的祖師爺無疑就是叔本華。有關叔本華如何分析人的動機直接是一切欲望的主體——意志——的表現，可參閱第五章有關「意志自由論」這一節。叔本華和弗洛伊德的區別在於，前者從悲觀主義的人生解救論出發，著力於思考如何壓抑和否定欲望——意志——，走上禁欲主義，認為這是最終的解脫之道；而後者則從病理學出發，發現導致精神病的根源在於對本能欲望的壓抑，從而致力於找到如何通過自由聯想法使壓抑了的本能欲望得以緩釋和發泄，從而治愈精神病。但透過這種不同，弗洛伊德的深度心理學的本能決定論和叔本華的意志形上學的確具有淵源關係。

　　通過對生命哲學和精神分析學說的影響，叔本華的哲學原則和非理性主義精神在現代人文主義的哲學中得到了近乎普遍地流傳和

貫徹。同時，叔本華對於西方哲學的語言轉向，對於分析哲學家維特根什坦關於倫理、人生問題的思考也有很大的影響，對此，我們已在第三章「叔本華的世界觀」這一節作過分析。我國著名的分析哲學研究專家陳啟偉先生也說：「叔本華對維特根什坦無疑有深刻的影響，關於作為意志主體的神秘的自我的思想，顯然是從叔本華那裡吸取而來的。」❸由此足以看出，叔本華對現代西方哲學影響之大之廣，是別的哲學家難以與之相匹敵的。

四、叔本華哲學的「後現代性」

叔本華的哲學不僅開創了現代西方哲學的先河，而且在「後現代」(Postmoderne)語境中不斷地被提及和探討❹，這說明在叔本華的思想中尚有不少可待開發的「後現代」思想資源。

然而，由於「後現代主義」的極端龐雜性，對什麼是「後現代性」並未達成一種普遍的共識，因而談論叔本華哲學的「後現代性」

---

❸ 陳啟偉：《「邏輯哲學論」從醞釀到寫作》載《名理論》(邏輯哲學論)，北京大學出版社，1988年版，頁143。

❹ 國際叔本華協會於1988年5月24至27日在德國漢堡(Hamburger)舉行了第三屆國際叔本華哲學研討會。在該次會議上，各國與會專家專門探討了叔本華哲學的後現代性問題，討論的成果後來以《後現代中的叔本華》(Schopenhauer in der Postmoderne) 為書名出版，維也納，Passagen 出版社，1989 年。該書主要從《後現代政策》、《後現代的人》、《後現代中的倫理學》、《審美經驗》、《難以抉擇的生活》等五大部分展開對叔本華哲學後現代性的研究。這說明，發掘叔本華哲學的後現代性思想資源已成為國際叔本華研究的前沿陣地，在現代文化的普遍危機面前，叔本華能為今人提供什麼啟示，也必將是我們不得不關注的重要問題。

也總是困難重重。但它作為後工業社會所出現的一種世界性的文化思潮，自有其大致相同的精神傾向和在文化各領域內的獨特表現，也許我們從這些方面來談，更能切中其實質。

從字面上講，後現代的「後」(Post) 並不僅僅是個時間概念，也就是說，「後現代」並不是指現代之後的這一時代。對於「後」字，從德文的 "nach" 更能表現出它的真實含義。在德語中，"nach" 不僅有「在……之後」的意思，更有「在對照中追溯到……之後」的意思。比如「反思」這個概念，在德語中即為「後思」(Nachdenken)，即對照現有的思想，以思想為對象，追溯思想之背後的源泉等等意思。所以，在德語思想家中，他們往往主張「後現代」是一種文化反思空間，即以現代文化作為反思對象，對照現代之種種不足，力圖與之保持一種距離，造成一種斷裂，從而超越於現代❺。德國當代著名哲學家哈貝馬斯 (Jürgen Habermas, 1929-　　) 正是以反思式的文化批判眼光，從現代性的源頭追溯現代性為何成了問題並遭遇到危機的，現代性是否已經終結而必須以後現代性取而代之？在此意義上，「後現代」或「後現代性」，即是對「現代」或「現代性」的一種批判性反思或解構的態度。

哈貝馬斯在這種反思式批判的意義上，追溯了西方哲人對現代性反思批判的歷史軌跡。所謂「現代性」即標誌著「現代人」對待文化或知識的一種態度或狀態，一種話語系統，這就是以啟蒙理性為標誌的。那麼，對啟蒙理性的批判自它確立的那一天起，就已開始了，整個德國古典哲學都在不同程度上對啟蒙理性進行批判反思，也就是說，康德、謝林、黑格爾等人也都具有了「後現代性」的某種特徵❻。在此歷史軌跡中，因叔本華以意志取代了理性，因而使

❺　參閱《後現代中的叔本華》，維也納，1989年德文版，頁22–23。

以理性為標誌和核心的現代性話語體系發生了摧毀性的動搖和破壞，當然是具有「後現代性」的。叔本華的這種思想在當時遲遲得不到社會的理解和承認，也說明他的這一思想或話語體系是屬於「後現代的」。

後現代主義作為對現代性進行批判反思和解構的文化精神和價值模式，總體特徵表現為：消解既定的精神價值，消除任何中心性的權威話語，主張非同一性，徹底的多元化，解構「元話語」和「元敘事」，不對已有成規加以沿襲，睥睨一切，專事反叛，衝破舊範式，不斷地創新。由此看來，在叔本華的哲學中，既有後現代的反叛和解構精神，也有現代性的同一性和中心化的元敘事；既有衝破舊範式，創造新範式的後現代特色，又落入了將自己創立的新範式確立為中心的現代性窠臼。當他激烈地批判和摧毀以理性為中心的現代性價值中心時，他是後現代的；當他把非理性的意志確立為一元性的本體，並從意志出發去解釋和說明一切，這就造成了極端的「深度模式」，構成了新的同一性中心，因而他又是現代的。

後現代主義的這種精神傾向，在不同的學科裡均有不同的表現形式，在叔本華的思想中，也通過其美學、倫理學及其對人生和文化的態度表現出來了。在美學領域，現代主義和後現代主義是通過維護或批判美學的形上學而表現其區別的。後現代主義美學通過批判美學的形上學走向徹底的審美經驗和反審美，反對美學對生活的證明和反思，反對美學以人性自由解放為主題去感受生命的存在狀況，認為藝術只是審美遊戲，行為本身即藝術。從這一標準來看，叔本華的美學幾乎沒有什麼「後現代性」，他的美學初衷可以說完

⓰ 參閱王岳川著：《哈貝馬斯：對抗後現代性》，載於《東西方文化評論》第四輯，北京大學出版社，1992年版。

全是現代的，甚至可以說是傳統的。他的美學的一個基本命題即是繼承了柏拉圖的美是理念這一古希臘的傳統思想。然而，現在德國柏林的一個學者米克·單特波特（Mike Sandbothe，生年不詳）在一篇題為《叔本華的美學——傳統性、現代性、後現代性》的文章中，認為從對形上學進行批判的角度，叔本華的美學具有某種「後現代性」❶。他區別了較弱意義上的形上學批判和較強意義上的形上學批判。從前者而論，叔本華從其解救論(Erlösungslehre)出發暴露出其美學理念論前提(Ansatz)的局限性，也就是說，按其美學的理論前提，美存在於永恒的、不變的、無時間性的理念世界，而按其表象論，則按意志到表象的直線性時間結構使美得以在現實的千差萬別性中表現出來，而人生解救論從審美的角度恰恰是要通過審美把人從時間性中超拔出來，達到對意志（形上本體）的否定。就理念是意志的直接客體性而言，叔本華對意志的否定也就會暴露出他理念論的困境了，使得他的審美形上學基礎發生動搖。就較強意義而言，叔本華的形上學批判表現在他退回到體系現象(Phänomene)的背後去闡述他的拯救主題，而這既擺脫了其美學的前提，也與其美學的目的沒有牽連。審美經驗的認識價值恰恰在於要闡明「真正形上學的」人類時間性基礎。總之，就美學思想本身（而非美學對人生解救的意義）而言，叔本華的後現代性是極其微弱的。

　　在倫理學中，叔本華的後現代性得到了較為明顯的表達。一般說來，傳統的及現代的倫理學均在詢問「我們應該做什麼」？(Was sollen wir tun?)尤其是康德的理性主義倫理學，更是從無條件的「應該」出發確立人類行為必須遵守的道德戒律。行為只有出於對責任、

<hr>

❶　參閱Schirmacher：《後現代中的叔本華》，維也納，Passagen出版社，1989年版，頁157–165。

對普遍道德規律的敬重，才有道德價值。他的倫理學就是依靠純粹理性確立這種純之又純的真實的道德規律。而後現代的倫理學則放棄了對這樣的純粹客觀而又普遍有效的道德律的尋求,志在探討「我們應該放棄什麼更好些」?(Was sollte wir besser lassen?)叔本華的倫理學一方面通過對康德理性主義倫理基礎的批判而摧毀了理性的神話，對人們的思想進行了再一次啟蒙，從而表現出其後現代性；另一方面，叔本華則通過讓人們徹底放棄生命意志而獲得最終解脫這種虛無主義的人生觀而具有後現代性。後現代的解構和摧毀一切的作風，在叔本華最終對意志本體的徹底否定中得到了預先的表演。

的確，從叔本華對意志的否定中，人們可從中發現更多的後現代性。本來，意志是作為解構和摧毀現代性的價值中心——理性——而確立的另一個中心，正是以這個非理性的價值標準，叔本華促使現代文化精神向後現代轉變。而叔本華在摧毀了現代性的核心價值之後，又以無情地徹底性摧毀了自己剛剛確立起來的價值核心，從而走向了文化價值的無中心的虛無主義。這可以說，是最能體現叔本華哲學後現代精神的地方。

限於篇幅，我們只能就叔本華的後現代性作此簡略地追溯，更為詳盡地探討只得留到以後去做。下面我們要探討的是，叔本華哲學對我們中國二十世紀文化的影響。

五、叔本華哲學對二十世紀中國文化的影響

自1840年，我國封閉的國門被帝國主義列強的堅船利砲打開之後，西學也開始了東漸的歷程。一些開明之士把在軍事上抵抗外來

侵略和在文化上向西方學習結合起來，尋求富國強民，挽救民族危亡的精神力量和技術水平。西學的輸入大大改變了我國文化的思維品性，開闊了民眾的視野，特別是西方哲學的傳入，更是帶來了另一種全新的精神。

　　叔本華哲學正是在此背景之下最早傳入中國的西方哲學之一。

（一）王國維對叔本華哲學的研究、介紹和傳播

　　最先傳播叔本華哲學的是王國維(1877–1927)。他於1898年維新變法運動的高潮來到上海，擔任了維新派喉舌《時務報》的校對和司書。在這裡，他有機會接觸到了日文本的康德和叔本華著作，從此醉心於其中不能自拔。他不僅讀了保爾遜 (Friedrich Paulsen, 1846–1908，又譯包爾生) 的《哲學概論》和文德爾班的《哲學史》，而且直接閱讀了康德的《純粹理性批判》。不過只讀了該書的《先驗分析論》就覺得幾乎全都不明白，於是改讀叔本華的《作為意志和表象的世界》。叔本華明白曉暢的文筆，思精而筆銳的特點給他留下了深刻的印象。很久時間以來，他終日都把自己浸泡在叔本華的書之中。他不僅反覆閱讀《作為意志和表象的世界》，而且把叔本華其他幾部主要著作，如《充足理由律的四重根》、《自然中的意志》和《悲觀論集》等也一一通讀了。於是便把叔本華作為他研究和在中國介紹的主要對象。

　　從1903年開始，王國維先後在《教育世界》雜誌上發表了《叔本華之哲學及其教育學說》、《叔本華與尼采》、《書叔本華遺傳說後》、《附叔本華氏之遺傳說》等文章直接介紹叔本華的思想，同時他還把叔本華哲學和美學之基本精神運用於《紅樓夢》的研究，於1904年發表的《紅樓夢評論》⑬是運用西方文論（叔本華的美學思

想）整理我國文學遺產的一次最早的嘗試，該文的「立腳地」（王氏語）全在叔本華的哲學、美學與悲劇論，根據叔氏的這些思想具體分析了《紅樓夢》的根本精神、美學價值和倫理學價值，這對於把叔本華哲學精神融入我國學術之中起到了重大的作用。另外，王國維還把他所領悟的叔本華哲學之精神，運用於自己對人生答案的尋找上，他在接受叔本華哲學後寫的《論性》、《釋理》和《原命》等文章，都是他對人生終極之理看法的體現。

王國維對叔本華哲學的介紹和傳播有如下幾個特點：

一是比較全面。王國維深悟叔本華思想之精髓，善於用自己的言語把它精練地表達出來，不用長篇大論，即可概括叔氏思想之大意，因而使叔本華哲學觀點得以全面述介。從叔本華的意志本體論到美學的和倫理學的人生解救論，從性理遺傳說到意志自由論，從審美境界說到悲劇論，從知識論到教育學，在王國維的介紹中全都涉及到了，這麼全面的介紹甚至超過了如今一般教科書上的內容。尤其在本世紀初，的確是前無古人，後無來者的。

二是採取比較的方式，準確把握叔本華哲學之特色。王國維在介紹叔本華哲學時，往往喜歡在橫向比較中更準確精到地表述叔本華思想的特色和在哲學史上的地位。比較得最多的是同康德和尼采之關係。他在比較中，介紹了從康德的自在之物之不可知學說到叔本華意志學說之建立，說明叔本華用一切都是意志的一元論，糾正了康德的二元論，以此來對比兩者的差異。在談到康德與叔本華的關係時，他說「汗德（即康德——引者注）之學說僅破壞的而非建設的。彼憬然於形而上學之不可能，而欲以知識論易形而上學，故

---

❸ 以上論文可參閱周錫山編校：《王國維文學美學論著集》，北岳文藝出版社，1987年版。

其說僅可謂之哲學之批評，未可謂之真正哲學也。叔氏始由汗德之知識論出而建設形而上學，復與美學、倫理學，以完全之系統，然則視叔氏為汗德之後繼者，寧視汗德為叔氏之前驅者，為妥也。」⑲這種評價和定位，至今也未過時，這樣精闢的比較，在王氏的文章裡經常可見。由此我們便可知道他對德國哲學的學識和研究之精深了。

在《叔本華與尼采》這篇論文中，王國維對兩位意志論大哲的關係也作了十分精彩的論述，他說：二人的學說「以意志為人性之根本也同，然一則以意志之滅絕為倫理學之理想，一則反是。一則由意志同一之假說，而唱絕對之博愛主義；一則唱絕對之個人主義。」王國維不同意尼采後來的學說背叛了叔本華的說法，寫道：「自聖人觀之，尼采之學說全本於叔氏。其第一期之說，即美術之時代之說，其全負於叔氏，固可勿論；第二期之說，亦不過發揮叔氏之直觀主義；其末期之說，雖若與叔氏相反對，然要之不外以叔氏之美學上之天才論，應用於倫理學而已。」⑳這樣的結論雖可商榷，但比起現在某些人那些教條式的「批判」文章來，不知要高明多少倍。

第三個特點更是今天大多數學者難以與之比肩的，那就是王國維運用叔本華哲學之精神對中國文化之現象進行入情入理的解剖，使西學之精華自然地融入到漢學裡來，達到中西文化的比較和融通。如前所言，他以叔本華哲學、美學和悲劇論為原則對《紅樓夢》的評論，在學術上開創了一個新的局面，取得了舉世矚目的輝煌成就。他的《紅樓夢評論》首先運用的是叔本華的「生存欲望」與解脫說來解釋它，認為《紅樓夢》就是通過描寫男女之欲進而提出解脫之

⑲　《王國維先生全集》（五），大通書局版，頁1687。
⑳　《王國維先生全集》（五），頁1759–1760。

道的。比如他先解賈寶玉之來歷，通過第一回那塊女媧氏煉石補天棄在青埂峰下的靈性已通的石頭，自怨自艾，日夜悲哀的情景，說明生活之欲先人生而存在，人生不過是此欲之發現也。「所謂玉者，不過生活之欲之代表而已矣。故攜入紅塵者，非彼二人之所為，頑石自己而已；引登彼岸者，亦非二人之力，頑石自己而已。此豈獨寶玉一人然哉？人類之墜落與解脫，亦視其意志而已。……而《紅樓夢》一書，實示此生活此苦痛之由於自造，又示其解脫之道，不可不由自己求之者也。」❹ 由此推之，王國維認為《紅樓夢》之精神，象叔本華哲學一樣，是徹頭徹尾的悲劇也。他並且認為《紅樓夢》中描寫賈寶玉和林黛玉的悲劇屬於叔本華所說的第三類性格悲劇，它既不是因奸人作祟，亦不由盲目的命運使然，而是由於主人翁自身的性格，在通常境遇、通常關係，由於交互錯綜的原因造成的。這類悲劇價值最高，它告訴人們，不幸的事情，是人生所固有的，沒有任何例外。所以，王國維說《紅樓夢》以「生活為爐，痛苦為炭，而鑄成其解脫之鼎」，是悲劇中的悲劇。這樣的評論，雖然在論點上還可作進一步研究，但比起前人的各種各樣的評論，無論是索隱派，還是自傳說，其立論之新穎、方法之獨到、論述之精闢，的確為近代文學批評的一塊里程碑。它的重要意義還在於，他把西學的基本精神和新的價值觀念融入到中國文化中來了，使中西文化達到了一種新的貫通和融合。這種融合還表現在，王國維運用叔本華哲學對中國哲學的基本範疇及其價值觀念進行了分析和批判。他首先讚賞叔本華哲學唯真理是從，不為政治、名利所縛的純學術色彩，批評中國哲學只有一種道德哲學，以儒學為代表的舊學都是政

---

❹ 周錫山編校：《王國維文學美學論著集》，北岳文藝出版社，1987年版，頁7–8。

治的附庸，沒有哲學真理的獨立價值，所以他提倡輸入不具政治性的「純粹哲學」。 其次，他運用叔本華哲學的基本觀念，對中國哲學史上的「性」、「理」、「命」等範疇作了系統的考察和分析，頗具西方的實證精神。他用中國哲學家的理論說明西方哲學家提出的問題，或用西方哲學家的理論來解釋中國哲學史上的理論問題，做到了中西文化的會通和融合，這種研究方法開了一代之新風，叔本華哲學之精神正是靠著他的這種介紹、研究和傳播而融入到中國文化中來，對中國文化產生影響的。

經過王國維的推崇、介紹和傳播，叔本華哲學開始在中國文化中生下根來，其獨特的魅力不斷地吸引著後學對其趨之若鶩。陳銓便是在王國維的推介文章感染下對叔氏思想發生興趣並起而宣揚叔本華學說的第二代中國學人。

（二）陳銓對叔本華哲學的介紹和宣揚

本世紀四〇年代，較系統地向我國讀者介紹叔本華生平和思想的，是當時昆明國立西南聯合大學的陳銓教授[22]。他出版一本五萬多字的小冊子，名為《叔本華的生平及其學說》(獨立出版社，1940年印行)。 在該書的《序》中，陳銓先生說，他是在清華中學讀書時，看了一篇王國維先生所寫的，按照叔本華哲學評論《紅樓夢》的文章，開始對叔本華哲學發生興趣的。陳銓先生認為，英國著名作家哈代(Thomas Hardy, 1840–1928)的小說，是浸染著叔本華哲學之精神的，因此，他在1928年所寫的長篇小說《天問》， 在技術方

---

[22] 陳銓(1903–1969)，號濤角，四川富順人。早年畢業於清華大學，後獲美國阿柏林大學碩士和德國克爾大學哲學博士學位，回國後曾任武漢大學、清華大學、西南聯合大學、南京中央大學和同濟大學等校教授。

面，取自哈代，而在思想以及關於婚姻的見解方面則取自叔本華，其中帶有不少悲觀主義的色彩。陳銓先生於三〇年代到了美國留學，開始閱讀叔本華的書籍，作者清新透徹的思想，簡潔漂亮的文筆，令陳銓先生心悅誠服。尤其是，他師從著名哲學史專家克洛納（Kröner，著有舉世聞名的兩卷本的《從康德到黑格爾》）教授，對於叔本華及其與尼采的關係有了進一步的理解。回國後便寫成了我們提到的這部小書。按陳銓先生的願望，他要馬上寫一本叔本華的哲學，但當時正值國難期間，手邊書籍不夠，未能如願，這不能不說是我國讀者的一大損失。

就《叔本華的生平及其著作》而言，陳銓先生則側重於介紹叔本華的生平。從他的幼年、求學時期，一直追述著他生活中的寂寞和失望以至晚景，語言簡練活潑，評述生動透徹，的確是部引人入勝的著作。其中對叔本華個性特徵，與母親的關係，與歌德的交往都有十分有趣的闡述。占有的資料特別充分，但又不限於材料的堆積，始終以他對叔本華的透徹理解，以他自己對人生和命運的關注，夾敘夾議，把讀者帶入了叔本華生活和思想的夢幻之境。書中字裡行間，無不顯示出陳銓先生對於叔本華人格思想的景仰和推崇。對於叔本華的為人，陳銓先生說：

> 我們不能不承認叔本華有許多的缺點。……但是在另一方面，他求真的渴想，奮鬥的精神，獨立的氣概，又深深引起我們的驚訝佩服。他自己早年就知道他哲學的天才，他自己也就坦白承認他對於人類世界的使命。憑他早年對人生豐富的觀察經驗，他未嘗不知道，有天才的人，如果想要在社會上成功，在外表上一定要取一種和藹謙恭的態度；會一些不

願會的人，說一些不願說的話，作一些不願作的事；明明知道別人愚蠢，也勉強說他聰明；明明知道別人是錯誤，也故意說他有價值；這樣數數衍衍，隨俗浮沉，自然可以討得大眾歡喜，求名求利，都可以達到目的。但是這一種鄉愿的行為，是叔本華生平所最痛恨。哲學家根本不是政客，求真理不是獵取功名。叔本華雖然好名，但他所好的，是實至名歸的名，不是欺騙逢迎得來的名。雖然他一生受盡了社會的壓迫，他並不改變他絲毫的主張；他對人處世的態度，始終如一。這一種光明磊落的人格，在現在功利主義風行一時的世界，實在是太少見了。

對於叔本華思想學術的價值，陳銓先生也作了高度的評述：

叔本華的文章，在德國哲學史上開創了一個新紀元。……叔本華對古典文學，早年就有準備，他學近代語言的本事，也特別驚人。他痛恨不清楚的觀念，無條理的文章。……因為叔本華有充分駕馭德國文字的能力，有清楚的腦筋，所以他要別人懂，別人就得懂，同時他的哲學並不因此變膚淺，文章也不因此降低他的風格。這種深入淺出的本事，是世界上千萬的學者所沒有的，尤其是現代中國的學術界，不是寫一些晦澀古奧的文章讓別人不懂而自以為深沉，就是用粗野無味的俗話讓別人不能忍受而自以為通俗；叔本華的書籍，對於我們，真是對症的良醫。

至於叔本華的思想，對於現代的意義，更重大了。

緊接著，陳銓先生概括並總結了叔本華哲學思想的五大重要貢

獻：

　　第一大貢獻是創立了「意志哲學」。 意志是宇宙人生的泉源和基本元素，是推動一切的原動力。陳銓先生認為，康德的哲學是「理性哲學」，黑格爾的哲學是「精神哲學」，而叔本華的哲學是「意志哲學」。

　　第二大貢獻是發現了佔人生最重要位置的，是意志，而不是理智，理智不過是意志的工具。意志是形而上的，理智是形而下的；意志是物的本身，理智是物的現象；意志是基本的原質，理智是偶然的外形。陳銓先生說：

> 叔本華的這一個發明，非常重要，是哲學的一個空前的革命，是歐洲思想史上一個新紀元。

　　第三大貢獻就是他的悲觀主義。叔本華從盲目的支配宇宙人生的意志出發，推導出人生痛苦的根源，要人們看清宇宙人生本來的悲劇性，明瞭一切自然現象的道理，然後鼓起生活的勇氣，選定適當的態度來度完人生的傀儡戲。陳銓先生認為，叔本華力圖告訴人們的，是大智大勇的生活智慧，不是「騙人的宗教神話」， 不是沒有根據的道德信條。「所以叔本華的悲觀主義，決不是失望頹廢無聊的悲觀主義，它是一種哲學的悲觀主義，或者可以說是一種智慧的悲觀主義。」

　　第四大貢獻就是他的倫理教訓。生存的意志是人生最大的罪惡，一個人的行為是否道德，完全看他能否壓制生存的意志。假如一個人只求自己生存，犧牲別人、壓迫別人來達到自己生存意志的目的，他就是不道德。在另一方面，假如一個人能夠明瞭，生存的

意志是普遍的，別人的生存裡也有自己的生存，個人的生存不過是一種幻相，把自己的價值看得不高，犧牲自己，扶助他人，這個人就很有道德。一切的罪惡，都由於輕視別人的權利，圖謀自己生存意志的發展。真正道德的行為，只有清楚明白地認識現象世界的罪惡，決心把它減少到最低的程度。唯一的方法就是克己。世界上只有克己的人，總是有道德的人。

第五大貢獻即他的藝術論。陳銓先生沒有全面地闡述叔本華的藝術理論及其貢獻，而只是就藝術對人生的解救作用談他的貢獻。對生存意志的否定是絕對必要的，這是擺脫人生痛苦的根本，但真正地否定生存意志、達到「涅槃」是十分艱難的，遁世主義者走的就是這條路，想一勞永逸地得到解脫。但天才在藝術創造的靜觀中，也可以完全否定意志，但這種否定，只能得到暫時的解脫。因為在美的靜觀時，靜觀的對象，成了它同類的理念，靜觀的個人，成為純粹的理智。靜觀者的人格，在這一頃刻，消滅無形，沉浸在對象中間，與對象合而為一。宇宙的謎團揭開了，靜觀者自身不再受幻象的迷惑了。

陳銓先生最後用這樣的贊美之詞總結叔本華哲學的價值：

> 考究推論，發現他對我們現代的世界，還有重大的意義。時代是轉變的，真理是不磨的。八十年前的先知先覺，現在還是我們的導師。

陳銓對叔本華哲學的介紹是相當全面的，從1942年到1946年他先後發表了《叔本華的生平及其學說》、《叔本華的貢獻》、《從叔本華到尼采》、《叔本華與紅樓夢》等著作和論文。他在介紹叔本華思

想時的一個重要特點，便是站在現代的立場上考察先哲對於今人的意義，以先哲的思想解答今人面臨的生存困境和文化困境。例如在考察叔本華哲學對於世界的貢獻時，他問道：「我們站在現在的立場，來重新考察叔本華哲學對於世界的貢獻，我們心中不由地首先發問：叔本華的人格、文章思想，對於我們現代的世界，是否還有任何意義？」這種考察方式對於哲學工作者來說，無疑是對的，因為只有在面臨生存困境這同一問題時，我們才能找到一個共同的話題，找到一個切入點同先哲們展開對話，先人的思想正是在對後學的啟示中展示其影響和魅力，成為萬世不竭的思想源泉。通過陳銓的宣傳介紹，叔本華哲學進一步融化到中國文化中來。陳銓的貢獻是不可磨滅的。

但是，陳銓通過叔本華，尤其是通過對尼采「權力意志論」的介紹，來宣揚其自己的政治主張，並同林同濟等在昆明辦了一個取名為《戰國策》的刊物，通過這個雜誌公開宣揚軍國主義和法西斯思想，表現了其錯誤的思想傾向，因而受到了當時不少受馬克思主義思想影響的學人的批判。例如胡繩（現中國社會科學院院長）曾針對陳銓販運尼采「超人」學說，把英雄人物神秘化的傾向，批判指出「謝謝這些德國思想的康伯度！這套玩意兒我們用不著。國貨的『民可使由之，不可使知之』的思想已經被埋葬了，舶來的尼采的超人思想與英雄觀念也沒人領教」❷。

從此開始，已預示出叔本華哲學在中國文化中的一種獨特的命

---

❷ 對於陳銓如何以宣揚叔本華和尼采哲學為手段，來達到其宣揚軍國主義和法西斯主義的目的，筆者對此缺乏必要的了解和研究，不敢妄斷。請參閱黃見德等著《西方哲學東漸史》(1840-1949)，武漢出版社，1991年版，頁593-599。

運。一方面，叔本華哲學通過王國維和陳銓等人的介紹和宣揚，其意志論、美學觀和倫理學、人生觀、悲劇論都在中國文化中產生了深遠的影響，被廣泛運用於對中國文化的評判、整理和分析之中，對改造中國文化的品質以及改變國人的思維定勢，起到某種啟蒙的作用。這種作用甚至在今天也一直在發生著。但另一方面，叔本華在中國文化中的地位和影響，受到了尼采哲學和馬克思主義哲學的強大挑戰。首先是尼采哲學。尼采與叔本華本同屬意志主義，但尼采作為叔本華的學生和傳人，一方面繼承了意志主義的基本形上學，把叔本華的思想發揮到極致，另一方面他也拋棄了叔氏思想中的悲觀主義和遁世主義和禁欲主義，轉而以審美的樂觀主義，以超人學說取而代之。這樣一來，無論在中國還是在外國，人們往往從叔本華轉向尼采，從叔本華那裡接受的意志主義和審美態度要到尼采那裡才能獲得一種積極而樂觀的信念與結論。因此，從某種意義上說，叔本華哲學的意義和影響力是藉尼采的作用而發揚光大的。反之，人們對尼采的批判、貶低也就不能不波及到叔本華，極而言之，當人們若想一棍子打死尼采時，叔本華也不得不死。叔本華哲學在二十世紀上半葉的中國的命運正是如此。首先人們介紹傳播叔本華的思想，但像王國維那種帶著固有的悲觀氣質而去接受他的人並不多見，因此隨著新文化運動像茅盾、李石岑、魯迅等人急於用尼采的超強意志和審美人生觀來改造中國積弱不振的國民性時，叔本華哲學也隨同尼采哲學一起在中國文化中達到傳播的高潮。然而隨著人們對陳銓等人的「戰國策派」用尼采的國家學說和社會政治學說宣揚軍國主義感到厭惡並對之進行批判，甚至是拋棄尼采哲學時，叔本華哲學當然也在被拋棄之列。尤其是，當馬克思主義傳入中國，中國共產黨人接受了馬克思主義，把它當作救國救民的理論基礎和

思想武器之時，叔本華和尼采的作為資產階級意識形態的哲學自然就被成為「批判」的目標。到了二十世紀下半葉，馬克思主義在中國大陸取得了意識形態上的領導地位，理論工作者們必須以馬克思主義為指導來分析和批判各種非馬克思主義的哲學，要分出其中的精華和糟粕，對之加以區別對待。因此，叔本華哲學雖然一直是作為批判的對象，但由於它在西方近代哲學史上有著不可忽視的地位和影響，從研究西方哲學史的需要出發，叔本華哲學仍然以其獨特的形式，保留在中國文化的話語系統之中。八〇年代之後，因為鄧小平實行了改革開放的開明政策，結束了「文化大革命」時期的「左」傾路線，對像叔本華等西方哲學的介紹和傳播在中國大陸出現了前所未有的空前盛況。中國文化出現了「西學熱」，各出版社爭相出版各種西方哲學和文化名著，這些著作無論在當時翻譯得多麼粗糙拙劣，都是讀者爭相購買的搶手貨，《西方哲學評介》成為大學校園最受歡迎的課程之一，各種西學研究的系列叢書和叢刊也紛紛與讀者見面。尤其是青年人，對於西方哲學出現了「飢不擇食」的局面。在此「西學熱」中，叔本華哲學無疑是倍受青睞的哲學之一。下面，我們從大陸對叔本華著作翻譯出版的情況，分析一下叔氏思想二十世紀末期中國文化的影響。

（三）二十世紀末期我國對叔本華著作的翻譯、研究和傳播

二十世紀初期王國維對叔本華的介紹依據的是日文本的原著，四〇年代陳銓的傳播依據的是他從德國帶回的原版著作，對於中國讀者而言，只能從他們介紹的二手資料中去了解叔本華的思想，而很少能直接閱讀其原著。

在我國出現的第一部叔本華哲學原著的完整譯本是《意志自由論》， 張公權譯，商務印書館1941年出版。該書因出版較早，現在一般圖書館均無此書，藏有此書的老圖書館也均因只有孤本而藏於「典藏館」視為寶貝，一般讀者很難找得到此書。即使有幸看到此書的人，也往往因該譯本是繁體字，豎行印刷，表述上帶有很強的古漢語文風，而不願費勁去啃這塊「硬骨頭」。 所以，這個譯本在1949年以後的大陸讀者當中所起作用並不很大，很少見到有學者在著文時引證該書。

影響最大，也是1949年以後在中國大陸出現的第一個叔本華著作的完整譯本是《作為意志和表象的世界》，石冲白譯，楊一之校，商務印書館1982年版，這個譯本附有叔本華的《康德哲學批判》,是現今一般讀者和研究者了解和分析叔本華哲學最主要的參考文獻。因而，該書自出版後，多次重印，發行量頗大，對於叔本華哲學的傳播起到了關鍵的作用。

除此之外，在八〇年代的「西學熱」中，叔本華的一些小論文也紛紛地被譯出。依筆者所見，至少有下列四本： 1.《愛與生的苦惱》， 陳曉南譯，中國和平出版社，1986年版。該譯本加了一個副標題為「生命哲學的啟蒙者」， 共收錄了《性愛的哲理》、《漫談男性性倒錯──性愛形上學補述》、《談禁欲》等九篇論文。 2.《叔本華論文集》， 陳曉南譯，百花文藝出版社，1987年版。該書共收錄了叔本華《關於思考》、《讀書與書籍》、《文學的美學》、《論天才》等十一篇論文。 3.《人生的智慧》，張尚德譯，黑龍江人民出版社，1987年版。 4.《生存空虛說》，陳曉南譯，作家出版社，1987年版。該書同上面的《叔本華論文集》一模一樣，僅書名不同，裡面收錄的十一篇論文均相同，區別在於編排次序不一樣。這四本譯文，對

於特定時期的大陸學人，尤其是文學藝術界、大學生等非西方哲學專業人員了解叔本華的思想起到了很好的宣傳作用。

在八〇年代，除了這些原著的翻譯外，還有工人出版社和中國社會科學出版社出版的一套《外國著名思想家譯叢》裡有一本《叔本華》，較集中地反映了叔本華生平歷程、人格修養和思想進展，是許多人了解叔本華哲學的一個重要窗口。該書尤其注重叔本華倫理學同康德實踐理性批判之間的反批判關係，從正面介紹了叔本華的同情倫理學、忘我的美學、無神論的宗教，並把他作為「文化頹廢的先知」，這些均對讀者產生了強烈反響。

另外，在八〇年代初，對於一般讀者了解叔本華思想，還有一本朱光潛先生的《悲劇心理學》，起了較大作用。這部著作是朱先生早年（三〇年代）在法國用英文寫的博士論文，對各種悲劇快感理論，尤其是叔本華、尼采和黑格爾等哲學家的悲劇理論進行了批判研究。由張隆溪譯，人民文學出版社，1983年出版。當時由於叔本華哲學原著的中文譯本尚未出版，而一般學人又有一種急於了解西學的迫切需要，因此朱先生該書的出版，讀者面頗廣，對思想界的影響十分強烈。人們透過這本書，雖然只了解了叔本華的悲劇理論，但對了解叔本華整個思想的強烈欲望卻被實實在在地引發出來了。

綜觀整個八〇年代我國學界對叔本華著作的翻譯、介紹與傳播，有一種重要的特點就是在新鮮感的驅使之下實行「拿來主義」。當然，在大學課堂上，簡單的「拿來主義」是行不通的，大學教師們還是做著「吸取精華，去除糟粕」的艱苦工作，努力以馬克思主義為指導，告誡青年學生如何正確地對待像叔本華這樣的資產階級學者的思想。自然，在此過程中也出現了不少以教條化的方式對叔

本華哲學採取簡單化批判的做法，但青年學生對叔本華哲學的興趣一直都十分濃厚。

日前，正當筆者要結束本書的寫作時，又在書店見到了一套《叔本華文集》，由青海人民出版社出版。該文集共有兩卷，一卷是原商務印書館出版的《作為意志和表象的世界》之重印；另一卷取名為《悲觀論集》，其中收錄了由王成譯的《悲觀論集》，由孟慶時、任立譯的《倫理學的兩個基本問題》和由劉林譯，李文耀校的《論充足根據律的四重根》。這本文集的出版是學界一喜事，因為《論充足根據律的四重根》是首次譯成中文，這部標誌著叔本華思想之形成，作為其思想之「第一階段」的著作，對於準確把握叔本華的思想脈絡以及他對前輩哲學家在因果關係上的態度提供了一份完整可靠的文本。另外《倫理學的兩個基本問題》中的《論意志自由》雖然以前已有中譯本，但如前所述，那個譯本現僅存於少數圖書館裡，讀者不易見到，有了這個新的譯本，對於大多數不懂外文的學者和一般的讀者了解和研究叔本華的自由意志學說提供了便利條件。尤其是其中的《論道德的基礎》是首次譯成中文，它對於研究叔本華的倫理學，特別是叔本華從意志本體論對康德理性倫理學的批判，必將起到推動作用。但遺憾的是，《論道德的基礎》不是全譯本，只是個節選本。

另外，劉林告訴筆者，他應商務印書館之約，現正在著手翻譯叔本華的《論自然中的意志》。這樣一來，叔本華一生所寫的主要著作幾乎都有中譯本了，我們相信，隨著這些譯著的問世，一個新的研究高潮必將會到來，叔本華哲學必將更多地參與到中國人對人生、世界及文化諸問題的思省之中，對中國文化產生更大的影響。

後　記

　　從八〇年代後期開始，我一直關注西方哲學從理性到非理性的現代轉型，按計劃我想對德國浪漫主義哲學這一發展線索上的三個對現代人本主義哲學頗具影響力的哲學家：謝林、叔本華和施萊爾馬赫進行學理上的清理。促使我這樣做的原因大致有二：一是國內學界對德國浪漫主義哲學的研究基本上是個空白，而不研究這一線索，我們就很難全面地把握德國古典哲學乃至西方哲學發展的內在規律，對現代人本主義的前提缺乏清晰的認識；二是上述三位哲人實現了哲學從知識論向生存論的轉向，他們探討的問題：生命的價值、個體的生存處境以及自我拯救的可能性，對人文學者而言，是頗有誘惑力的永恆的哲學難題，我試圖加入與他們「共思」的行列之中。

　　當我的第一部研究成果，我的博士論文《論謝林思辨的浪漫哲學》以《謝林》為書名納入到由美國天普大學(Temple University)傅偉勳教授和臺灣著名哲學家韋政通教授共同主編的《世界哲學家叢書》中出版後，傅偉勳先生熱情鼓勵並積極支持我完成上述研究計劃，並多次來信催促我早日寫出叔本華和施萊爾馬赫的研究專著，這種積極關心、扶植後學的熱忱每每使我非常感動，是我在生活面臨重大挫折，而仍能留在大學教書，並且在校繁忙的教務

之餘仍能抓緊點滴時間從事寫作的精神動力。然而，正當我準備提
筆向這位尊敬的學界前輩寫信，告訴他拙著已經寫完時，卻驚聞傅
先生已在美國聖地亞哥(San Diego)不幸逝世的噩耗，這怎能不激起
我的悲慟懷念之情呢?!現在，讓筆者把此拙著獻給這位令人崇敬的
哲人，表達我們對他深切的哀悼和永恆的懷念！

我的博士論文指導老師楊祖陶先生和師母肖靜寧教授多年來
不僅嚴格指導我的專業研究，而且一直十分關心我的工作和生活，
沒有先生的教誨，就不會有我學業上的長進。我對先生的崇敬和感
激之情是「感謝」二字遠遠不能表達的。

張世英先生、張志揚先生、劉簡言先生、張傳湘先生是使我步
入德國哲學殿堂的啟蒙老師，多年來諸位先生對我的關心、指教和
厚望，都歷歷如在眼前。在我的研習過程中，長期以來，我還得到
了梁志學先生、葉秀山先生、鍾宇人先生、洪漢鼎先生、鄧曉芒先
生等等的指教和幫助，在此深表感謝！

湖南師大的張楚廷校長一直十分重視哲學，為我們創造了一個
研究哲學的良好環境，借此機會我也要表達我對張校長由衷的感激
和敬意。

在本書的寫作過程中，也一直得到本系博士生導師唐凱麟先生
的關心和支持，學友曾曉平博士（武漢大學）、劉林先生（中國科
學院）為我複印了有關叔本華著作的德文資料，張國珍教授幫助我
查閱了我國早期學者研究叔本華的材料，文學院的張紅老師為我借
閱了王國維先生研究和介紹叔本華思想的著作，對以上師友的幫助
在此一併致謝。

三民書局的劉振強先生、韋政通主編為拙著的出版提供了機
會，東大圖書編輯部的同仁，為拙著的出版作了大量的事務性工作，

付出了艱辛的勞動，謝謝您們！

　　使我感到歉疚的是，除了因為時間倉促，許多觀點和研究尚未深入和展開外，本人淺陋的學識和功力也大大限制了本書的學術水平，其中難免存在不少錯誤和不當之處，祈盼學界同仁不吝賜教。

鄧安慶

1997年於長沙岳麓山

叔本華的生平大事年表

1788

2月22日：阿圖爾·叔本華生在但澤（今波蘭格坦斯克）一個
　　　　大商人家裡，父親叫亨利希·弗洛利斯·叔本華，母
　　　　親叫約翰娜·叔本華。

3月3日：受洗禮於聖瑪利亞教堂。

阿圖爾和他母親一起遷居奧里瓦莊園，他在那兒度過了童年。

康德：《實踐理性批判》出版。

1789

阿圖爾的外祖父克里斯蒂安·亨利希·特羅西納租進斯圖特莊
園。

3月4日：美國憲法公布。

5月5日：法國在凡爾賽召開三級會議，這是自1614年來舉行的
　　　　第一次三級會議。

6月17日：法國第三等級組成國民議會（即1789–1791年的制憲
　　　　議會）。

6月20日：國王封閉國民議會會場，代表們在網球場集會，宣
　　　　誓「非俟憲法制成，議會決不解散」。史稱「網球場
　　　　宣誓」。

7月14日：攻占巴士底獄。

1790

2月20日：奧地利皇帝約瑟夫二世去世，利奧波特二世繼位。

1791

1月15日：奧地利詩人弗朗茨·格里爾帕爾澤誕生。

4月2日：法國第三等級代表米拉波伯爵去世。

6月20–25日：法國國王陰謀逃跑，但在發棱被發現，押回巴黎。

8月27日：庇爾尼茨宣言。普魯士國王弗里德里希·威廉二世
　　　　　和奧地利皇帝利奧波特二世決定支持法國君主專制。

12月5日：莫札特誕生。

1792–1797

第一次聯盟戰爭。

1792

3月1日：利奧波特二世去世。其子弗朗茨一世成為羅馬—德意
　　　　　志帝國皇帝。

8月10日：法國「無套褲漢」革命群眾攻進巴黎士伊勒里宮。

9月20日：法國革命軍在瓦爾密力挫普魯士軍，普軍撤退。法
　　　　　軍占領中萊茵區。攻進比利時。

1793

1月21日：法國國王路易十六被處決。普魯士、奧地利、英國、
　　　　　荷蘭、西班牙、葡萄牙、撒丁和那不勒斯組成第一次
　　　　　反法聯盟。

波蘭被第二次瓜分。但澤、波森（即波茨南）等被劃歸普魯士。

國王弗里德里希·威廉二世決定封鎖但澤。

在但澤被占領前不久，叔本華一家離開了該市，遷住漢堡，住

舊城新街76號。

6月：漢堡開辦了第一個德國公共浴室——「浮船浴場」。

7月13日：讓・保爾・馬拉被殺。

9月：法國恐怖統治。

10月16日：法國王后被處死。

12月23日：阿圖爾的祖父安德烈亞斯・叔本華去世。

歌德：《萊納克狐》。

1794

3–4月：阿圖爾的叔叔約翰・弗里德里希・叔本華在但澤去世。

4月5日：丹敦和德穆蘭被處死。

7月28日：聖・鞠斯特和羅伯斯庇爾被送上斷頭臺。

1795–1799

法國督政府統治。

1795

4月5日：法國和普魯士簽訂巴塞爾和約。波蘭被第三次瓜分。

12月21日：德國歷史學家利奧波特・馮・朗克誕生。

1796

叔本華家搬到漢堡新萬德拉姆街92號。拿破崙進軍意大利。

11月17日：俄國女沙皇卡塔琳娜去世。保爾一世繼位。

歌德：《赫爾曼與多羅特婭》。

1797

阿圖爾的外祖父克里斯蒂安・H・特羅西納去世。

1月10日：德國女詩人安內特・馮・德羅斯特—許爾霍夫誕生。

1月31日：弗朗茨・舒伯特誕生。

6月12日：叔本華的妹妹路易絲・阿德萊特・拉維尼亞（阿德

蕾）誕生。

7月：阿圖爾和父親一起去巴黎和勒阿弗爾。他在那兒在格雷
戈勒・德布雷西曼家住了二年，和德布雷西曼的兒子安
提姆交上了朋友。學習法語和法國文學。

9月4日：拿破崙政變。

10月4日：瑞士現實主義作家耶雷米亞斯・戈特黑爾夫誕生。

10月17日：法國和奧地利簽訂坎波－佛米奧和約。

12月13日：亨利希・海涅誕生。

1798–1799

拿破崙出征埃及。

1798

1月19日：法國哲學家奧古斯特・科姆特誕生。

2月13日：浪漫派作家威廉・亨利希・瓦肯羅德去世。

2月：拿破崙計劃在勒阿弗爾造船廠製造大炮和艦船。

1799–1802

第二次反法聯盟戰爭。

1799

馬蒂亞斯・克勞迪烏斯匿名發表〈致我的兒子H.〉。

春季：阿圖爾・叔本華的朋友戈德弗里特・雅尼施死於漢堡。

5月20日：巴爾札克誕生。

8月：叔本華因法國的政治形勢經海路回到漢堡。進龍格博士
辦的私立學校學習，直至1813年。和商人的兒子沙里士・
戈特弗勞伊，酒商的兒子格奧爾格・克里斯蒂安・洛倫
茨・邁爾交上朋友。

11月9日：拿破崙政變。

1800

叔本華家去布拉格和卡爾斯巴德旅行。在魏瑪會見席勒，在柏林會見伊夫蘭德。

10月17日：返回漢堡。

1801

2月9日：法國和奧地利簽訂呂內微爾和約。

丹麥對漢堡的占領結束。

約翰・亨利希・威廉・蒂施拜因遷往漢堡。

3月22日：克洛普施托克在漢堡誕生。

3月23日：沙皇保爾一世被刺。亞歷山大繼位。

3月25日：浪漫派詩人諾瓦利斯去世。

12月11日：德國戲劇家克里斯蒂安・迪特里希・格拉貝在德特莫爾特誕生。

1802

叔本華閱讀讓・巴底斯特・羅范・德・高烏雷的《福布拉騎士的愛情冒險》。

2月26日：維克多・雨果誕生。

3月26–27日：法國和英國簽訂阿眠和約。

7月24日：大仲馬誕生。

8月：拿破崙規定自己終身任第一執政。

8月13日：奧地利詩人尼古拉斯・雷瑙誕生。

1803

2月25日：雷根斯堡《全帝國專使會總決議》。

3月14日：德國詩人弗里德里希・戈特利布・克洛普斯托克去世。

叔本華根據父親的意願決定不上文科學校學習,決定將來不當學者。他開始了一次長達數年的旅行,周遊了荷蘭、英國、法國和奧地利,並開始學習經商。

5月3日:踏上旅途。

5月18日:英國對法國宣戰。

5月26日:法國進軍漢諾威。

6月30日-9月20日:叔本華在溫布爾登的住宿學校學英語。

9月28日:梅里美誕生。

12月18日:約翰・戈特弗里德・馮・赫爾德去世。

1804

2月12日:伊曼努爾・康德去世。

6月19日:叔本華家在奧地利布勞瑙。

8月25日:結束在國外的旅行。

9月:叔本華在但澤住了三個月。在巨商雅各布・卡布隆處學習,卡布隆後來創辦了商業學院。

9月8日:德國詩人愛德華・默里克誕生。

12月23日:法國文學批評家、作家聖佩韋誕生。

1805

第三次反法聯盟戰爭。

年初:叔本華在漢堡大商人馬丁・約翰・耶尼施那兒學習。他還聽龍格博士的神學講演。

4月20日:叔本華的父親自殺(?)。

5月9日:席勒去世。

8月:約翰娜・叔本華將新萬德拉姆街的房子出賣。全家遷往科爾霍夫街87號。

10月21日：奈爾遜在特拉發加海角戰勝法國和西班牙的聯合艦
隊。

10月23日：奧地利詩人阿達貝特 • 施蒂夫塔誕生。

12月2日：奧斯特里茨戰役。拿破崙獲勝。

12月15日：申布龍條約。

12月26日：普勒斯堡和約。奧地利割讓屬地，承認拿破崙為意
大利國王。

1806

第四次反法聯盟戰爭。

5月：約翰娜 • 叔本華在魏瑪。

阿圖爾青年時代的朋友安迪墨來漢堡學習經商。

7月12日：在法國領導下的萊茵同盟成立。

8月：羅馬—德意志帝國皇帝弗朗茨二世遜位。

9月21日：阿德蕾和約翰娜 • 叔本華最終遷居魏瑪。

約翰娜 • 叔本華和歌德交好。

10月14日：耶拿和奧爾斯塔特之戰。法軍獲勝。

1807

5月底：叔本華離漢堡經魏瑪去哥達。和卡爾 • 路德維希 • 費
爾瑙交上朋友。

6月：開始在哥達文科中學跟弗里德里希 • 雅可布兄弟學習。
叔本華住在卡爾 • 戈特霍德 • 棱茨教授家裡。

7月7–9日：法、俄、普提爾西特和談。威斯特法倫王國和華沙
大公國建立。

12月：叔本華寫作並在同學中朗讀一首嘲笑克里斯蒂安 • 費迪
南德 • 舒爾茨的諷刺詩，使他離開文科中學，遷居魏瑪。

和作家約翰內斯·丹尼爾·法爾克，劇作家扎哈里亞斯·維爾納相識。

費希特：《告德意志公民書》。

1808–1814

拿破崙對西班牙和葡萄牙的戰爭。

1808

9月：叔本華和丹尼爾·法爾克親見了沙皇亞歷山大和拿破崙在愛爾富特的會見。

12月4日：卡爾·路德維希·費爾瑙去世。

法國浪漫派特詩人德·尼瓦爾誕生。

德國詩人亨利希·克萊斯特主辦的雜誌《菲比斯》（太陽神阿波羅的別名）出版。

1809

2月3日：叔本華和卡羅娜·雅格曼同時在魏瑪參加一次化裝舞會。

2月22日：叔本華成年。

5月31日：約瑟夫·海頓去世。

奧地利反法戰爭。

5月：拿破崙在阿斯本戰敗。

7月5–6日：瓦格拉姆戰役。拿破崙打敗奧軍。

10月：申布龍和約。

10月7日：叔本華去哥廷根，並於10月9日開始在那兒學醫。和後來任普魯士駐梵蒂岡、駐倫敦大使克里斯蒂安·卡爾·約西亞斯·馮·邦森，以及威廉亞姆·巴克豪澤·阿斯泰爾結識。叔本華的哲學老師是弗里德

里希·博特韋克和戈特洛布·恩斯特·舒爾茨，在
舒爾茨的指導下，他研讀了柏拉圖和康德的著作。
柏林大學開辦。

歌德：《親和力》。

1810

3月1日：波蘭音樂家蕭邦誕生。

6月8日：德國音樂家羅伯特·舒曼誕生。

6月17日：德國詩人費迪南德·弗賴里格拉特誕生。

約翰娜·叔本華著的《C. L. 費瑠傳》出版。

1811

復活節：叔本華和克里斯蒂安·邦森在魏瑪。

9月：叔本華開始在柏林大學學習兩年，約翰·戈特里布·費
希特當選校長。叔本華研究費希特哲學。

和動物學教授馬丁·亨利希·利希騰施泰因結下友誼。

10月22日：匈牙利音樂家弗朗茨·李斯特誕生。

11月21日：亨利希·馮·克萊斯特去世。

1812

3月28日：法軍進駐柏林。

夏季學期：叔本華和德國哲學家、神學家弗里德里希·恩斯特·
丹尼爾·施萊爾馬赫發生爭論。

6月24日：法軍開始進兵俄國。

夏季：叔本華經魏瑪和德累斯頓去坦普立茲旅行。

9月17日：莫斯科大火。

10月17日：阿達貝特·馮·沙米索（後來成為詩人和自然科學
家）被柏林大學錄取。

10–11月：拿破崙軍從俄國撤回。

1813–1814

德國解放戰爭。

1813

1月20日：德國詩人克里斯多夫・馬丁・維蘭特去世。

3月18日：詩人弗里德里希・黑貝爾誕生。

5月2日：呂策和格羅斯戈森戰役時，叔本華逃出柏林。

5月5日：丹麥神學家和哲學家基爾凱郭爾誕生。

5月11日：拿破崙在德累斯頓。

5月22日：叔本華在德累斯頓。

5月22日：德國音樂家里查德・華格納誕生。

6月：叔本華在魏瑪撰寫博士論文。

10月16–19日：萊比錫大會戰，拿破崙失敗。

10月17日：德國詩人、戲劇家格奧爾格・畢希納誕生。

10月31日：萊茵同盟解體。

11月5日：叔本華回到魏瑪他母親家裡。

11月底：歌德贊賞叔本華的成就。他們進行了長談，專門討論
　　　　了歌德的顏色理論。

1814

1月19日：約翰・戈特利希・費希特去世。

3月31日：聯軍攻入巴黎。

4月6日：拿破崙退位，被囚在地中海厄爾巴島。

4月10日：路易十八即位，波旁王朝復辟。

4月：叔本華和他母親的爭吵達到頂點。

4月30日：《哥廷根學報》發表了對叔本華哲學著作的第一篇評

論。

5月：叔本華和他母親徹底決裂。叔本華離開魏瑪，後在德累
斯頓住了四年。和泛神論者卡爾・克里斯蒂安・弗里德
利希・克勞澤，畫家路德維希・西吉斯蒙德・魯爾，作
家赫爾曼・馮・皮克勒－穆斯卡烏、費迪南德・弗赫
爾・馮・比登費爾特認識。

5月30日：聯軍和法國簽訂第一次巴黎條約。

11月：維也納會議開幕。

1815

撰寫《論視覺和顏色》(1816年印刷)。

1月21日：德國詩人馬蒂亞斯・克勞提烏斯去世。

3月1日：拿破崙在法國登陸。「百日政變」開怡。

4月1日：奧托・馮・俾斯麥誕生。

6月8日：維也納會議和「德意志同盟」組成。

6月18日：滑鐵盧之役。

6月22日：拿破崙第二次退位。

9月26日：「神聖同盟」建立。

11月20日：第二次巴黎和約。

1816

叔本華住在德累斯頓郊區的奧斯特拉大街。

1818

3月：完成《作為意志和表象的世界》的初稿。

5月5日：卡爾・馬克思誕生。

5月31日：德國詩人格奧爾格・赫爾韋格誕生。

8月：叔本華為他的主要著作《作為意志和表象的世界》撰寫

前言。

亞琛會議。占領軍提前從法國撤出。

9月14日：德國作家特奧多爾・斯托姆誕生。

10月22日：德國教育家、作家約阿希姆・亨利希・卡姆佩去世。

秋季：叔本華去意大利旅行。

10–11月：在威尼斯。

12月：在佛羅倫薩。

1819

年初：《作為意志和表象的世界》由F. A. 布洛克豪斯出版。

1–2月：叔本華在羅馬。

2–4月：叔本華去龐培等地旅行。

3月23日：德國戲劇家奧古斯特・馮・柯采布埃被大學生K. L.
　　　　贊特謀殺。

叔本華從羅馬經意大利北部（佛羅倫薩、威尼斯和維羅那）回
到瑞士。

7月19日：瑞士詩人戈特弗里德・克勒爾誕生。

8月25日：叔本華重返德累斯頓。

但澤亞伯拉罕・路德維希・穆爾商號倒閉，叔本華家因而發生
財政危機。

10月：維也納《文學年鑑》和魏瑪《文學周刊》發表了第一批
　　　對《作為意志和表象的世界》的否定性評論。

12月30日：德國詩人和戲劇評論家特奧多爾・馮塔納誕生。

12月31日：叔本華申請在柏林大學當哲學講師。

1820

1月29日：英王喬治三世去世。其子喬治四世繼位。

叔本華和黑格爾發生爭執。叔本華第一個，也是唯一的一個講座《整個哲學就是關於世界的本質和人的精神的學說》失敗。

5月15日：維也納會議決議。德意志聯邦建立。

11月28日：弗里德里希・恩格斯誕生。

柏林新劇院開幕。

西班牙、葡萄牙革命爆發。

1821-1829

希臘獨立戰爭。

1821

韋伯的《自由射手》在柏林首演。

1月：神聖同盟萊巴赫會議。

4月7日：法國詩人卡勒斯・波德萊爾誕生。

5月5日：拿破崙死於聖海倫拿島。

12月12日：法國作家古斯塔夫・福樓拜誕生。

黑格爾發表《法哲學原理或自然法和國家學綱要》。

1822

1月6日：德國考古學家亨利希・謝里曼誕生。

5月27日：叔本華經瑞士去米蘭和佛羅倫薩旅行。

6月26日：德國詩人、音樂家E. T. A. 霍夫曼去世。

1823

1月17日：德國戲劇家扎哈里亞斯・維爾納去世。

5月3日：叔本華在特里恩特。後經慕尼黑返回。

7月5日：約翰娜・叔本華剝奪叔本華的繼承權。

12月2日：美國發表《門羅宣言》。不准歐洲國家干涉美洲事務。

1824

5月26日-6月19日：叔本華在加施泰因浴場治病。

9月：叔本華在德累斯頓。

9月4日：奧地利作曲家安東・布魯克納誕生。

9月16日：路易十八去世。查理十世繼位。

1825

4月11日：費迪南德・拉薩爾誕生。

5月19日：聖西門去世。

11月14日：德國詩人讓・保爾去世。

12月1日：沙皇亞歷山大一世去世，由其弟尼古拉繼位。

1826

2月14日：德國作家約翰內斯・丹尼爾・法爾克誕生。

3月29日：威廉・李卜克內西誕生。

夏季學期：叔本華最後嘗試舉行講座。

1827

2月17日：瑞士教育學家約翰・亨利希・裴斯泰洛齊去世。

3月26日：貝多芬去世。

1828

9月9日：列夫・托爾斯泰誕生。

11月19日：舒伯特去世。

1829

叔本華翻譯西班牙哲學家巴爾塔扎爾・格拉西恩的《處世預言》。出版商布洛克豪斯拒絕接受出版。

1月12日：德國浪漫派作家弗里德利希・馮・施萊格爾去世。

7月26日：名畫《歌德在加姆班格》的作者約翰・亨利希・威廉・蒂施本去世。

歌德完成《威廉・邁斯特的漫遊年代》。

1830–1831

波蘭革命。

1830

6月25日：英王喬治四世去世，其弟威廉四世繼位。

7月26日：法國七月革命。查理十世退位，並逃往英國，路易・
菲力普繼位，建立「七月王朝」。

1831

1月21日：德國浪漫派詩人阿興姆・馮・阿爾尼姆去世。

8月25日：叔本華因懼怕霍亂病而離開柏林。

9月8日：德國詩人威廉・拉貝誕生。

11月14日：格奧爾格・W. Fr. 黑格爾因霍亂死於柏林。

年底：叔本華在法蘭克福。

1832

3月22日：約翰・沃爾夫岡・歌德去世。

5月27日：漢巴哈大會，號召為建立統一的德意志共和國而鬥
爭。

從7月起，叔本華在曼海姆。

9月21日：蘇格蘭詩人瓦爾特・司各特爵士去世。

1833

5月7日：約翰內斯・勃拉姆斯誕生。

7月6日：叔本華定居在美茵河畔法蘭克福，在那兒度過了他餘
生的二十八年。

1834–1839

西班牙卡羅斯黨人戰爭。

1834

「德意志關稅同盟」建立。

2月12日：德國哲學家和神學家弗里德里希·施萊爾馬赫去世。

1835

叔本華撰寫《論自然界中的意志》。

3月2日：奧地利皇帝弗朗茨一世去世，費迪南德一世繼位。

4月8日：威廉·馮·洪堡去世。

1836

9月12日：德國戲劇家克里斯蒂安·迪特里希·格拉貝去世。

1837

撰寫《致建立歌德紀念碑委員會》一文。

2月10日：亞歷克賽·普希金在決鬥中喪生。

2月12日：德國作家路德維希·別爾内去世。

2月16日：德國戲劇家格奧爾格·畢希納去世。

4月3日：德國神學家弗里德希·亨利希·克里斯蒂安·施瓦茨
去世。

6月20日：威廉四世去世。維多利亞女皇繼位。

1838

2月：德國戲劇家格斯滕貝格誕生。

4月17日：約翰娜·叔本華去世。

8月21日：德國詩人和自然科家阿德爾貝特·馮·沙米索去世。

12月：費爾巴哈的《實證哲學的批判》出版。

1839

叔本華撰寫徵文《論意志自由》。

3月21日：俄國作曲家莫德斯特·莫索爾斯基誕生。

1840

叔本華撰寫徵文《論道德的基礎》。

1月7日：奧地利國王弗里德利希·威廉三世去世，其子威廉四
　　　　世繼位。

2月22日：奧古斯特·倍倍爾誕生。

4月2日：愛米爾·左拉誕生。

5月7日：柴可夫斯基誕生。

8月25日：德國詩人卡爾·伊默曼去世。

1841

博士尤利烏斯·弗勞恩施塔特成為阿圖爾·叔本華的學生。

1842

阿德蕾·叔本華看望她的哥哥。

3月18日：法國詩人斯丹楓·馬拉美誕生。

3月23日：法國作家司湯達（斯丹達爾）去世。

7月28日：德國詩人克萊門斯·布倫塔諾去世。

1843

3月1日：叔本華遷往法蘭克福好希望街17號。

6月7日：德國詩人弗里德利希·荷爾德林去世。

弗里德里希·多爾古特發表《唯心主義的錯誤根源》一書，叔
本華的學說在這部著作中得到了承認。

1844

F. A. 布洛克豪斯出版《作為意志和表象的世界》的第二版。

3月30日：法國詩人保爾·魏爾倫誕生。

4月16日：法朗士誕生。

10月15日：尼采誕生。

西里西亞織工起義。

海涅:《德國,一個冬天的童話》。

1845

3月12日:德國詩人、文藝理論家奧古斯特・馮・施萊格爾去
世。

多爾古特:《叔本華及其真理》。

1847

叔本華的博士論文再版。

1848

2月:卡爾・馬克思和弗里德里希・恩格斯發表《共產黨宣言》。

2月22-24日:法國二月革命。法蘭西第二共和國成立。

3-5月:柏林、維也納、慕尼黑起義。

5月18日:全德國民議會在美茵河畔法蘭克福保爾教堂開幕。

5月24日:德國女詩人安內特・馮・德羅斯特・許爾霍夫去世。

6月23-26日:巴黎工人六月起義。

12月2日:奧皇費迪南德一世退位,弗朗茨・約瑟夫一世繼位。

1849

3月28日:德意志帝國憲法在法蘭克福被通過。

普魯士弗里德希・威廉四世被選為德國皇帝。

4月28日:威廉四世拒絕登位。

5月:德累斯頓和巴登起義。

8月25日:阿德蕾・叔本華去世。

10月17日:蕭邦去世。

1850

1月31日:普魯士國王強令憲法生效。

3–4月：愛爾福特議會。

7月2日：普魯士和丹麥簽訂柏林和約。

8月5日：莫泊桑誕生。

8月18日：巴爾札克去世。

8月22日：奧地利詩人尼古拉斯・萊瑙去世。

11月30日：重建德意志聯盟。

普魯士和奧地利簽訂奧爾謬茨條約。

1851

11月：《附錄和補遺》在柏林由A. W. 海因出版。此書獲得好評。

第一屆世界博覽會在倫敦舉行。

1852

3月4日：果戈里去世。

12月2日：路易・波拿巴即帝位，稱拿破崙三世。

1853

4月28日：德國浪漫派詩人路德維希・蒂克去世。

1854

《論自然界中的意志》第二版出版。

8月20日：弗里德里希・馮・謝林去世。

10月22日：瑞士作家耶雷米亞斯・高特黑爾夫去世。

弗勞恩斯丹特：《論叔本華哲學的書信》。

1855

11月11日：丹麥神學家、哲學家基爾凱郭爾去世。

世界博覽會在巴黎舉行。

1856

2月17日：亨利希・海涅在巴黎去世。

5月6日：精神分析學家西格蒙特・弗洛伊德誕生。

7月9日：羅伯特・舒曼去世。

1857

5月2日：法國詩人阿爾弗雷德・德・繆塞去世。

5月4日：弗里德里希・黑貝爾和威廉・約爾丹訪問法蘭克福。

波恩大學講授叔本華的哲學。

10月初：克里斯蒂安・卡爾・馮・本森訪問叔本華。

法國哲學家和社會學家奧古斯特・孔德去世。

1858

2月22日：叔本華七十壽辰。

叔本華拒絕提任柏林皇家科學院院士。

德・桑克蒂斯：《叔本華和利奧波特》。

1859

《作為意志和表象的世界》第三版出版。

7月：叔本華遷進好希望街16號。

10月：伊莉莎白・奈完成叔本華的雕像。

1860

1月29日：契訶夫誕生。

8月：叔本華突然窒息。

9月9日：叔本華得肺炎。

9月21日：叔本華去世。

9月26日：葬於法蘭克福市公墓。

主要參考書目

(一)

1. *Arthur Schopenhauers sämtliche Werke I und III*, Herausgegeben von E. Griebach, Leipzig, 1859.

《阿圖爾·叔本華全集》第1和第3卷，由E. Griebach編，萊比錫，1859年版。

2. Arthur Schopenhauer: *Über die Freiheit des Willens*—Mit einer Einleitung, Bibliographie und Registern herausgegeben von Hans Ebeling. Hamburg, Meiner, 1978.

阿圖爾·叔本華：《論意志自由》——帶有由 Hans Ebeling 所寫的「導論」，所編目錄和索引的版本。另外，這個版本中還附有《倫理學兩個基本問題》的第一和第二版前言。漢堡，Meiner 出版社，1978年。

3. Schirmacher: *Schopenhauer in der Postmoderne*, Passagen Verlag Wien, 1989.

希爾馬赫編：《後現代中的叔本華》，維也納，Passagen出版社，1989年。

4. Karl Pisa: Schopenhauer: *Der Philosoph des Pessimismus*, Wien, Paul Neff Verlag, 1979.

卡爾·皮沙：《叔本華：悲觀主義哲學家》維也納，Paul Neff 出版社，1979年。

5. Karl Pisa: *Schopenhauer: Kronzeuge einer Unheilen* Welt, Wien, Berlin, 1977.

卡爾·皮沙：《叔本華：不幸之世的證人》維也納，柏林，1977年。

6. *Arthur Schopenhauers Reisetagbücher aus den Jahren 1803 bis 1804*. Herausgegeben Von Charlotte Von Gwinner. Leipzig, 1923.

《阿圖爾·叔本華1803至1804年的旅行日記》，萊比錫，1923年版。

7. Rudolf Eucken: Die Lebensanschauungen der groben Denker—Eine *Entwicklungsgeschichite des Lebensproblems der Menschheit von Plato bis zur Gegenwart*, Dreizehnte und Vierzehnte Auflage, Berlin und Leipzig, 1919.

魯多爾夫·奧伊肯：《大思想家的生命觀——從柏拉圖一直到當代人類生命問題的發展史》，第13和14版，柏林和萊比錫，1919年版。

8. Herbert Schnädelbach: *Vernuft und Geschicht——Vorträge und Abhanlungen*, Frankfurt, 1987.

赫爾伯特·施納德巴赫：《理性和歷史——講演和論文集》，法蘭克福，1987年版。

9. Herbert Schnädelbach: *Philosophie in Deutschland* 1831–1933, Frankfurt, 1983.

赫爾伯特・施納德巴赫：《1831–1933年的德國哲學》，法蘭克福，
1983年版。

10. Heinz Paetzold: Ästhetik des deutschen Idealismus —*Zur ldee
ästhetischer Rationalität bei Baumgarten, Kant, Schelling, Hegel
und Schopenhauer*, Franz Steiner Verlag 1983.

Heinz Paetzold: 《德國唯心主義美學──論鮑姆伽登、康德、謝
林、黑格爾和叔本華審美理性的思想》，Franz Steiner 出版社，
1983年版。

11. Werner Marx: *Gibt es ein Maβstab auf der Erde?*— *Gründbes-
timmt einer unmetaphysische Ethik*, 1983, Hamburg.

Werner Marx：《在世上有一種尺度嗎？──非形上學倫理學的基
本規定》，漢堡，1983年版。

12. *Deutsche Philosophie Von 1917 bis 1945*, Berlin, 1961.

《從1917至1945年的德國哲學》，柏林，1961年版。

(二)

13. 叔本華：《作為意志和表象的世界》，石冲白譯，楊一之校，北京
商務印書館，1982年版。

14. 叔本華：《意志自由論》，張公權譯，北京商務印書館。

15. 叔本華：《生存空虛說》，陳曉南譯，作家出版社，1987年版。

16. 叔本華：《愛與生的苦惱》，陳曉南譯，中國和平出版社，1986年
版。

17. 《叔本華論文集》，陳曉南譯，百花文藝出版社，1987年版。

18. 叔本華：《人生的智慧》，張尚德譯，黑龍江人民出版社。

19.《叔本華文集》《悲觀論集》卷，青海人民出版社，1996年。

20.陳銓：《叔本華的生平及著作》，獨立出版社，1940年版。

21.袁志英編著《抑鬱的心靈之光——叔本華傳》，世界圖書出版公司，1994年版。

22.〔蘇〕貝霍夫斯基：《叔本華》，劉金泉譯，中國社會科學出版社，1987年。

（三）

23.Immanul Kant: Kritik der reinen Vernuft, Felix Meiner, Hamburg, 1956.

康德：《純粹理性批判》，1956年，漢堡德文版。

24.Norman Kemp Smith:《康德「純粹理性批判」解義》，北京商務印書館，1961年中文版。

25.康德：《實踐理性批判》，北京商務印書館，1961年版。

26.康德：《判斷力批判》上下卷，北京商務印書館，1983年版。

27.周輔成編：《西方倫理學名著選輯》上下卷，北京商務印書館，1987年版。

28.〔印度〕德・恰托巴底亞耶著：《印度哲學》，黃寶生等譯，北京商務印書館，1980年版。

29.Heinrich Heine:《論浪漫派》，人民文學出版社，1979年中文版。

30.Heinrich Heine:《論德國哲學和宗教的歷史》，北京商務印書館，1974年版。

31.Gehard Vollmer:《進化認識論》，舒遠招譯，楊祖陶校，武漢大學出版社，1994年版。

32.〔美〕丹尼爾‧貝爾:《資本主義的文化矛盾》，北京三聯書店，1989年版。

33.黃見德等著:《西方哲學東漸史(1840–1949)》，武漢出版社，1991年版。

34.朱光潛:《悲劇心理學——各種悲劇快感理論的批判研究》，人民文學出版社，1983年版。

35.周錫山編校:《王國維文學美學論著集》，北岳文藝出版社，1987年。

36.王岳川、尚水編:《後現代主義文化與美學》，北京大學出版社，1992年。

37.馬克斯‧韋伯:《新教倫理與資本主義精神》，北京三聯書店，1987年。

38.謝林著:《論人的自由之本質》，香港漢語基督教文化所編，鄧安慶譯。

39.張國珍著:《現代西方倫理學流派批判研究》，湖南師範大學出版社，1991年版。

40.陳家琪:《悲劇、憐憫、生存否定——叔本華的悲觀主義及其美學、倫理學批判》，載於《德國哲學》3，北京大學出版社，1987年。

41.陳家琪:《叔本華:浪漫的有罪意識》，載於《德國哲學》4，北京大學出版社，1988年。

42.鄧安慶:《謝林》，臺北東大圖書公司，1995年。

索　引

四　劃

牛　頓　149

五　劃

本體論　90,93,98,122,128
充足理由律　23,25之後,97,105
尼　采　112,120,126,243〜248,261
功利主義　164,165,166,171
布倫塔諾　16

六　劃

伏爾泰　2,7
自　由　45,141〜144,159,174
自在之物　31,32,53,91,223,251

七　劃

亞里士多德　19,24

貝克萊　78,81,82

八　劃

阿爾尼姆　16

波拿巴・拿破崙　6,10,13,19,22

表　象　31,32,78～90

明理的性格　156,157

非理性主義　99,129,139,237,240,242

九　劃

約翰娜・叔本華　3,13,14,16,29

胡塞爾　73,230

柏拉圖　19,24,34,50,54,58,59,70,92,96

施萊爾馬赫　19,21,62

施萊格爾　62,201

美　35,59,60,98,103,216,218～220

十　劃

海德洛爾　70,74

哥白尼式革命　87～89

倫理價值　32,90,129,130,131,133,139,166

倫理學　33,35,52,90,96,136,138,141,168

個體化原理　36,171,172,174,180,215,225,226

浪漫主義　53,60之後,99,166,179,201,205,216,239,250

馬克思　14,46,83,152,216,269,272

十一劃

習得的性格　158

康　德　12,32,51之後,59,83,104,238,255

黑格爾　40,41,52,85,98,99,102,116,125,202,231,237,240

現象世界　31,78之後

理　性　32,46,51,53,59,60,98,99,139,165,239,248

理　念　32,34,35,58,91,92,93,103,256

笛卡爾　60

唯心主義精神　55,61,162

基督教　11,99,116,131,232,234,241,244

啟蒙理性　98,238,239,240,256

十二劃

斯多噶派的倫理學　33,138

斯賓諾莎　55

雅可比　53

華格納　47,63,243

悲觀主義　161,187,189,237,243之後,263～266

費希特　19,20,22,40,53,56,99,238

十三劃

奧義書　56,57,59

意　志　31,33,58,90

意志的肯定　65,66,67,169～171

意志的否定　37,66,67,122,169,174,215,223,226,227,267

意志本體論　36,90～100,121,138,139

意志自由　145之後,161,162

禁欲主義　56,57,59,66,174,175,223～236

經驗的性格　155

十四劃

維蘭特　18

歌　德　16,17,44

十五劃

摩耶之幕　54,88,121,174,177,215,226

十六劃

盧　梭　2,7

霍克海默　12

十七劃

謝　林　19,40,52,53,85,99,102,107,108,116,118,125,140,179,201,
　　　240,241,251

十九劃

藝　術　34,36,100,102,106,108～126,215～222

世界哲學家叢書 (一)

書　　　　　名	作　　者	出　版　狀　況
孔　　　　　子	韋　政　通	已　　出　　版
孟　　　　　子	黃　俊　傑	已　　出　　版
老　　　　　子	劉　笑　敢	已　　出　　版
莊　　　　　子	吳　光　明	已　　出　　版
墨　　　　　子	王　讚　源	已　　出　　版
淮　　南　　子	李　　　增	已　　出　　版
董　　仲　　舒	韋　政　通	已　　出　　版
揚　　　　　雄	陳　福　濱	已　　出　　版
王　　　　　充	林　麗　雪	已　　出　　版
王　　　　　弼	林　麗　真	已　　出　　版
阮　　　　　籍	辛　　　旗	已　　出　　版
劉　　　　　勰	劉　綱　紀	已　　出　　版
周　　敦　　頤	陳　郁　夫	已　　出　　版
張　　　　　載	黃　秀　璣	已　　出　　版
李　　　　　覯	謝　善　元	已　　出　　版
楊　　　　　簡	鄭　曉　江 李　承　貴	已　　出　　版
王　　安　　石	王　明　蓀	已　　出　　版
程顥、程頤	李　日　章	已　　出　　版
胡　　　　　宏	王　立　新	已　　出　　版
朱　　　　　熹	陳　榮　捷	已　　出　　版
陸　　象　　山	曾　春　海	已　　出　　版
王　　廷　　相	葛　榮　晉	已　　出　　版
王　　陽　　明	秦　家　懿	已　　出　　版
方　　以　　智	劉　君　燦	已　　出　　版
朱　　舜　　水	李　甦　平	已　　出　　版

世界哲學家叢書（二）

書　　　　　名	作　　者	出　版　狀　況
戴　　　　　震	張　立　文	已　　出　　版
竺　　道　　生	陳　沛　然	已　　出　　版
慧　　　　　遠	區　結　成	已　　出　　版
僧　　　　　肇	李　潤　生	已　　出　　版
吉　　　　　藏	楊　惠　南	已　　出　　版
法　　　　　藏	方　立　天	已　　出　　版
惠　　　　　能	楊　惠　南	已　　出　　版
宗　　　　　密	冉　雲　華	已　　出　　版
湛　　　　　然	賴　永　海	已　　出　　版
知　　　　　禮	釋　慧　岳	已　　出　　版
嚴　　　　　復	王　中　江	已　　出　　版
章　　太　　炎	姜　義　華	已　　出　　版
熊　　十　　力	景　海　峰	已　　出　　版
梁　　漱　　溟	王　宗　昱	已　　出　　版
殷　　海　　光	章　　　清	已　　出　　版
金　　岳　　霖	胡　　　軍	已　　出　　版
馮　　友　　蘭	殷　　　鼎	已　　出　　版
湯　　用　　彤	孫　尚　揚	已　　出　　版
賀　　　　　麟	張　學　智	已　　出　　版
商　　羯　　羅	江　亦　麗	已　　出　　版
辨　　　　　喜	馬　小　鶴	排　　印　　中
泰　　戈　　爾	宮　　　靜	已　　出　　版
奧羅賓多·高士	朱　明　忠	已　　出　　版
甘　　　　　地	馬　小　鶴	已　　出　　版
拉達克里希南	宮　　　靜	已　　出　　版

世界哲學家叢書（三）

書　　　　名	作　　者	出　版　狀　況
李　栗　谷	宋　錫　球	已　出　版
道　　　元	傅　偉　勳	已　出　版
山　鹿　素　行	劉　梅　琴	已　出　版
山　崎　闇　齋	岡　田　武　彥	已　出　版
三　宅　尚　齋	海老田輝巳	已　出　版
貝　原　益　軒	岡　田　武　彥	已　出　版
石　田　梅　岩	李　甦　平	已　出　版
楠　本　端　山	岡　田　武　彥	已　出　版
吉　田　松　陰	山　口　宗　之	已　出　版
亞　里　斯　多　德	曾　仰　如	已　出　版
伊　壁　鳩　魯	楊　　適	已　出　版
柏　　羅　丁	趙　敦　華	排　印　中
伊本・赫勒敦	馬　小　鶴	已　出　版
尼古拉・庫薩	李　秋　零	已　出　版
笛　卡　兒	孫　振　青	已　出　版
斯　賓　諾　莎	洪　漢　鼎	已　出　版
萊　布　尼　茨	陳　修　齋	已　出　版
托馬斯・霍布斯	余　麗　嫦	已　出　版
洛　　　克	謝　啓　武	已　出　版
巴　克　萊	蔡　信　安	已　出　版
休　　謨	李　瑞　全	已　出　版
托馬斯・銳德	倪　培　民	已　出　版
伏　爾　泰	李　鳳　鳴	已　出　版
孟　德　斯　鳩	侯　鴻　勳	已　出　版
費　希　特	洪　漢　鼎	已　出　版

世界哲學家叢書（四）

書　　　　名	作　　者	出　版　狀　況
謝　　　　林	鄧　安　慶	已　出　版
叔　　本　　華	鄧　安　慶	已　出　版
祁　　克　　果	陳　俊　輝	已　出　版
彭　　加　　勒	李　醒　民	已　出　版
馬　　　　赫	李　醒　民	已　出　版
迪　　　　昂	李　醒　民	已　出　版
恩　　格　　斯	李　步　樓	已　出　版
馬　　克　　思	洪　鎌　德	已　出　版
約　翰　彌　爾	張　明　貴	已　出　版
狄　　爾　　泰	張　旺　山	已　出　版
弗　洛　伊　德	陳　小　文	已　出　版
史　　賓　格　勒	商　戈　令	已　出　版
雅　　斯　　培	黃　　藿	已　出　版
胡　　塞　　爾	蔡　美　麗	已　出　版
馬克斯・謝勒	江　日　新	已　出　版
海　　德　　格	項　退　結	已　出　版
高　　達　　美	嚴　　平	已　出　版
哈　伯　馬　斯	李　英　明	已　出　版
榮　　　　格	劉　耀　中	已　出　版
皮　　亞　　傑	杜　麗　燕	已　出　版
索　洛　維　約　夫	徐　鳳　林	已　出　版
費　奧　多　洛　夫	徐　鳳　林	排　印　中
馬　　賽　　爾	陸　達　誠	已　出　版
布　拉　德　雷	張　家　龍	已　出　版
懷　　特　　海	陳　奎　德	已　出　版

世界哲學家叢書（五）

書　　　　　名	作　　者	出　版　狀　況
愛　因　斯　坦	李　醒　民	排　　印　　中
玻　　　　　爾	戈　　革	已　　出　　版
弗　雷　格	王　　路	已　　出　　版
石　里　克	韓　林　合	已　　出　　版
維　根　斯　坦	范　光　棣	已　　出　　版
艾　耶　爾	張　家　龍	已　　出　　版
奧　斯　丁	劉　福　增	已　　出　　版
馮　·　賴　特	陳　　波	已　　出　　版
魯　一　士	黃　秀　璣	已　　出　　版
蒯　　　　　因	陳　　波	已　　出　　版
庫　　　　　恩	吳　以　義	已　　出　　版
史　蒂　文　森	孫　偉　平	排　　印　　中
洛　爾　斯	石　元　康	已　　出　　版
喬　姆　斯　基	韓　林　合	已　　出　　版
馬　克　弗　森	許　國　賢	已　　出　　版
尼　布　爾	卓　新　平	已　　出　　版